Bernhard Pollmann · Wolfgang Schwartz

Ostfriesland

Küste, Binnenland und Ostfriesische Inseln

50 ausgewählte Wanderungen

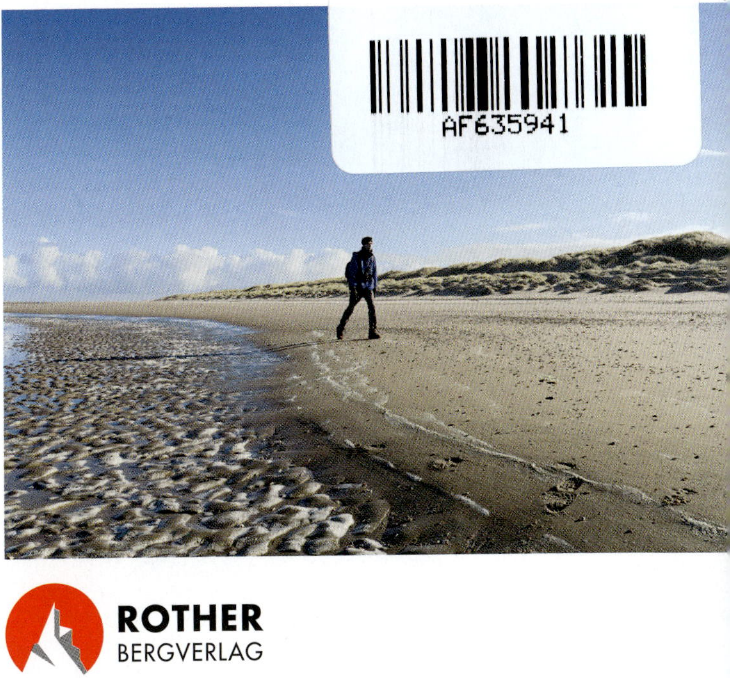

ROTHER
BERGVERLAG

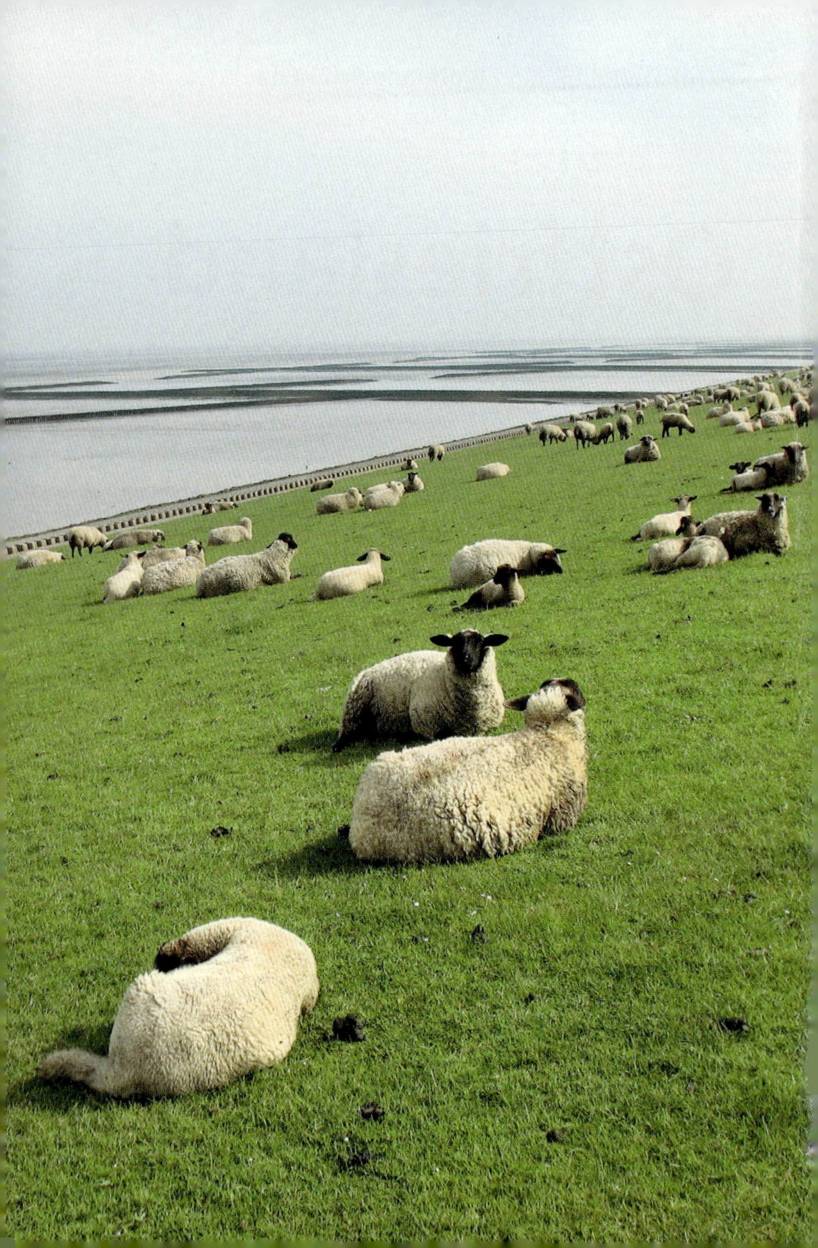

VORWORT

In 50 Touren erschließt der Wanderführer Ostfriesland die Küstenlandschaften und Inseln im UNESCO-Weltnaturerbe Wattenmeer an der südlichen Nordsee sowie Glanzpunkte im Binnenland zwischen Ems und Jade. Von den Strandflieder-Salzwiesen, Leuchttürmen und Krabbenkutterhäfen an der Küste spannt sich der Bogen im Nationalpark Niedersächsisches Wattenmeer zu den Pflanzenoasen, Aussichtsdünen und Sandstränden der Inseln, im Binnenland von Seen, Warfendörfern, Schlössern, Parks und Alleen hin zu Wallhecken, Windmühlen und (Ur-)Wäldern sowie zu Deutschlands größtem Hochmoor am Ewigen Meer. Hinzu kommen Vogelrückzugsgebiete, die alljährlich während der Zugzeiten in der kalten Jahreszeit Tausende ornithologisch interessierte Besucher an die Küsten Ostfrieslands locken – Wanderzeit ist in Ostfriesland hingegen das ganze Jahr über.

Naturerlebnispfade und kinderfreundliche Familienwanderungen sind ebenso vertreten wie Touren auf dem Europäischen Fernwanderweg 9, dem Ostfriesland-Wanderweg und dem Störtebekerweg. Ostfriesland ist bekannt als Radwander-Paradies, doch in den Dünenlandschaften der Inseln ist ebenso wie auf den Graspfaden des Störtebekerwegs ein Fahrrad fehl am Platz. Die Insel Baltrum ist fahrradfrei, und auch die grüne Insel Spiekeroog bittet ihre Gäste, keine Fahrräder mitzunehmen. Die Schönheit des Wattenmeeres – ebenso wie jene der Wälder und Alleen – ist am eindrucksvollsten in der natürlichen Langsamkeit und Ruhe des Wanderns erlebbar.

Die vorliegende dritte Auflage des Wanderführers Ostfriesland habe ich als neuer Autor vollständig neu bearbeitet und aktualisiert und um viele nützliche Informationen ergänzt, wie etwa die Erreichbarkeit der Ausgangspunkte mit öffentlichen Verkehrsmitteln oder Kombinationsmöglichkeiten von mehreren Touren.

Ich wünsche Ihnen viel Vergnügen beim Wandern in Ostfriesland!

Tiendeveen, im Sommer 2021 — Wolfgang Schwartz

LIEBE LESERINNEN UND LESER,

infolge der Corona-Krise können sich Änderungen ergeben haben, die bei Redaktionsschluss noch nicht absehbar waren. Soweit möglich werden wir aktuelle Hinweise unter www.rother.de (beim Buch) zur Verfügung stellen. Bitte informieren Sie sich vor der Wanderung zusätzlich über die derzeitigen Gegebenheiten.

Sollten Sie geänderte Gegebenheiten vor Ort feststellen, freuen wir uns über Korrekturhinweise per E-Mail an leserzuschrift@rother.de.

Beim Kurzhalten der Grasnarbe brauchen Schafe auch mal eine Pause.

INHALTSVERZEICHNIS

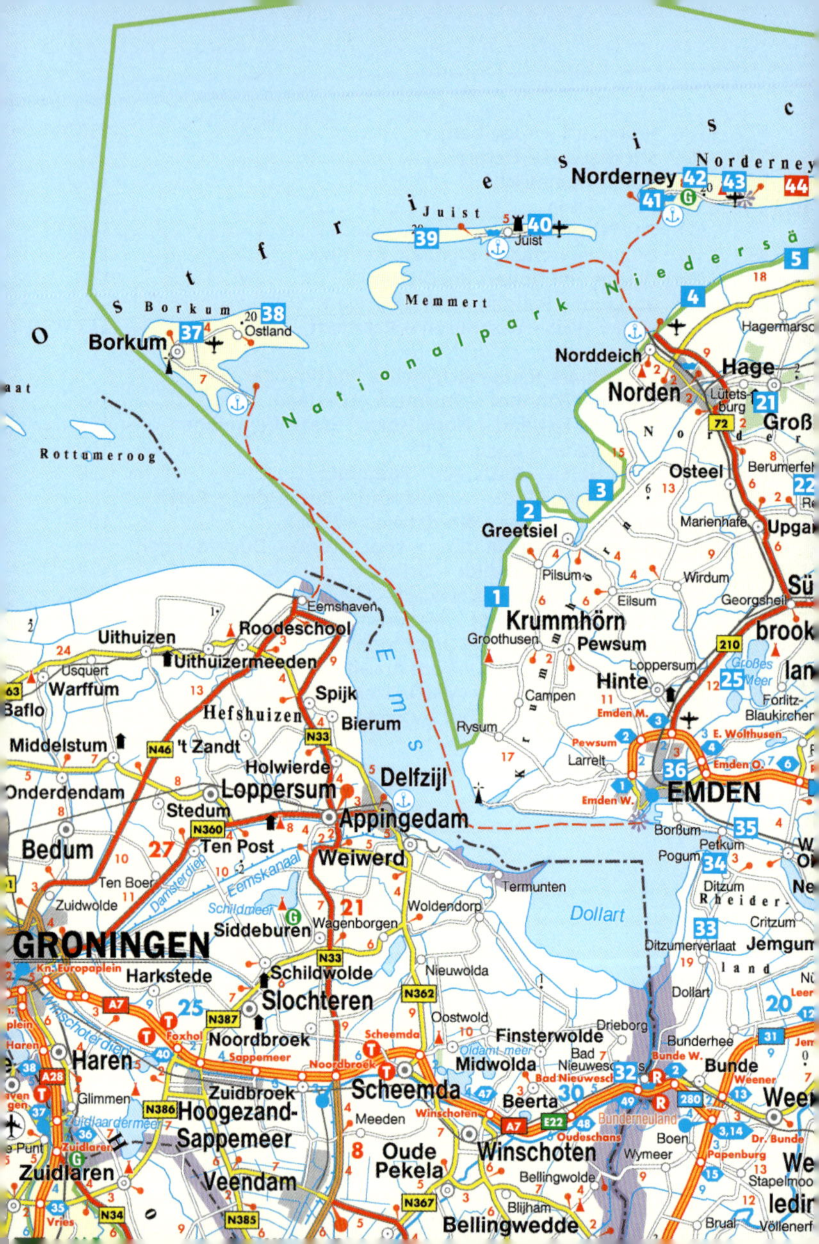

Ostfriesische
Norderney
Juist
Borkum
Ostland
Memmert
Rottumeroog
Nationalpark Niedersächsisches
Norddeich
Norden
Hage
Lütetsburg
Osteel
Berumerfehn
Marienhafe
Upgant
Greetsiel
Pilsum
Wirdum
Eilsum
Georgsheil
Krummhörn
Groothusen
Pewsum
Loppersum
Hinte
Campen
Großes Meer
Forlitz-Blaukirchen
Rysum
Larrelt
Emden M.
Emden W.
Emden O.
E. Wolthusen
EMDEN
Borßum
Petkum
Pogum
Ditzum
Rheiderland
Critzum
Jemgum
Ditzumerverlaat
Dollart
Bunderhee
Bunde
Bunde W.
Boen
Wymeer
Papenburg
Dr. Bunde
Stapelmoor
Brual
Völlenerfehn
Eemshaven
Ems
Roodeschool
Uithuizen
Uithuizermeeden
Usquert
Warffum
Baflo
Spijk
Hefshuizen
Bierum
Middelstum
't Zandt
Holwierde
Delfzijl
Onderdendam
Loppersum
Stedum
Appingedam
Bedum
Ten Post
Weiwerd
Ten Boer
Termunten
Zuidwolde
Damsterdiep
Eemskanaal
Schildmeer
Woldendorp
GRONINGEN
Siddeburen
Wagenborgen
Dollart
Kn. Europaplein
Harkstede
Schildwolde
Nieuwolda
Slochteren
Oostwold
Foxhol
Noordbroek
Scheemda
Finsterwolde
Drieborg
Sappemeer
Oldambtmeer
Midwolda
Bad Nieuweschans
Haren
Winschoterdiep
Zuidbroek
Beerta
Glimmen
Hoogezand-Sappemeer
Meeden
Winschoten
Bunderneuland
Zuidlaardermeer
Oudeschans
Zuidlaren
Oude Pekela
Veendam
Bellingwolde
Vries
Blijham
Bellingwedde
A7
A28
E22
N33
N46
N34
N360
N362
N367
N385
N386
N387
210
72
280

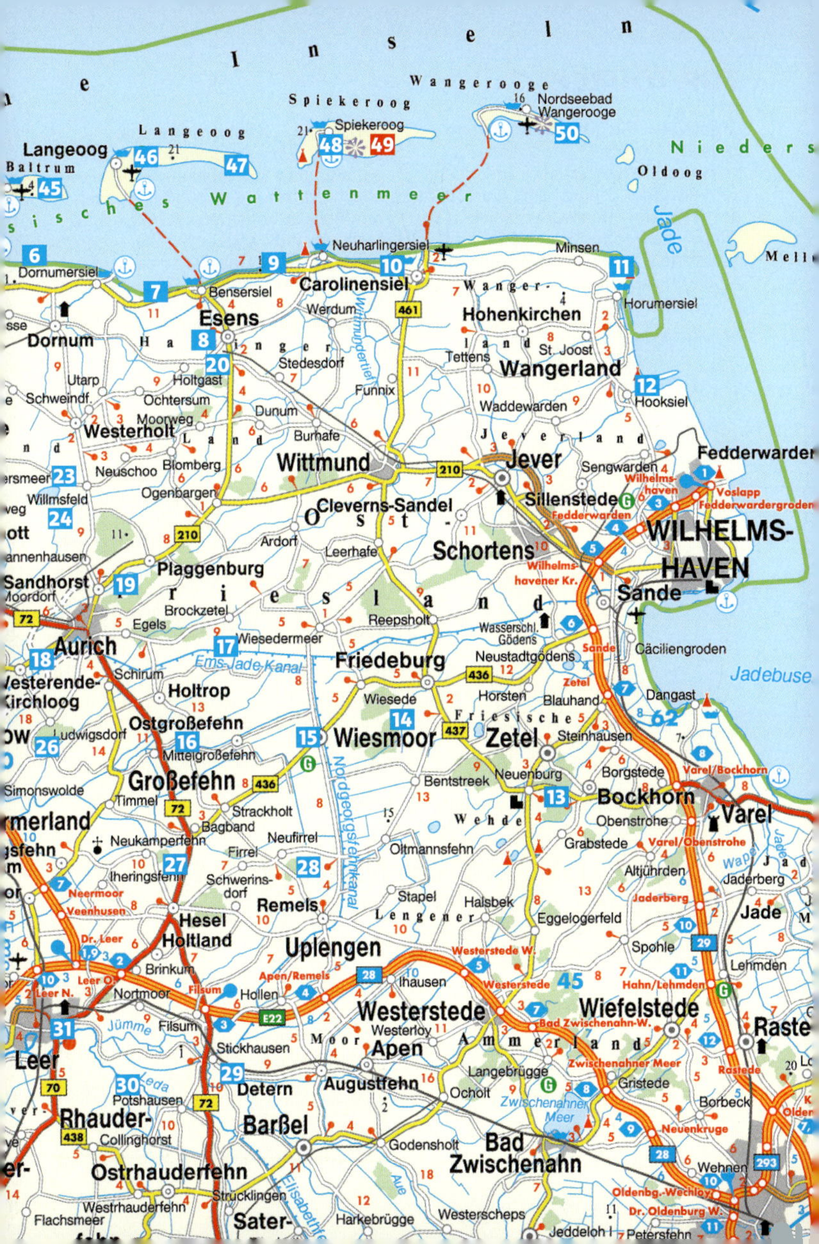

Inseln
Wangerooge
Spiekeroog
Langeoog
Baltrum
Nordseebad Wangerooge
Spiekeroog
Langeoog
Niedersächsisches Wattenmeer
Oldoog
Jade
Mellum
Neuharlingersiel
Minsen
Dornumersiel
Bensersiel
Carolinensiel
Horumersiel
Esens
Werdum
Wangerland
Hohenkirchen
Dornum
Harlinger Land
Stedesdorf
Tettens
St. Joost
Wangerland
Utarp
Holtgast
Funnix
Hooksiel
Schweindorf
Ochtersum
Dunum
Waddewarden
Moorweg
Westerholt
Burhafe
Jeverland
Neuschoo
Blomberg
Wittmund
Jever
Sengwarden
Fedderwarden
Willmsfeld
Ogenbargen
Cleverns-Sandel
Sillenstede
Wilhelmshaven
Voslapp
Fedderwardergroden
WILHELMSHAVEN
Ostfriesland
Ardorf
Leerhafe
Schortens
Plaggenburg
Wilhelmshavener Kr.
Sandhorst
Sande
Brockzetel
Egels
Reepsholt
Wasserschl. Gödens
Aurich
Wiesedermeer
Cäciliengroden
Ems-Jade-Kanal
Friedeburg
Neustadtgödens
Schirum
Holtrop
Wiesede
Horsten
Zetel
Blauhand
Dangast
Jadebusen
Ostgroßefehn
Ludwigsdorf
Friesische Wehde
Wiesmoor
Zetel
Steinhausen
Mittelgroßefehn
Nordgeorgsfehnkanal
Großefehn
Bentstreek
Neuenburg
Borgstede
Varel/Bockhorn
Simonswolde
Timmel
Bockhorn
Varel
Strackholt
Wehde
Obenstrohe
Bagband
Neufirrel
Oltmannsfehn
Grabstede
Varel/Obenstrohe
Neukamperfehn
Firrel
Altjührden
Jaderberg
Iheringsfehn
Schwerinsdorf
Stapel
Halsbek
Jaderberg
Neermoor
Veenhusen
Remels
Lengener Meer
Eggelogerfeld
Jade
Hesel
Holtland
Uplengen
Spohle
Dr. Leer
Westerstede W.
Lehmden
Brinkum
Apen/Remels
Ihausen
Westerstede
Hahn/Lehmden
Leer Ost
Filsum
Leer N.
Nortmoor
Hollen
Westerstede
Wiefelstede
Bad Zwischenahn-W.
Rastede
Jümme
Filsum
Moor
Westerloy
Ammerland
Stickhausen
Apen
Zwischenahner Meer
Leer
Langebrügge
Gristede
Rastede
Leda
Detern
Augustfehn
Ocholt
Potshausen
Zwischenahner Meer
Borbeck
Rhauderfehn
Barßel
Collinghorst
Neuenkruge
Godensholt
Bad Zwischenahn
Ostrhauderfehn
Wehnen
Strücklingen
Aue
Elisabethfehn
Oldenbg.-Wechloy
Westrhauderfehn
Harkebrügge
Westerscheps
Dr. Oldenburg W.
Flachsmeer
Saterland
Jeddeloh I
Petersfehn

TOP-TOUREN

Greetsiel – Pilsumer Leuchtturm – Leysiel
Vom Krabbenkutterhafen Greetsiel zum Pilsumer Leuchtturm. Dort lohnt der Weg zum Sperrwerk Leysiel: In den Wiesen sind von Herbst bis Frühjahr Tausende Nonnen- und Ringelgänse, Alpenstrandläufer und Säbelschnäbler zu beobachten *(Tour 2, 4.45 Std.).*

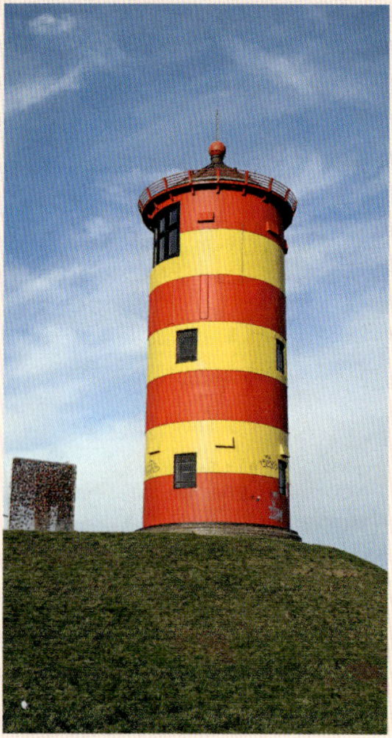

Hilgenriedersiel – Neßmersiel
Von der Naturbadestelle bei Hilgenriedersiel führt ein Klinkerweg am Rand der Salzwiesen zum Seebad Neßmersiel, wo sich ein Abstecher auf dem Salzwiesen-Erlebnispfad empfiehlt; aussichtsreich zurück auf dem Seedeich *(Tour 5, 3.30 Std.).*

Bensersiel – Neuharlingersiel
Von den vielen Deichwanderungen entlang dem Störtebekerweg ist dieser Abschnitt besonders schön: Mit weitem Blick auf das Deichvorland, Wattenmeer und Langeoog nähert man sich vom Fährhafen Bensersiel auf dem Planetenweg dem Seeheilbad Neuharlingersiel. Zurück geht es per Bus oder auf dem anderen Weg auf/am Deich *(Tour 9, 4.30 Std.).*

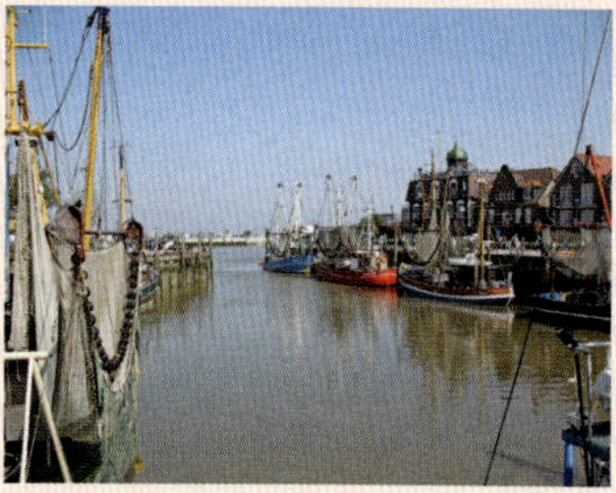

Ihlower Wald
Schönheit und Artenreichtum machen den als Naturwald unter Schutz stehenden Ihlower Wald mit der als Aussichtsturm wieder aufgebauten gotischen Kirche des Klosters Schola Dei zu einem kleinen Paradies *(Tour 26, 2.00 Std.).*

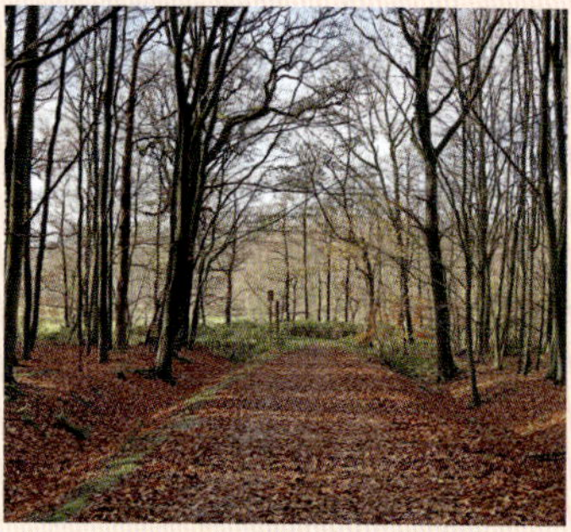

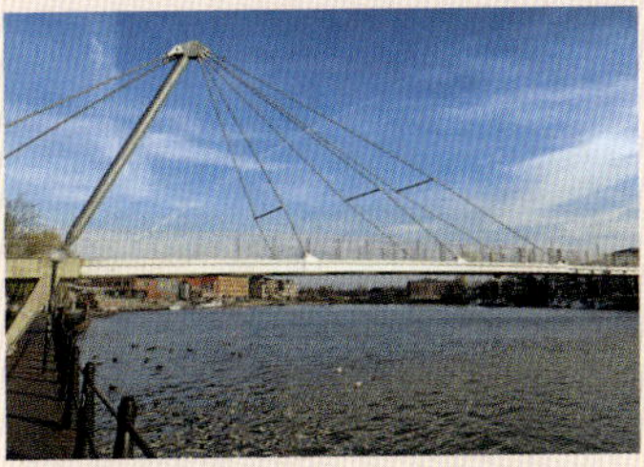

Leer – Loga
Der abwechslungsreiche Stadtrundgang durch Leer überrascht mit vielen Parkanlagen, einer netten Altstadt mit kleinen Gassen und sehenswerten Gebäuden wie einem barocken Wasserschloss. Und eine Hafenpromenade darf beim »Tor Ostfrieslands« natürlich auch nicht fehlen *(Tour 31, 4.00 Std.)*.

Juist: Hafen – Loog – Bill
Der Westen der autofreien Insel Juist wartet in großem Abwechslungsreichtum mit vom Seewind zerzausten Wäldern, dem Hammersee, Aussichtsdünen und Sandstränden auf. Das Billriff, eine weite Sandbank an der Westspitze, vermittelt bei Niedrigwasser den Eindruck einer Wüste *(Tour 39, 4.45 Std.)*.

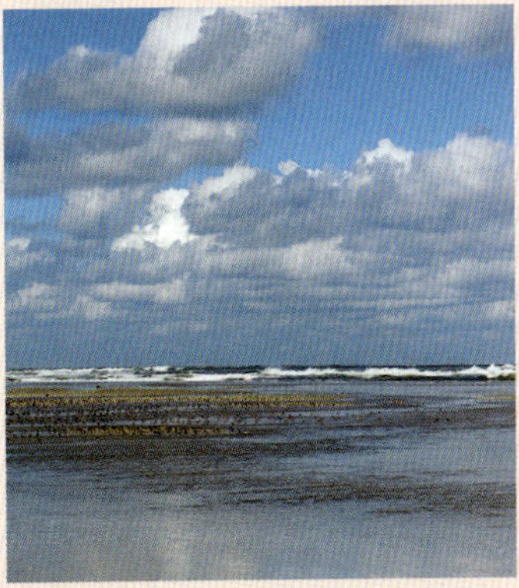

Norderney: Oase – Nordstrand – Hafen
Diese Rundwanderung auf Norderney führt von der Inselmitte entlang der Küste vorbei an vier Badestränden und der Milchbar zum Fährterminal am Hafen *(Tour 42, 3.15 Std.)*.

Norderney: Ostheller – Ostende
Am Ostheller beginnt die Dünen- und Salzwiesenwildnis Norderneys, Ziel ist die Ostspitze der Insel am Muschelbaggerwrack *(Tour 44, 4.00 Std.)*.

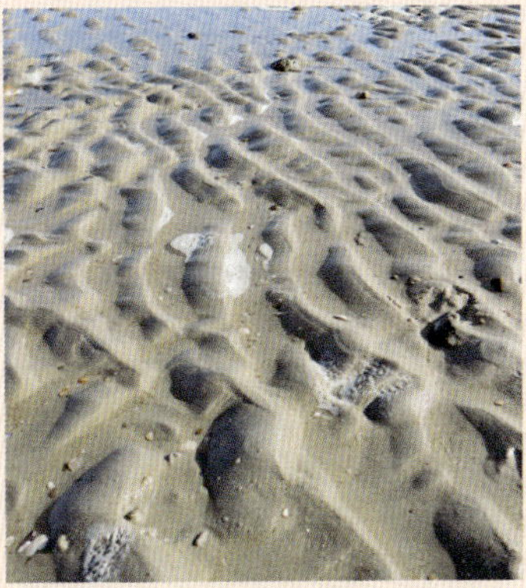

Langeoog: Bahnhof – Melkhörndüne – Pirolatal
Die aussichtsreiche Melkhörndüne ist mit etwas über 20 m die höchste Erhebung der autofreien Insel Langeoog, das Pirolatal eines der beeindruckendsten Dünentäler der Ostfriesischen Inseln *(Tour 46, 3.30 Std.)*.

Spiekeroog: Hafen – Wittbülten – Ostplate
Die Ostplate der autofreien Insel Spiekeroog ist die längste natürliche Sandanlandung im Wattenmeer zwischen Jade und Ems und wohl mit die urtümlichste und einsamste Wildnis auf einer Ostfriesischen Insel *(Tour 49, 4.30 Std.)*.

ALLGEMEINE HINWEISE

Anforderungen

Alle Wanderungen folgen deutlichen Wegen und Pfaden und sind technisch als leicht einzustufen. An- und Abstiege sind bei maximalen Höhen von rund 20 m (Dünen) zu vernachlässigen. Am Fuß der Seedeiche verläuft binnendeichs fast durchgehend ein autofreier Deichverteidigungsweg, der oft auch von Radfahrern genutzt wird; er bildet eine gute Ausweichroute, wenn die aussichtsreicheren Graspfade auf der Deichkrone feucht oder nass sind oder ein starker Seewind bläst. Oftmals ist dem Deich an der Wasserlinie ebenfalls ein Sicherungsweg vorgelagert; er bildet die optimale Alternative zu den Graspfaden auf den Deichkronen und bietet Wattenmeer- und Inselblick sowie Seeluft. Hunde dürfen auf von Schafen beweideten Deichabschnitten nicht mitgeführt werden.

Gefahren

Es wird davor gewarnt, die den Inseln vorgelagerten Sandbänke bei Niedrigwasser zu betreten. Bei Niedrigwasser ist der Priel, der eine Sandbank

SCHWIERIGKEITSKATEGORIEN

■ = Leicht

Diese Routen sind ausreichend markiert/ausgeschildert oder zweifelsfrei erkennbar, z. B. durch die Wasserlinie am Spülsaum, und außer bei Sturmwarnung relativ gefahrlos begehbar, sofern beachtet wird, dass vorgelagerte Sandbankhalbinseln bei auflaufendem Wasser von der Küste abgeschnitten werden können. Bei Sturmwarnung sind alle Wanderungen am Spülsaum oder auf niedrigen Querlahnungen als lebensgefährlich einzustufen! Als »leicht« gelten auch Routen, die sich je nach Wasserstand ändern. Spülsaumrouten lassen sich auch barfuß durchwandern, sofern man den Treibgutsaum meidet und für Abschnitte mit Muschelschalen Schuhe dabei hat.

■ = Mittel

Die beiden einzigen als »mittelschwer« eingestuften Routen können je nach Witterung als leicht empfunden werden, verlangen jedoch neben Ausdauer ein wenig Orientierungssinn und zudem je nach Jahreszeit Fortbewegungsmethoden, die nicht dem klassischen Wandern zugedacht werden, insbesondere das eventuelle Durchwaten von kleineren oder großflächigen Gewässern, die bei trockener Witterung nicht vorhanden sein können (die Nationalparkverwaltung empfiehlt Gummistiefel). Schmale Wasserläufe können gegebenenfalls durch Springen überwunden werden, sofern die gegenüberliegende Seite nicht überschlickt ist. Auf verschlicktem Grund ist wegen der Rutschgefahr ebenso umsichtiges Gehen erforderlich wie bei einer geführten Wattwanderung im Schlickwatt.

SYMBOLE

Symbole im Tourenkopf

- Mit Bahn/Bus/Fähre erreichbar
- Einkehrmöglichkeit unterwegs
- für Kinder geeignet

Symbole im Streckenprofil

- Ort mit Einkehrmöglichkeit
- Gasthaus, Café
- Schutzhütte, Unterstand
- Campingplatz
- Bushaltestelle
- Bahnhof
- Hafen, Fähranleger
- eingerichteter Parkplatz
- Brücke
- Kirche, Kapelle
- Burg, Schloss, Ruine
- Denkmal
- Aussichtsplatz
- Aussichtsturm
- Leuchtturm
- Windmühle
- Rastplatz, Picknickplatz
- Badestelle, Schwimmbad

von der Insel trennt, leicht zu durchqueren; bei auflaufendem Wasser kann er sich in einen reißenden Strom verwandeln. Hinweisschilder auf Treibsand sind zu beachten. Längere Watttouren sollten nur mit einem örtlichen Wattführer unternommen werden.

S-Markierung des Wanderwegs Störtebekerweg an einem Trittstufenzaun auf dem von Schafen beweideten Deich zwischen Norden und Hilgenriedersiel.

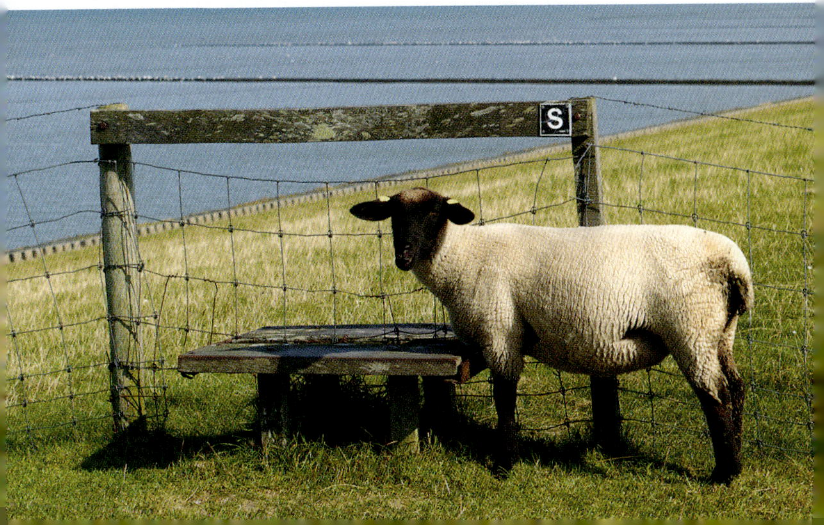

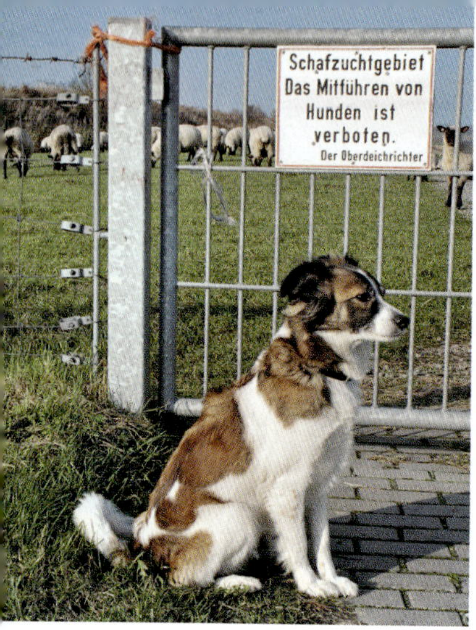

Für Hunde besteht oft kein Zutritt zum Deich.

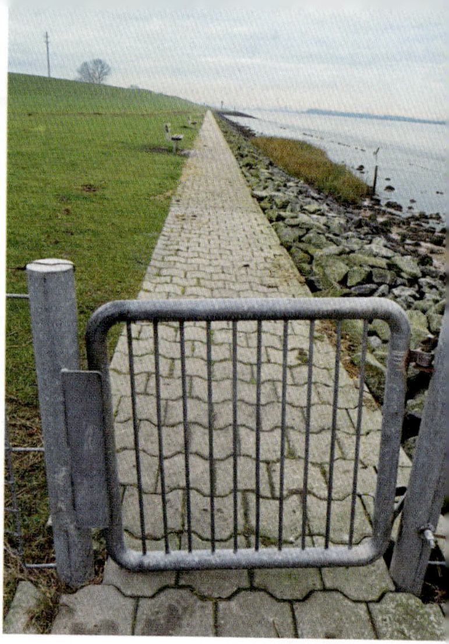

Das Deichgesetz schränkt Wandern am Deich ein.

Gehzeiten

Die Zeitangaben beziehen sich auf die reine Gehzeit ohne Pausen. Bei Strandwanderungen an der Wasserlinie wurden die Gehzeiten nach der mittleren Hochwasserlinie berechnet; bei Niedrigwasser können sich die Gehzeiten nicht unerheblich verlängern, da sich die Wasserlinie dann bis zu mehreren Hundert Metern von der mittleren Hochwasserlinie entfernt. Die noch oder schon wieder feuchte Strandzone »an der Wasserlinie« ist an den Sandküsten die ideale Wanderlinie. Von der feuchten Strandzone bis zu den Dünen erstreckt sich der trockene Strand. Wandern im trockenen Sand ist kraftraubend und mühsam, der bei ablaufendem Wasser noch und bei auflaufendem Wasser wieder feuchte Bereich zwischen Wasser und Trockensand hingegen ist so fest, dass er mit Wanderschuhen oder barfuß begangen werden kann.

Ausrüstung

Sonnenschutz und Wasserflasche sind neben guten Schuhen die wichtigsten Ausrüstungsgegenstände. Je nach Witterung und Saison werden sie ergänzt durch Wind-, Regen- und Kälteschutz, Badesachen und Handtuch sowie Sonnenschutz. Das Schuhwerk sollte fest und leicht sein und idealerweise der Witterung wie dem Untergrund (siehe »Anforderungen«) angepasst. Gelegentlich empfehlen Hinweisschilder Gummistiefel; im Sommer lassen sich die Gummistiefel-Passagen barfuß durchwaten.

Wandern mit Kindern

Ideal für Kinder sind Wanderungen mit Badegelegenheiten, vor allem an der Küste oder an Binnengewässern. Andererseits sind einige der hier beschriebenen langen Deichtouren für Kinder vielleicht etwas monoton. Mehr Abwechslung bieten die Touren auf den Inseln sowie im Landesinneren.

Wandern mit Hund

Wanderer mit Hund sollten beachten, dass viele Touren am Deich (1–12, 34, 34) mit Hunden ganzjährig oder zumindest zwischen Frühjahr und Herbst nicht möglich sind, weil viele Deiche in dieser Zeit von Schafen begrast werden. Weitere Einschränkungen für Hunde gelten bei Wanderungen auf den Inseln.

Wandern am Deich

Mehrere Wanderungen verlaufen an der Nordseeküste entlang dem Seedeich (Touren 1, 2, 4–7, 9–12) sowie an Flussdeichen. An Seedeichen gibt es prinzipiell drei Möglichkeiten zum Wandern: binnendeichs zur Landseite (meistens Radweg), außendeichs an den Salzwiesen oder aussichtsreich auf der Deichkrone.

Das niedersächsische Deichgesetz verbietet in § 14 generell jede Nutzung des Deiches »außer zum Zweck der Deicherhaltung durch ihren Träger«. Die 22 Hauptdeichverbände – zuständig für die Unterhaltung der Deiche – dulden aber in Abstimmung mit touristischen Partnern und Gemeinden stellenweise die Freizeitnutzung in Form der Begehung gepflasterter oder asphaltierter Wege außendeichs auf den sogenannten Teekabfuhrwegen oder auf der Deichkrone, wenn das durch Ausschilderungen, befestigte Pfade oder zu öffnende Gatter erkennbar ist. Das intensive Begehen von Deichen außerhalb gepflasterter und asphaltierter Wege würde zu Schä-

GPS-TRACKS UND KOORDINATEN DER AUSGANGSPUNKTE

Zu diesem Wanderführer stehen auf www.rother.de GPS-Tracks und Koordinaten der Ausgangspunkte zum kostenlosen Download bereit.

3. Auflage, Passwort: **407103sPn**

Die GPS-Daten wurden im Gelände sowie mithilfe digitaler Karten erfasst und nachträglich bearbeitet. Verlag und Autoren haben die Tracks und Wegpunkte nach bestem Wissen und Gewissen überprüft. Dennoch können wir Fehler oder Abweichungen nicht ausschließen, außerdem können sich die Gegebenheiten vor Ort zwischenzeitlich verändert haben. GPS-Daten sind zwar eine hervorragende Planungs- und Navigationshilfe, erfordern aber nach wie vor sorgfältige Vorbereitung, eigene Orientierungsfähigkeit sowie Sachverstand in der Beurteilung der jeweiligen (Gelände-) Situation. Man sollte sich für die Orientierung auch niemals ausschließlich auf GPS-Gerät und -Daten verlassen.

Der Umwelt zuliebe ...

Auch als Wanderer hinterlassen wir einen ökologischen Fußabdruck, aber im Einklang mit der Natur unterwegs zu sein, ist gar nicht so schwer!

VORBEREITUNG UND ANFAHRT

- Sich vorab informieren, worauf in Bezug auf Natur und Umwelt in der jeweiligen Wanderregion besonders zu achten ist.
- Soweit möglich mit Bus und Bahn anreisen, Wander- und Rufbusse nutzen.
- Ist eine Anfahrt mit dem Auto nötig, Fahrgemeinschaften bilden.
- Bei weiten Anfahrten Mehrtagestouren planen oder von einem Quartier vor Ort aus mehrere Touren absolvieren.
- Flugreisen möglichst reduzieren und durch Beiträge zu Klimaschutzprojekten kompensieren.

KLEIDUNG UND AUSRÜSTUNG

- Beim Kauf von Outdoor-Kleidung auf umweltfreundliche und faire Herstellung achten und Kleidungsstücke möglichst viele Jahre nutzen.
- Ausrüstung kann man eventuell auch gebraucht kaufen oder ausleihen.
- Reparieren statt neu kaufen.

VERPFLEGUNG

- Beim Einkauf Bio-Ware, regionale und saisonale Erzeugnisse bevorzugen.
- Hütten und Gasthäuser auswählen, die regionale Produkte verwenden.
- Auf Einwegflaschen und Plastikverpackungen verzichten, stattdessen wiederverwendbare Trinkflaschen und Brotzeitboxen benutzen.

ÜBERNACHTUNG

- Bei lokalen Anbietern buchen, damit Menschen vor Ort profitieren.
- Auf Hütten und in anderen Unterkünften Strom und Wasser sparen.

UNTERWEGS

- Wege benutzen und Abkürzer vermeiden.
- Sperrungen von Wegen und Schutzgebieten respektieren.
- Keine Blumen pflücken und keine Pflanzen entnehmen.
- Waldbrandgefahr beachten.
- Müll wieder mit nach Hause nehmen und dort entsorgen.
- Toilettengänge in freier Natur möglichst vermeiden.
- Lärm vermeiden.
- Hunde an die Leine nehmen.

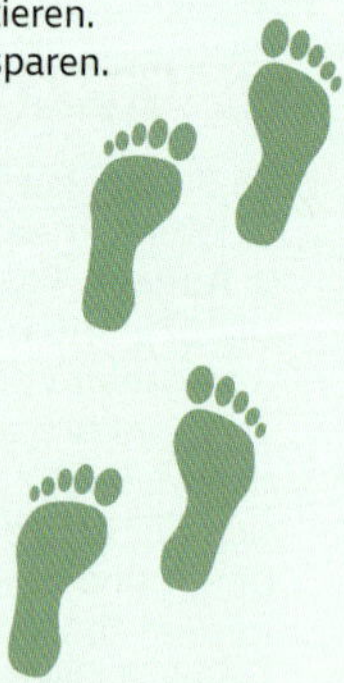

ROTHER BERGVERLAG

den an der Grasnarbe führen. Abgezäunte Bereiche sollten auf jeden Fall nicht betreten werden, Hunde sind an den meisten Deichen verboten. Welche Abschnitte wann/wo begangen werden dürfen, ändert sich öfter, zumal in den letzten Jahren viele Deichabschnitte im Zuge der zu erwartenden Seespiegelsteigung mit umfangreichen Bauarbeiten erhöht werden. Achten Sie auf entsprechende Hinweise auf Schildern. Außerdem kann man unterwegs die Deichwege über Triften – diagonal querende Asphaltwege – sowie andere Übergänge immer wieder wechseln.

Fernwanderwege zwischen Ems und Jade

- Den Deichen an der Küste folgt der **Störtebekerweg** von Leer via Emden und Bensersiel nach Wilhelmshaven (Touren 2, 3, 4–7, 9–11); mal vor, mal auf oder hinter dem Deich – je nach aktueller Lage bzw. Sperrungen etwa infolge von Küstenschutzarbeiten oder Schafbegrasung. Dazu der Wegewart: »Bei diesem Weg muss der Wanderer ein wenig mitdenken.«
- Die Süd-Nord-Hauptroute im Binnenland ist der 96 km lange **Ostfriesland-Wanderweg** von Papenburg über Leer und Aurich nach Bensersiel (Touren 8, 16, 19, 27, 31); der 73 km lange und für Wanderer wie Radfahrer konzipierte **Ems-Jade-Weg** folgt als West-Ost-Hauptroute den historischen Treidelwegen längs des Ems-Jade-Kanals von Emden nach Aurich und Wilhelmshaven (Touren 17, 18, 37); der 87 km lange **Ems-Hunte-Weg** verbindet die Hunte bei Oldenburg mit der Ems bei Leer (Touren 29, 31).

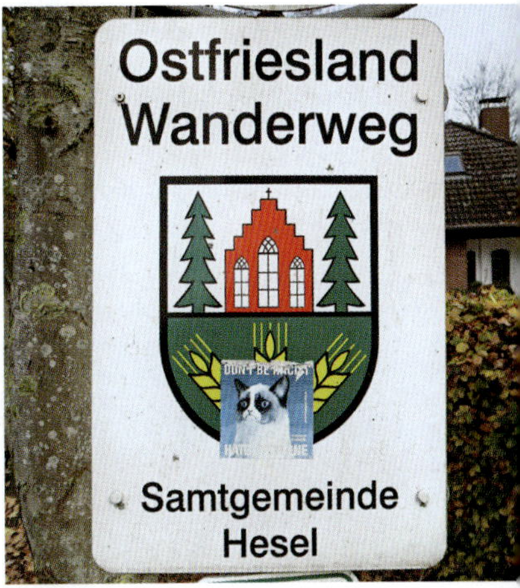

Ostfriesland-Wanderweg bei Hesel.

- Der **Europäische Fernwanderweg 9** verläuft vom Kurort Nieuweschans in den Niederlanden nach Weener an der Ems, wo er sich mit dem Emsweg vereinigt und nach Leer führt. Von Leer folgt er dem Ostfriesland-Wanderweg bis zum Ems-Jade-Kanal bei Aurich, dann führt der Ems-Jade-Weg bis nach Wilhelmshaven.
- Der **Pilgerweg Schola Dei** (40 km) verbindet zwischen der Klosterstätte Ihlow (Tour 26) und der Ludgerikirche in Norden sehenswerte Kirchen und historische Stätten. Die fahrradfähige Route ist detailliert dargestellt auf der vom Pilgerbüro herausgegebenen Pilgerkarte:
  Pilgerbüro, Alte Wieke 6, 26632 Ihlow, Tel. +49 4929 89100.

INFORMATIONEN UND ADRESSEN

Öffentliche Verkehrsmittel

Ostfriesland ist an das deutsche **Bahnnetz** nur mit zwei Nebenstrecken angebunden, die beide dort enden: eine von Leer über Emden nach Norddeich, die andere von Wilhelmshaven über Jever und Wittmund nach Esens. Früher gab es Querverbindungen wie die 1980 eingestellte ostfriesische Küstenbahn zwischen Norden und Esens oder die 1969 stillgelegte Kreisbahn Aurich zwischen Leer und Wittmund.

Dafür gibt es auf dem ostfriesischen Festland gute **Busverbindungen**, zwischen größeren Orten stündlich, auf dem Land dagegen eher sporadisch. Entlang der Küste verkehren drei Küstenbuslinien:

- K1: Norden → Westerholt/Dornum – Esens – Bensersiel – Neuharlingersiel – Harlesiel (täglich stündlich, im Winterhalbjahr Sa/So alle 2 Stunden)
- K2: Esens – Werdum – Werdumeraltendeich – Neuharlingersiel (Mo–Sa mehrmals täglich)
- K3: Esens – Bensersiel – Dornumersiel – Dornum – Norddeich (Mo–Fr nur sehr wenige Verbindungen, Sa/So gar keine; nur im Sommerhalbjahr auch Sa)

Aktuelle Fahrpläne zu den Küstenbuslinien: www.edzards-reisen.de → Linienverkehr.

Foto unten: Anreise per Fährschiff nach Norderney.
Rechts: Emsfähre zwischen Ditzum und Petkum.

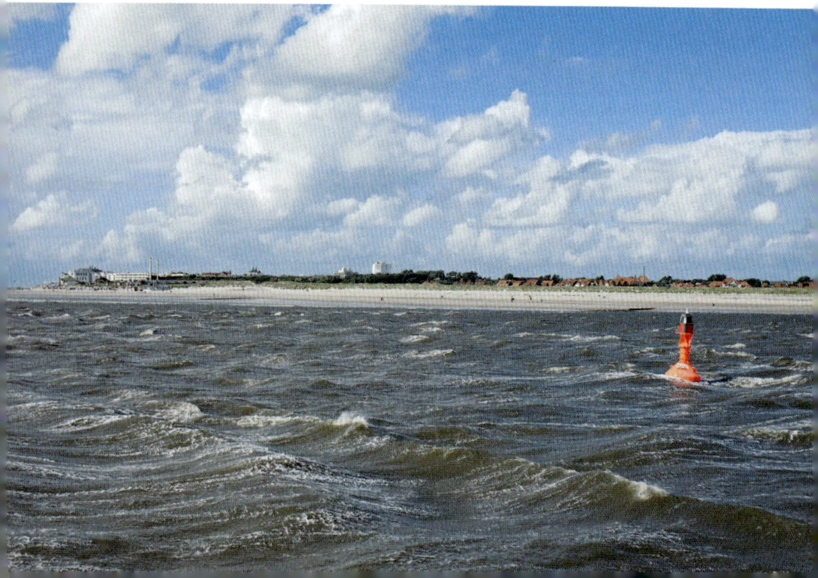

WICHTIGE TELEFONNUMMERN UND ADRESSEN

Touristische Informationen

- Ostfriesland Tourismus GmbH, Ledastraße 10, 26789 Leer (Ostfriesland), Tel. +49 491 91969660, www.ostfriesland.de
- Ostfriesische Inseln GmbH, Goethestraße 1, 26757 Borkum, Tel. +49 4922 933-141, www.ostfriesische-inseln.de

Internet-Adressen / Apps

- www.ostfriesland.travel, offizielle Tourismus-Website zu Ostfriesland mit App »Grenzenlos aktiv im Nordwesten« (Apple/Google Play Store)
- www.ostfriesische-inseln.de, offizielle Tourismus-Website zu den Ostfriesischen Inseln
- www.nationalpark-wattenmeer.de/nds, Nationalpark Niedersächsisches Wattenmeer
- www.bsh.de, Website des Bundesamtes für Seeschifffahrt und Hydrographie mit vielen maritimen Infos, unter anderem mit den Gezeiten (unter → Daten → Gezeiten; Ort angeben)
- www.geolife.de, Freizeitportal der Niedersächsischen Landesvermessung
- www.vej-bus.de, Verkehrsverbund Ems-Jade
- www.edzards-reisen.de → Linienverkehr, Küstenbuslinien K1–K3

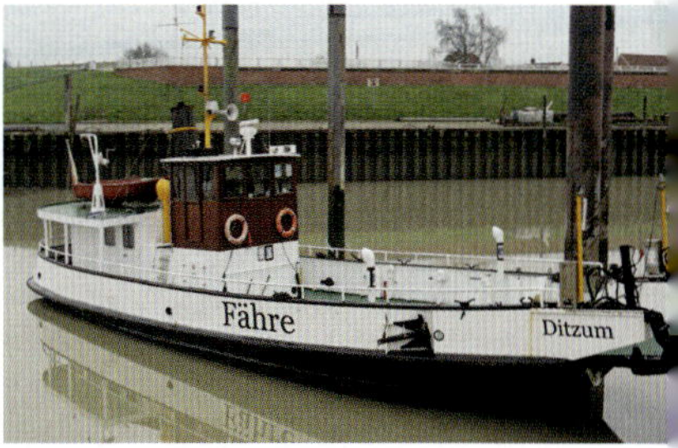

Andere Buslinien werden von verschiedenen Firmen betrieben, die bei den Kurzinfos der Touren angegeben sind. Der gesamte Busverkehr gehört zum Verkehrsverbund Ems-Jade, dessen Website Infos zum Busnetz, den Tarifen und Links zu den jeweiligen Busbetreibern bietet: www.vej-bus.de. Im gesamten Netz gilt das Niedersachsen-Ticket der Bahn. Urlauber mit Nordsee-ServiceCard/Gästekarte können gegen Vorlage der Gästekarte den günstigen Urlauberbustarif von 1 € für jede Busfahrt nach 9 Uhr nutzen, www.urlauberbus.info.

Die **Fährverbindungen** zu den Ostfriesischen Inseln werden von verschiedenen Reedereien bedient; manche sind gezeitenabhängig und variieren daher; mal sind Autofähren unterwegs, mal (bei autofreien Inseln) reine Personenschiffe. Die Tabelle auf der nächsten Seite gibt einen Überblick über die regulären Fährverbindungen (ohne manchmal zusätzlich angebotene – deutlich teurere – kleine Schnellboote anderer Firmen). Flugmöglichkeiten zu den Inseln sollte man sich aus ökologischen Gründen nur für Notfälle merken: www.inselflieger.de.

FÄHRVERBINDUNGEN ZU DEN OSTFRIESISCHEN INSELN

Insel	Reederei / Kontakt	Fährhafen Festland	Auto	gezeitenabhängig
Borkum	AG Ems, Tel. +49 1805 180182, www.ag-ems.de	Emden	x	
Borkum	AG Ems (s.o.)	Eemshaven (NL)	x	
Juist	AG Reederei Norden-Frisia Tel. +49 4931 987-0, www.reederei-frisia.de	Norddeich		x
Norderney	AG Reederei Norden-Frisia (s.o.)	Norddeich	x	
Baltrum	Reederei Baltrum-Linie GmbH, Tel. +49 4939 9130-0, www.baltrum-linie.de	Neßmersiel		x
Langeoog	Schiffahrt Langeoog, Tel. +49 4972 693260, www.langeoog.de → Schiff-fahrt Langeoog	Bensersiel		
Spiekeroog	Hafen Spiekeroog, Tel. +49 4976 9193-133, www.spiekeroog.de → Anreise	Neuharlingersiel		x
Wangerooge	siw Wangerooge (DB), Tel. +49 4464 9494-0, www.siw-wangerooge.de	Harlesiel		x

Karten

Für alle Touren sind die KV-Pläne des Kommunalverlags Tacken hilfreich, die für Wanderer in zwei Reihen bzw. Maßstäben angeboten werden, jeweils inkl. Ortsplänen: Die gelbe »kombi«-Reihe 1:25.000 sowie die grüne »freizeit«-Reihe 1:60.000, die meistens einen ganzen Kreis abdecken und trotz des kleinen Maßstabs bis auf wenige Ausnahmen alle beschriebenen Wege abbilden. Vier Karten der »freizeit«-Reihe umfassen alle Touren dieses Wanderführers: Aurich (Touren 1–9, 14–25, 28, 35, 39–45), Friesland/Wittmund (6–15, 18, 19, 28, 45–50), Leer (25–30, 33–35), Dollard-Route (32–35).
■ www.kv-plan.de/shop/ostfriesland.html.
Das aus drei Karten bestehende Kompass-Kartenset Ostfriesland Oldenburg (1:50.000) deckt ganz Ostfriesland ab und damit alle Touren. Aus Platzgründen ist dieses Set nicht bei jeder Tour neu angegeben – anders als die von Kompass für jede Insel in den Maßstäben zwischen 1:20.000 und 1:10.000 herausgegebenen Karten.
Den westlichen Teil der ostfriesischen Nordseeküste inkl. der Inseln bildet die gleichnamige Karte von Freytag-Berndt und ARTARIA im Maßstab 1:50.000 ab, es fehlen aber einige Gebiete im Binnenland.

Häufigkeit Überfahrt	Dauer der Überfahrt
Autofähre: 2–3 täglich Katamaran: bis zu 4 x täglich, im Winter selten	1.00/2.10 Std.
Autofähre: bis 6 x täglich Katamaran: sehr selten	0.50/0.25 Std.
max. 2 x täglich	1.30 Std.
Winterhalbjahr: 9 x täglich Sommerhalbjahr: 13 x tägl.	0.55 Std.
2–3 x täglich	0.30 Std.
Winterhalbjahr: 2–3 x täglich; Sommerhalbjahr: 6 x täglich	1.00 Std. inkl. Inselbahn
1–5 x täglich	0.50 Std.
1–4 x täglich	1.30 Std. inkl. Inselbahn

Digitale Karten

Für digitalen Gebrauch sei auf die ausgezeichneten OSM-Karten verwiesen (OpenStreetMap), die in verschiedener Form auf vielen Internetseiten und Apps für unterschiedlichste digitale Anwendungen angeboten werden – in bestimmten Apps auf dem Smartphone oder Tablet (z. B. Komoot, Alltrails, bergfex), für Programme wie Basecamp auf dem PC oder auf GPS-Outdoor-Empfängern wie den Geräten von Garmin.

Wanderverband

Der Wiehengebirgsverband Weser-Ems betreut und markiert den Störtebeker-, den Ostfriesland-, den Ems-Jade-, den Jade- und den Emsweg sowie den Ems-Hunte-Weg:

- Wiehengebirgsverband Weser-Ems, Bierstraße 33–36, 49074 Osnabrück, Tel. +49 541 29771, www.wgv-weser-ems.de.

KLIMATABELLE

Monat	Niederschlag (mm)		Lufttemperatur		Meerestemp.
	Norderney	Emden	Norderney	Emden	
Jan.	59	66	2,2°	2,0°	5
Feb.	42	44	2,3°	2,2°	6
März	54	59	4,6°	4,8°	5
April	37	43	7,3°	7,7°	8
Mai	47	54	11,4°	12,2°	12
Juni	61	76	14,3°	14,9°	16
Juli	66	74	16,7°	17,0°	20
Aug.	65	66	17,2°	17,1°	20
Sept.	80	76	14,6°	14,0°	17
Okt.	79	69	10,6°	10,0°	15
Nov.	83	79	6,3°	5,8°	11
Dez.	72	71	3,7°	3,3°	8

WANDERN IN OSTFRIESLAND

Ostfriesland ist die vom Meer, von Sturmfluten und vom Menschen gestaltete Landschaft an der südlichen Nordsee zwischen den Meeresbuchten Dollart an der Mündung der Ems und Jadebusen an der Mündung der Jade. Zu den natürlichen Glanzpunkten zählt die UNESCO-Weltnaturerbe-Landschaft des Wattenmeeres mit den vorgelagerten Inseln. Das Binnenland wird geprägt vom Dreiklang aus küstennaher fruchtbarer Marsch, überflutungssicherer Geest und den als »Fehn« bezeichneten kultivierten Mooren mit Kanälen, Windmühlen und Klappbrücken. Die höchsten Punkte umschreiben die drei Ds: Dünen, Deiche, Deponien – von denen die Walter-Großmann-Düne (24,4 m) auf der Insel Norderney am höchsten aufragt (Touren 41, 43).

Geest – Wallhecken, Alleen, Moore

Den höchstgelegenen Teil der Halbinsel zwischen Ems und Jade bildet der aus eiszeitlichen Sandablagerungen aufgebaute Ostfriesisch-Oldenburgische Geestrücken. Die zuweilen parkartig wirkende Geest bildet mit ihren Wäldern und Wiesenländern zwischen Wallhecken, ihren Granitquaderkirchen, Windmühlen und Burgen das kulturell und landschaftlich abwechslungsreichste Gebiet Ostfrieslands. Von der alten Norderlandhauptstadt Norden streicht der Geestrücken südostwärts zur historischen Residenzstadt Aurich und erreicht im Kugelberg im Hollesand mit 18 m seine höchste Erhebung in Ostfriesland. Mit Ausnahme der Seehafenstadt Emden liegen alle Städte zwischen Ems und Jade auf der überflutungssicheren Geest

Das Krickmeer ist einer der Moorseen am Rand des Naturschutzgebiets Ewiges Meer, das den größten Hochmoorsee Deutschlands umfasst.

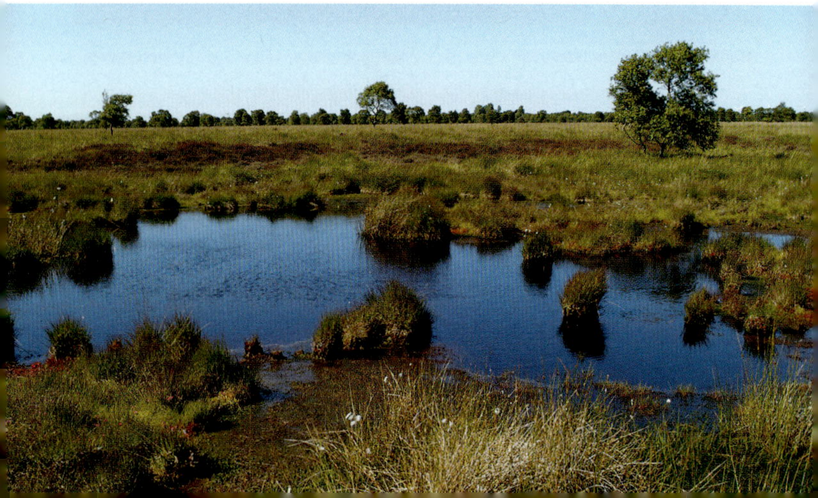

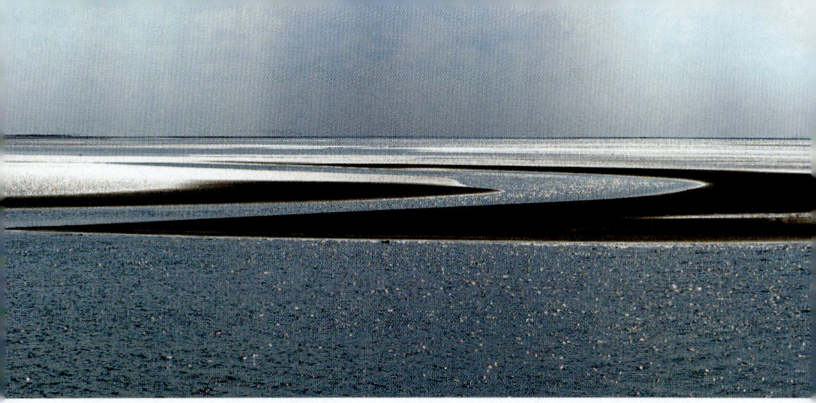

Sandbank im Wattenmeer am Fahrwasser zwischen Norddeich und den Inseln Juist und Norderney.

oder an ihrem Rand. Auch der Tingplatz der sieben Seelande befand sich auf der Geest: Der Upstalsboom bei Aurich ist der Symbolort der friesischen Freiheit. Moore bedeckten Teile der Geest noch im 19. Jahrhundert fünf bis neun Meter hoch; das Ewige Meer ist Deutschlands größter Hochmoorsee.

Wattenmeer – Weltnaturerbe an der Nordsee

Die Weltkulturorganisation UNESCO hat das Wattenmeer 2009 zum Weltnaturerbe erklärt. Damit zählen die Küsten und Inseln Ostfrieslands (mit Ausnahme der Ortslagen) im Nationalpark Niedersächsisches Wattenmeer zu den ästhetisch und ökologisch bedeutendsten Landschaften der Erde. Die Gezeitenküste fällt sehr sacht in Richtung der offenen See ab, das Gefälle beträgt vielfach weniger als ein Promille, das heißt, weniger als einen Höhenmeter pro 1000 Meter, weshalb sich hier leicht Feinmaterial ablagern kann, vor allem Sand und toniger Schlick. Diese amphibische Urlandschaft mit ihren Sand-, Queller-, Misch- und Schlickwatten, Düneninseln, Sandstränden und Salzwiesen – in Ostfriesland »Heller« genannt – bildet einen einzigartigen Lebensraum für Pflanzen und Tiere und ist während der Zug- und Brutzeiten der Vögel ein Dorado für ornithologisch Interessierte. Daneben erfüllt das Wattenmeer weitere wichtige Funktionen – die bedeutendsten auf einen Blick:

- »Kinderstube der Weltmeere« mit vielen jungen Fischen an der flachen Küste.
- Brut-, Nahrungs- und Rastplatz für Millionen von Vögeln (mehr als 10 Mio. Zugvögel).
- Filterfunktion für Nordseewasser: Schwebstoffe lagern sich auf dem Wattboden ab.
- Küstenschutz durch den flachen Wattensockel und die Inseln als natürlicher Wellenbrecher.

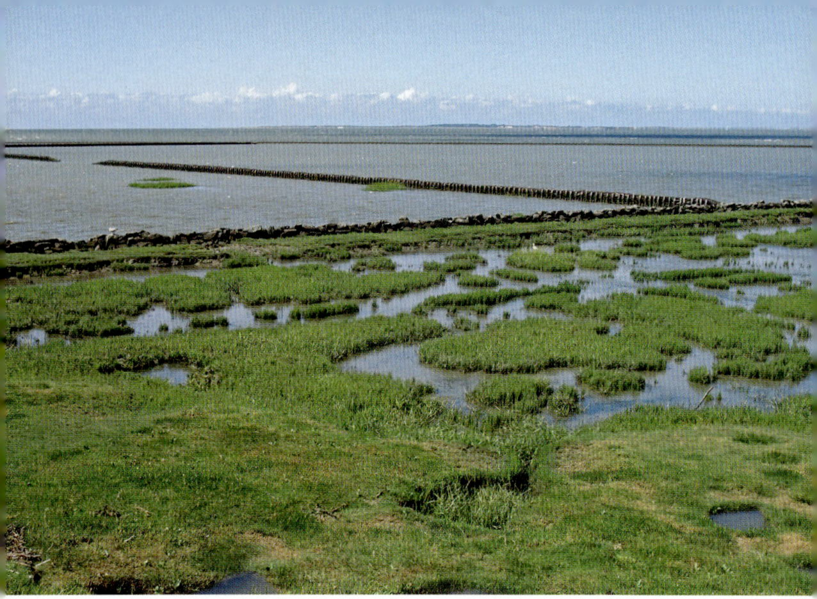

Das Deichvorland mit seinen Salzwiesen ist ein Paradies für Seevögel.

Dünen – aus Sand werden Inseln

Die Entstehung der Inseln ist bei Wanderungen an den Nordstränden bzw. am Nordrand der bis zu 24 m hohen Dünenketten gut zu beobachten: Der Wind trocknet die obersten Sandschichten aus, es siedeln sich Pionierpflanzen wie Strandquecke und Strandhafer an, die den Boden durchwurzeln und verfestigen. Diese Pioniere bilden Hindernisse für den Wind und fungieren als Sandfänger: Bei ihrer Überwehung lagert der Wind einen Teil des mitgeführten Sandes ab. Auch wenn diese Hindernisse klein sind, tragen sie zur Dünenbildung bei. Die kleinsten Vorformen von Dünen sind die manchmal nur wenige Millimeter bis wenige Zentimeter großen Sandfahnen, die sich auf dem trockenen Strand auf der Leeseite von Muscheln und Treibgut bilden. Auf die Vordünen folgen die oft strandhaferbewachsenen Weißdünen, dann die älteren Graudünen und als älteste die Braundünen, die oftmals von Krähenbeeren und gelegentlich auch von windzerzausten Bäumen bewachsen sind.

Deiche

Seit der Eisenzeit wurden im Wattenmeerbereich Deiche erbaut – anfangs als bis zu 1,2 m hohe Ringdeiche und seit dem Mittelalter als rund 3 m hohe, mit Brettern verstärkte Stackdeiche. Nach den Landverlusten infolge der Burchardiflut 1634 wurden die Deiche nicht nur höher, sondern

auch das Profil flacher, damit sich die Wellen am Deich auslaufen konnten. Die Deichhöhe stieg innerhalb von 200 Jahren von 3 m auf 5 m. Nach der Hollandsturmflut im Jahr 1953 mit 67 Deichbrüchen wurden 7 m als Idealhöhe angestrebt. Heute angelegte Seedeiche sind etwa 9 m hoch und rund 100 m breit. Dafür steht das klassische Deichbaumaterial – Kleierde, ein Schlick-Sand-Gemisch des Wattbodens – nicht mehr in ausreichender Menge zur Verfügung. Wegen seiner Festigkeit wird es daher nur noch als rund 1 m dicke Deckschicht verwendet, der Deichkern besteht aus Sand. Die rund 9 m hohen Seedeiche werden derzeit angesichts steigender Meeresspiegel durch die Klimaänderung an vielen Stellen weiter erhöht.
Seeseitig der Deiche verlaufen die Teekabfuhrwege, benannt nach von Fluten angespülten Pflanzenresten und Abfällen, die regelmäßig vom Deich entfernt werden müssen, um das Graswachstum nicht zu beeinträchtigen. Für den idealen Grasbewuchs ist eine regelmäßige Mahd der Deiche wichtig, traditionell durch Schafe, heute zunehmend maschinell mit Traktoren.

Ostfriesische Inseln

Die Ostfriesischen Inseln gelten anders als die eiszeitlich entstandenen Geestkerninseln Nordfrieslands als Ergebnis von Sandablagerungen durch Wind, Gezeiten, Seegang und Sturmfluten. Durch die überwiegenden Westwinde und folglich -strömungen nagt die Nordsee an der Westseite der Inseln, während an der Ostseite neuer Sand abgelagert wird. Die Folge: Die Inseln wandern im Laufe der Zeit ostwärts.
Als Gedankenstütze für die Reihenfolge und Namen der Ostfriesischen Inseln hat sich folgender Spruch bewährt: »Welcher Seemann liegt bei Nanni im Bett?« – Die Anfangsbuchstaben stehen für die Namen der Inseln von Ost nach West: Wangerooge – Spiekeroog – Langeoog – Baltrum – Norderney – J(I)uist – Borkum.

Seehundbank vor Juist.

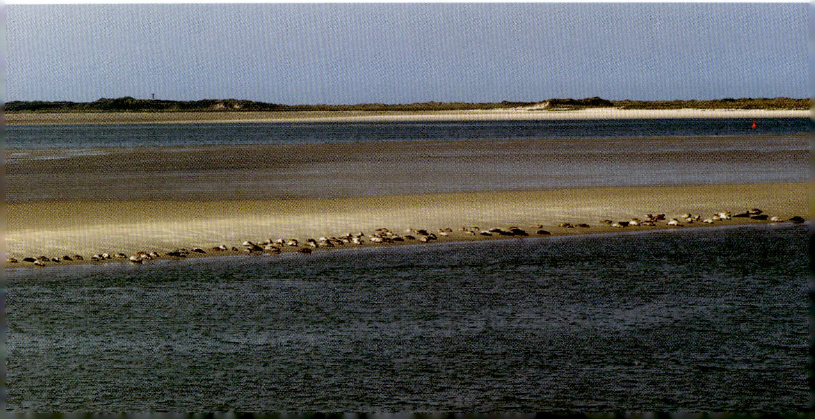

Gezeiten: Ebbe und Flut

Grundlegend geprägt wird das Leben im und am Wattenmeer durch die Gezeiten: Im Wechsel der etwa halbtägigen Hauptmondtiden von 12 Stunden und 25 Minuten überflutet die See weite Teile der flachen Wattenmeerküste und lässt sie wieder trockenfallen. Diese periodische Wanderbewegung der Flutberge hat fundamentalen Einfluss auf die Arbeit von Fischern und Seeleuten ebenso wie auf den öffentlichen Verkehr und das Wandern: Tideabhängige Schiffsfahrpläne, Badezeiten, Wattwanderungen und vieles andere richten sich nach Niedrig- und Hochwasser. Küstenwanderungen sind am beeindruckendsten bei auflaufender Flut kurz vor Hochwasser, dies gilt auf den Inseln ebenso wie am Küstensaum und sogar auf den Wanderwegen an Leda und Ems. Die Gezeitenströme wirken bis nach Papenburg, bei auflaufendem Wasser fließt die Ems stromaufwärts.
Der mittlere Tidenhub ist der Unterschied zwischen den Durchschnittshöhen von Hoch- und Niedrigwasser. An der Knock liegt er bei 3 m, auf Borkum bei 2,4 m. Die Uhrzeiten von Flut und Ebbe erfährt man vor Ort bei den Tourist-Infos oder im Internet, etwa auf der Website des Bundesamtes für Seeschifffahrt und Hydrographie: www.bsh.de → Daten → Gezeiten (Ort angeben). Außerdem verraten viele, auch kostenlose, Apps die Tidezeiten, etwa »Gezeiten Gratis« oder »NAUTIDE«.

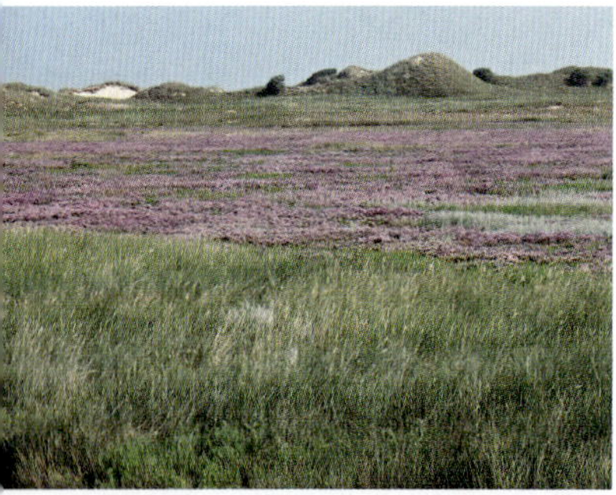

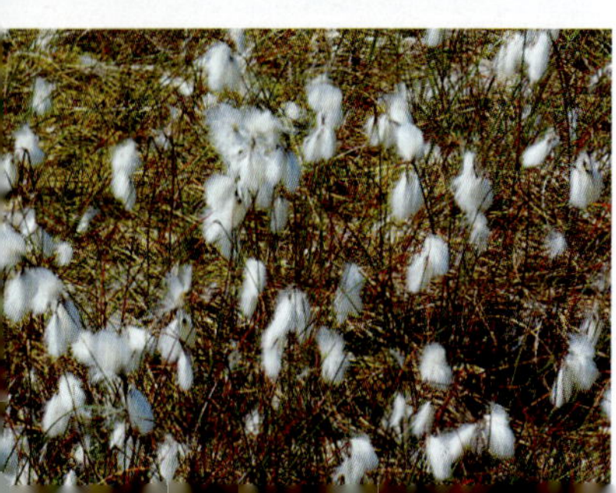

Natur und Umwelt

Flora

Charakteristisch für die deutsche Nordseeküste sind die im Watt lebenden Pflanzen. Die Flora ist zwar nicht besonders artenreich, die Pflanzen kommen dafür aber jeweils in großen Mengen vor, z.B. das pflanzliche Plankton. Nahrungsgrundlage im Watt ist die Kieselalge mit einer unvorstellbaren Dichte: 10 Mrd. Algen leben auf einem Quadratmeter. Insgesamt sind rund 150 Algenarten im Nordseewasser ohne Mikroskop sichtbar. Je weiter landwärts man sich bewegt, desto höher entwickelt sind die im Bereich der Fluten salztoleranten Pflanzen wie Queller, See- und Schlickgras. Eine Zwischenstufe zwischen Watt und

Violett blühender Strandflieder auf Norderney und Wollgras im Ewigen Meer.

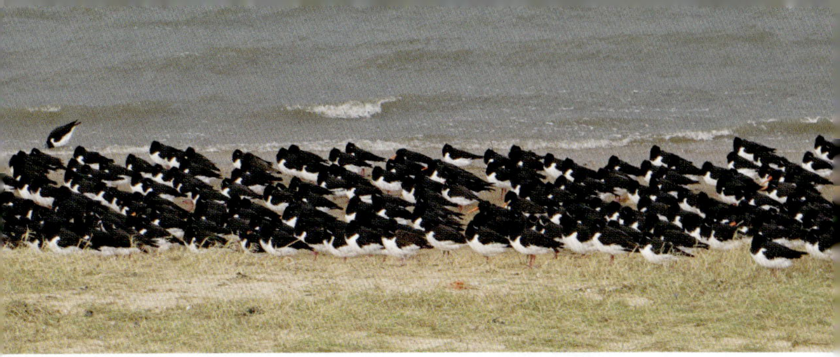

Austernfischer-Kolonie im Wattenmeer.

Land nehmen Salzwiesen ein, Flächen, die nur periodisch überflutet werden. Dabei lagern sich nährstoffreiche Sedimente ab. Wegen ihres hohen Salzgehaltes stellen Salzwiesen hohe Anforderungen an die Vegetation – überwiegend Andelgras, Rotschwingel, Strandflieder und -nelke. Die Salzwiese gilt als wichtigstes Rast-, Mauser-, Nahrungs- und Überwinterungsbiotop des Watts und ist gleichzeitig ein Paradies für Insekten – 2000 Arten wurden hier gezählt, davon alleine 25 auf der Strandaster.

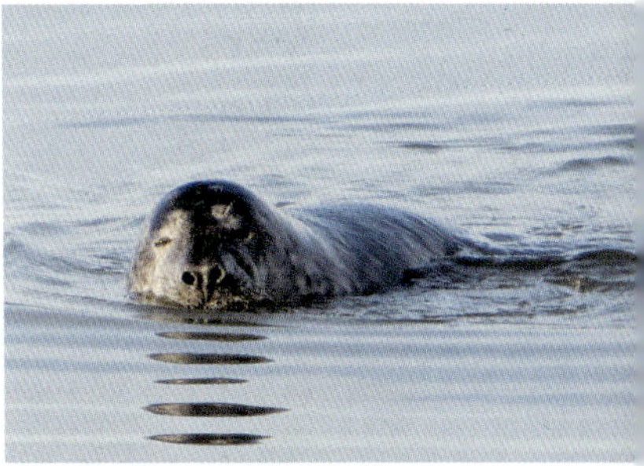

Kegelrobben verdanken ihren Namen ihrer relativ spitzen – kegelförmigen – Schnauze.

Fauna

Eine artenreiche Tierwelt ist in der Nordsee und im Wattenmeer zuhause, darunter rund 50 Fisch- und genauso viele Muschelarten. Am Strand und auf dem Watt stößt man auf Seepocken, Seesterne, Seeigel, Krebse und Muscheln. Das Watt ist von zahlreichen Kleinstlebewesen besiedelt: Auf einem Quadratmeter leben etwa 400.000 Jungkrebse, 100.000 Wattschnecken und 30 Pierwürmer. Letztere sind die Erbauer der überall im Watt sichtbaren Erdhügel. Die Würmer fressen sich bis zu 20 cm tief durch das Erdreich hindurch und scheiden den Rest oben aus. Zusammengerechnet »essen« die Pierwürmer jährlich die oberen 7 cm des gesamten Wattenmeers. Wattwürmer wiederum sind Beute für Krebse, Fische und Vögel. Das Wattenmeer gilt auch als »Kinderstube der Weltmeere«, weil hier viele Jungfische heranwachsen.
Darüber hinaus ist das Wattenmeer eine wichtige Drehscheibe des internationalen Vogelzugs: Zu den Zugzeiten (März/September) stärken sich hier rund 10 Mio. Vögel für den Weiterflug am reich gedeckten Tisch

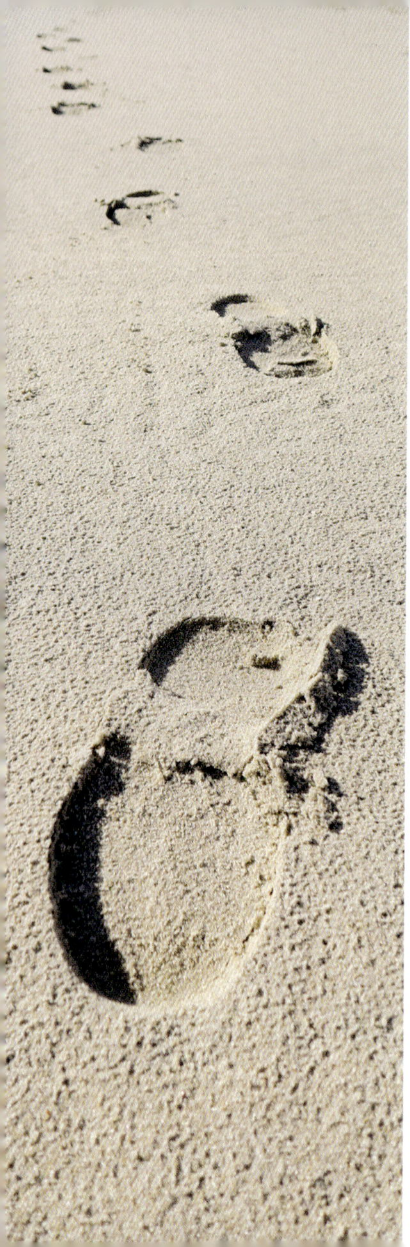

des Wattenmeers. Außerhalb der Zugzeit wird die Küste vor allem von Möwen, Austernfischern, Säbelschnäblern, Sichel- und Alpenstrandläufern, Großen Brachvögeln, Uferschnepfen, Küstenseeschwalben, Rotschenkeln und Eiderenten geschätzt.
Symboltier des Wattenmeers sind Seehunde, neben den selteneren Kegelrobben und verirrten Walen die einzigen Säugetiere in der Deutschen Bucht. Die bis zu 2 m langen und 100 kg schweren Seehunde kommen zwar an Land zur Welt, sind aber – mit Ausnahme der Atmung – nahezu vollständig an das Leben im Wasser angepasst. Sie können bis zu 35 km/h schnell schwimmen, 10 Min. lang unter Wasser bleiben und dabei sogar schlafen. Heute leben in der deutschen Bucht etwa 20.000 Seehunde; vor 100 Jahren waren es rund 40.000 und 1974 gerade mal 3600.

Naturschutz im/am Wattenmeer
Das Wattenmeer wurde 2009 als erstes deutsches UNESCO-Weltnaturerbe anerkannt – auf derselben Sitzung, bei der Dresden medienwirksam den UNESCO-Welterbe-Status verlor. Der Großteil der deutschen Nordseeküste ist seit den 80er-Jahren als **Nationalpark Wattenmeer** unter Schutz gestellt, je eines für alle beteiligten Bundesländer: Schleswig-Holstein (441.500 ha), Hamburg (13.750 ha) und Niedersachsen (345.800 ha). Gemein ist allen drei Parks ein abgestuftes Zo-

Den Spuren im Sandstrand bleiben nur wenige Stunden bis zur Flut.

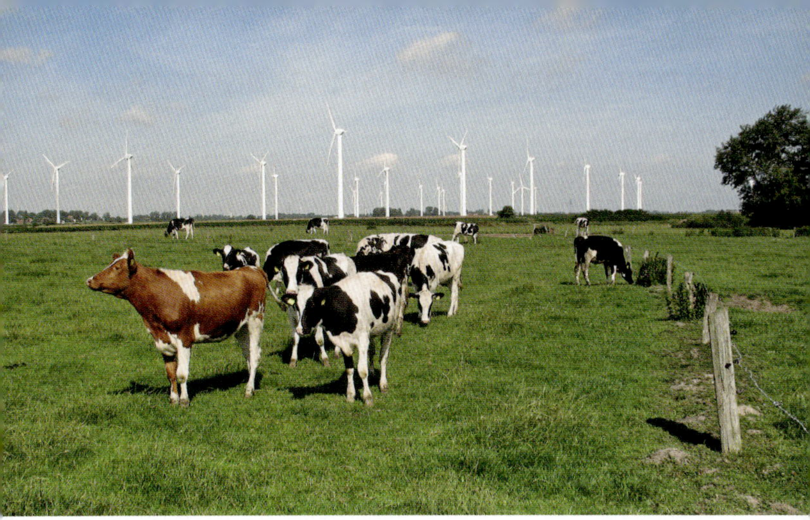

Windräder bestimmen zunehmend das Landschaftsbild.

nenkonzept: Ruhezone mit dem strengsten Schutzstatus, Zwischenzone mit Betretungsverbot in der Brutzeit sowie die Erholungszone mit unwesentlichen Nutzungseinschränkungen. Entlang der Nordseeküste informieren zahlreiche Zentren des Nationalparks über das Wattenmeer, etwa in Greetsiel (Touren 2, 3), Norddeich (Tour 4), Carolinensiel (Tour 10) sowie auf allen Osfriesischen Inseln außer Langeoog.

Windparks – Energiewende an der Küste

Windräder beherrschen an vielen Punkten den Horizont, zunehmend nicht nur auf dem Land, sondern auch offshore, mehrere Dutzend Kilometer vor den Inseln, wo die Windgeschwindigkeiten rund doppelt so hoch und Bürgerproteste deutlich geringer als auf dem Land sind. Den Anfang machte »alpha ventus« 45 km nördlich von Borkum als erster deutscher Offshore-Windpark 2010 mit gerade mal 12 Windrädern. Heute sind es rund 20 Windparks, von denen einige mehr als 100 km vor der Küste liegen. Die Gesamtkapazität der größten geplanten Parks mit ihren mehr als 100 Windrädern erreicht mit 900 MW die Größenordnung eines Kernkraftwerks – umgerechnet genug für den privaten Stromverbrauch einer Großstadt wie München. Die Windbranche ist für die Region wirtschaftlich von großer Bedeutung, nicht nur wegen der Wartung der Anlagen: Enercon, einer der führenden Windradhersteller, hat seinen Sitz in Ostfriesland. Die Auricher Firma war lange Zeit Marktführer in Deutschland und ist bekannt für die getriebelose Bauart der Turbinen sowie das Design einiger Gondeln, entworfen vom britischen Stararchitekten Norman Foster.

WEITERE SPORT- UND FREIZEITANGEBOTE

Wattwandern

Geführte Wattwanderungen zählen zu den attraktivsten Tourenmöglichkeiten im Welterbe Wattenmeer. Die staatlich geprüften Wattführer sind oftmals zugleich Nationalpark-Ranger, kennen bei jedem Wetter die beste Route und erläutern ökologische Zusammenhänge sowie das Leben der Tiere und Pflanzen. Auf folgenden Routen bieten sie regelmäßig Wattwanderungen an:

- Harlesiel – Spiekeroog: einfache Strecke 9 km, 3.30 Std.
- Neßmersiel – Baltrum: einfache Strecke 7 km, 2.30 Std.
- Neßmersiel – Norderney: einfache Strecke 8 km, 3.00 Std.
- Neuharlingersiel – Langeoog: einfache Strecke 10 km, 4.00 Std.
- Schillig – Minsener Oog: hin und zurück 9 km, 4.00 Std.

Erlebnis- und Wellnessbäder

Eine Alternative zu Sandstränden sind folgende Erlebnisbäder an der Wattenmeerküste und auf den Inseln:

- Bensersiel – Nordseetherme: Bade- und Saunalandschaften, Badetempel mit Solebecken, Gastronomie, Fitness-Center. Schulstraße 4, 26427 Esens-Bensersiel, Tel. +49 4971 917220, www.bensersiel.de → Nordseetherme
- Borkum – Gezeitenland: Architektonisch einem Ozeandampfer nachempfundenes 8000 m^2 großes Wellness- und Erlebnisbad mit Indoor-Surfanlage. Goethestraße 1, 26757 Borkum, Tel. +49 4922 933600, www.gezeitenland.de
- Carolinensiel – Cliner Quelle: Hallen-Solebad, Saunen, Außenbereiche, Disko-Grotte mit Wasserfall, Gastronomie, Veranstaltungen. Nordseestraße 1, 26409 Carolinensiel, Tel. +49 4464 94930, de www.cliner-quelle.de

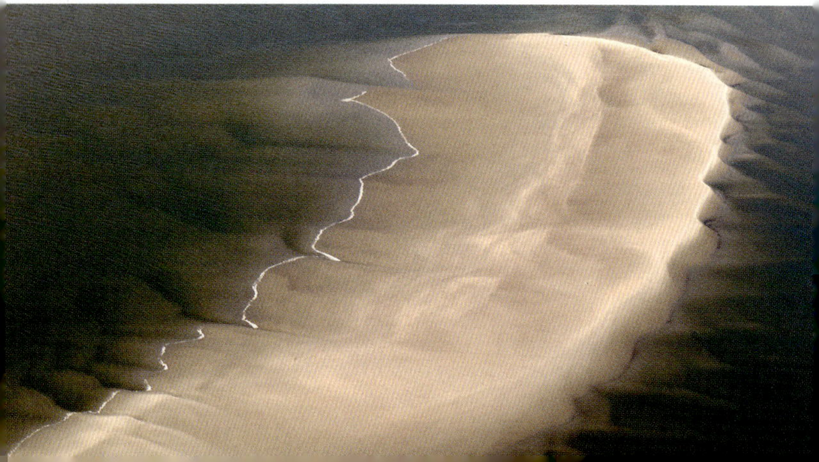

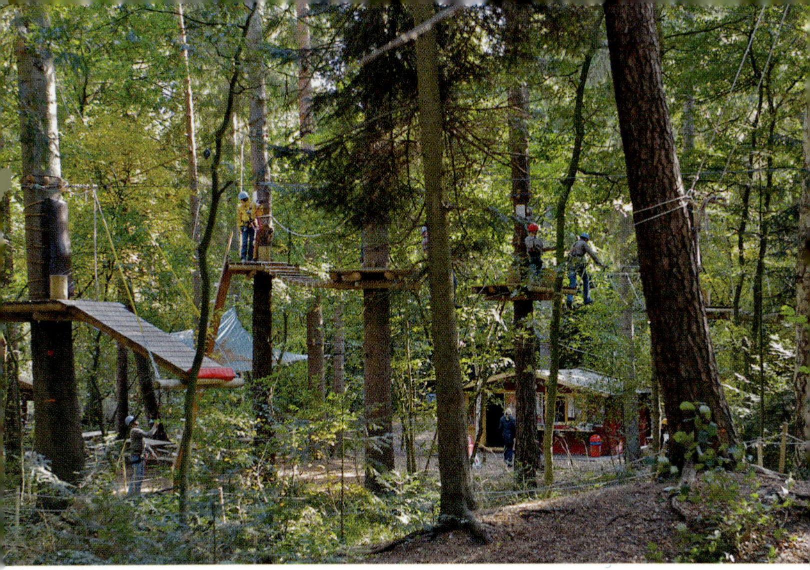

Kletterwald bei Aurich.

- Emden – Friesentherme: Hallenbad sowie Saunalandschaft und Wellnessbereiche. Theaterstraße 2, 26721 Emden, Tel. +49 4921 396000, www.friesentherme-emden.de
- Greetsiel – Oase: Schauplatz in einer »Tatort«-Folge, Hallenschwimmbad mit 30° Wassertemperatur, Saunalandschaft, Wellness-Abteilung. Zur Hauener Hooge 11, 26736 Greetsiel, Tel. +49 4926 918830, www.greetsiel.de → Urlaubsthemen → Schwimmbad & Sauna
- Neuharlingersiel – BadeWerk: Wassertemperatur 30°; Dampfbäder, Saunalandschaft. Edo-Edzards-Straße 1, 26427 Neuharlingersiel, Tel. +49 4974 1886015, www.badewerk.de
- Norddeich – Ocean Wave: Der Wellenpark umfasst 1000 m^2 Meer in der Halle, das Wasser im Wellenbecken ist 27° warm. Saunen und Saunagarten verteilen sich auf zwei Decks. Dörper Weg 22, 26506 Norden-Norddeich, Tel. +49 4931 986300, www.ocean-wave.de
- Norderney – Badehaus: 8000 m^2 großes Thalassohaus mit Meerwasserwellenbad und Spa-Bereich. »Feuerebene« auf der Dachterrasse mit Saunen, Solarien, Dampf- und Schlammbad sowie einer Außensauna mit Blick auf Norderney und die Nordsee. Badehaus Norderney, Am Kurplatz 2, 26548 Norderney, Tel. +49 4932 891400, www.badehaus-norderney.de

Sandplate im Wattenmeer vor Juist; Vogelflugblick während des fünfminütigen Lufttaxi-Flugs zur autofreien Insel von Norddeich aus.

Klettern

- Alpenvereins-Kletterturm Monte Pinnow in Sande, www.dav-wilhelmshaven.de/kletterturm
- Kletterwald Aurich: www.kletterwald-aurich.de
- Boulderhalle Aurich: www.kluntje-aurich.de
- Nordseekletterpark Borkum: www.nordseekletterpark.de
- Indoor-Spielpark Sturmfrei in Dornum-Neßmersiel, Kletterburg und andere Gelegenheiten zum Toben und Spielen für Kinder, www.sturmfrei-nessmersiel.de

Museen

Vom Ostfriesischen Teemuseum in Norden bis zum Buddelschiffmuseum in Greetsiel und zum Ostfriesischen Landwirtschaftsmuseum in Campen, vom Burgmuseum in der Manningaburg in Pewsum bis zum Dörpmuseum in Münkeboe und zum Fehnmuseum Eiland in Westgroßefehn reicht der Bogen der Museumslandschaft in Ostfriesland.

- Ostfriesisches Landesmuseum mit Rüstkammer in Emden: Kunst und Kultur des ostfriesischen und Emder Raums seit der Steinzeit. Die Rüstkammer ist die größte städtische Waffensammlung in Deutschland. Durch das Museum ist die Aussichtsplattform des Rathausturms erreichbar. Brückstraße 1, 26271 Emden, Tel. +49 4921 872058, www.landesmuseum-emden.de.
- Kunsthalle Emden: Klassische Moderne (Brücke, Blauer Reiter, Expressionismus, Neue Sachlichkeit, Bauhaus) und Strömungen der Nachkriegszeit. Hinter dem Rahmen 13, 26271 Emden, Tel. +49 4921 975050, www.kunsthalle-emden.de.
- Moormuseum in Moordorf: Stellvertretend für die über 80 Moorkolonien Ostfrieslands stellt das meistbesuchte Freilichtmuseum Ostfrieslands als »Museum der Armut« die Lebensverhältnisse in der preußischen Moorkolonie Moordorf dar. Victorburer Moor 7a, 26624 Südbrookmerland-Moordorf, Tel. +49 4942 2734, www.moormuseum-moordorf.de.

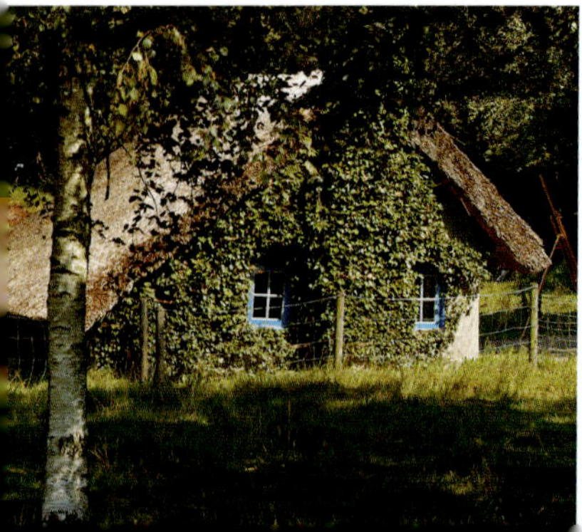

Moorkolonistenhaus im Moormuseum in Moordorf.

Nationalpark-Häuser

In nahezu allen Küstenorten sowie auf den Inseln informieren Nationalpark-Häuser über das Wattenmeer. Überregional bekannt ist die Seehundstation im Nationalpark-Haus in Norddeich; hier werden verwaiste »Heuler« aufgezogen und täglich um 11 und 15 Uhr vor Publi-

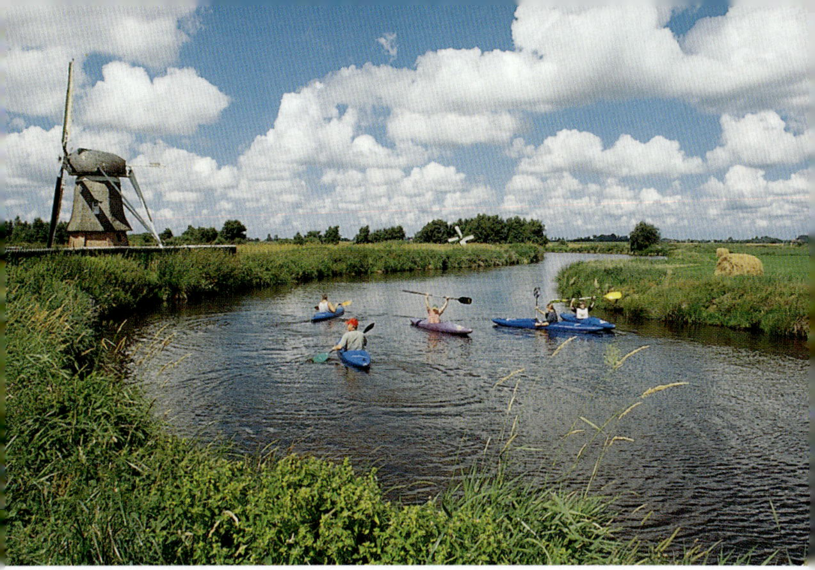

Kanuten auf der Wiegboldsburer Riede vor der Bedekaspeler Wasserschöpfmühle Agnes, einem Erdholländer.

kum gefüttert. In der Außenstelle Waloseum am Osterlooger Weg 3 gibt es weitere Ausstellungen zum Wattenmeer, zu Radio Norddeich (dem vorigen Nutzer der Räumlichkeit des Waloseums) sowie als Höhepunkt das Skelett eines 15 m langen vor Norderney gestrandeten Pottwals. Dörper Weg 24, 26506 Norden-Norddeich, Tel. +49 4931 973330, www.seehundstation-norddeich.de

Paddel und Pedal

An mehr als 15 Paddel- und Pedal-Stationen können in Ostfriesland Kanus und Räder entliehen und an einer Paddel- und Pedal-Station eigener Wahl abgegeben werden. Einige Stationen bieten rustikale Übernachtung in Trekkinghütten u. a. Unterkünften an. Touristik GmbH Südliches Ostfriesland, Ledastraße 10, 26789 Leer, Tel. +49 491 919696-30, www.paddel-und-pedal.de

Radwandern

Zahlreiche Radrouten führen perfekt ausgeschildert durch Ostfriesland. Klassiker sind die Friesenroute Rad up Pad, die deutsch-niederländische Dollard-Route, der 570 km lange niedersächsische Abschnitt des Nordseeküstenradwegs, die Tour de Fries, die friesische Mühlentour und die Deutsche Fehnroute.

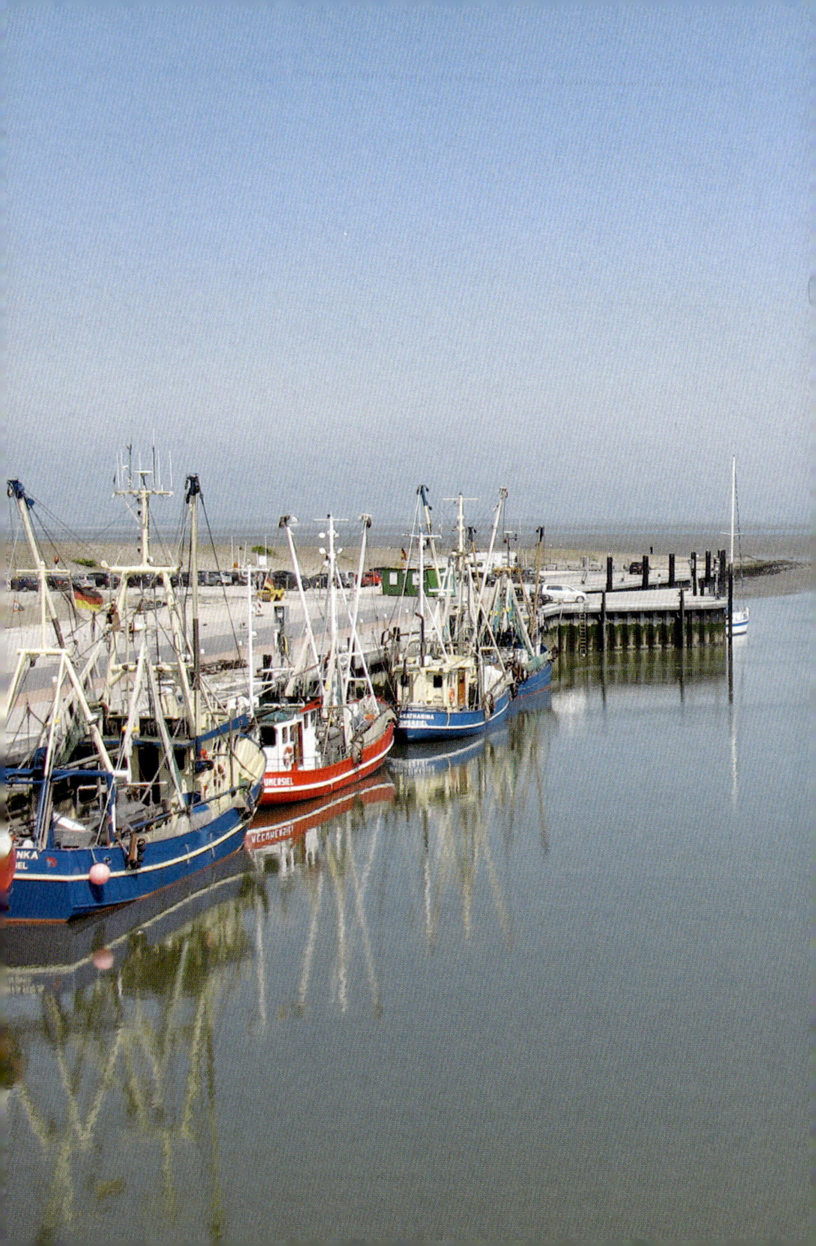

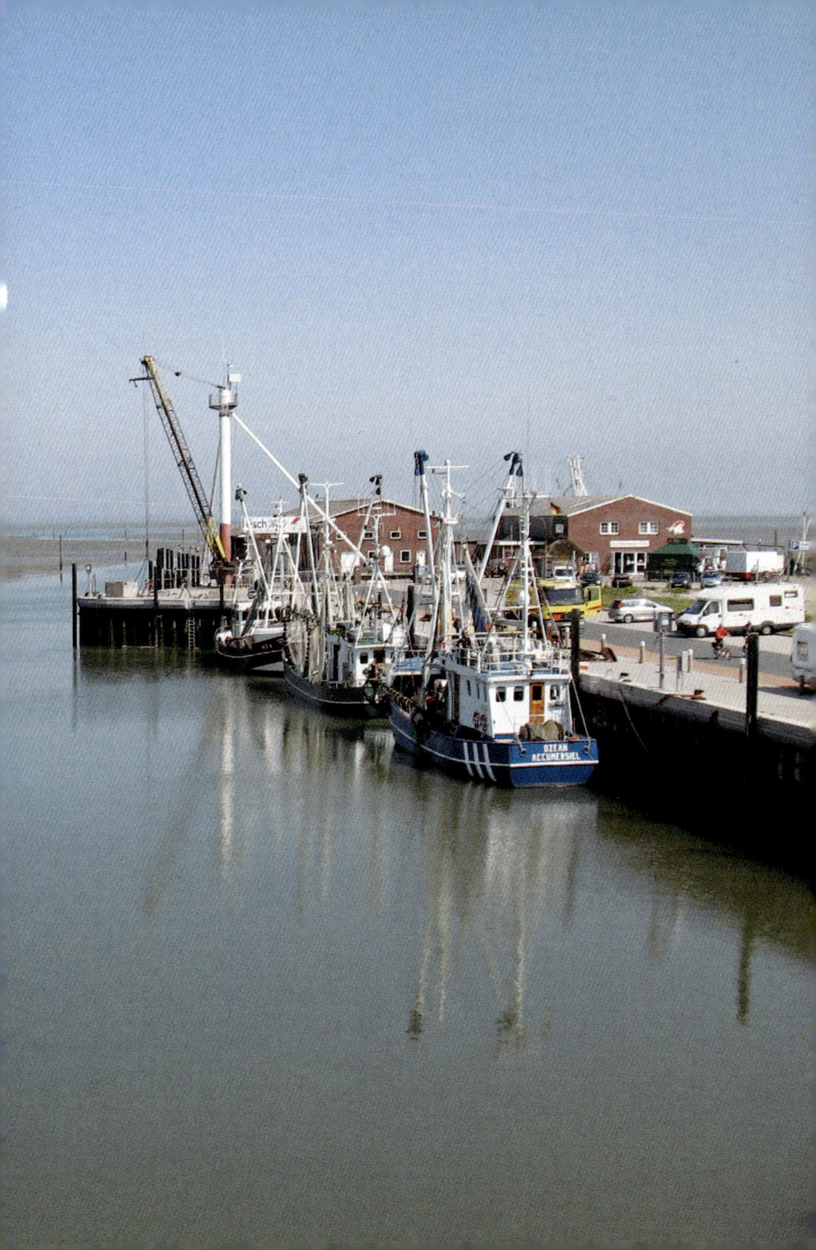
OZEAN
ACCUMERSIEL

↗ 15 m | ↘ 15 m | 22.9 km

1 Campener Leuchtturm – Pilsumer Leuchtturm

6.00 h

Muschelbänke, Strandaster-Salzwiesen, Seebadestellen

Ausgehend vom höchsten besteigbaren Leuchtturm an der deutschen Nordseeküste folgt der Störtebekerweg der Wattenmeerküste zur Seebadestelle Upleward und führt entlang der Salzwiesen zum Pilsumer Leuchtturm. Hunderttausende Strandastern entfalten im August und September in den Salzwiesen zwischen Seedeich und Querlahnung ihre Blüten.

Ausgangspunkt: Parkplatz am Campener Leuchtturm am Ende der Leuchtturmstraße in Campen.
ÖPNV: Bushaltestelle Heiselhusen 0,8 km östlich vom Campener Leuchtturm 6, Linie 422 Mo–Sa mehrmals täglich Richtung Emden und Pewsum; www.dbregiobus-nord.de.
Anforderungen: Leichte Deichwanderung, die wegen ihrer Länge etwas Kondition erfordert. Die Querlahnung am Wasser kann wegen eventuell aufgeschwemmten Schlicks rutschig sein, bei Flut und starken Winden können Wellen mit großer Kraft auf die Querlahnung branden (gefährlich!).
Markierung: Stellenweise weißes S auf schwarzem Grund für den Störtebekerweg.
Variante: Abkürzungen möglich durch Start der Tour von den Parkplätzen bei Upleward 2 oder Dieksiel 4.
Einkehr: Kiosk Watt'n Blick und Campingplatz-Restaurant Erbsenbinder an der Seebadestelle Upleward (April–Okt. täglich außer Mo ab 14 Uhr). Im Sommer Imbiss am Parkplatz Pilsumer Leuchtturm (ca. 400 m abseits der Route).
Karte: KV-Plan kombi 1:30.000 Krummhörn & Greetsiel, KV-Plan freizeit 1:60.000 Aurich.
Tipp: Besteigung des Campener Leuchtturms; weiter Blick von der Aussichtsgalerie nach Aufstieg über 320 Stufen der Wendeltreppe (April–November täglich außer Mi).
Hinweis: Der Lahnungsweg (Teil des Rückwegs) ist nicht durchgängig begehbar; große Teile sind während der Brutsaison, manche auch dauerhaft gesperrt.

Schillbank am Campener Watt.

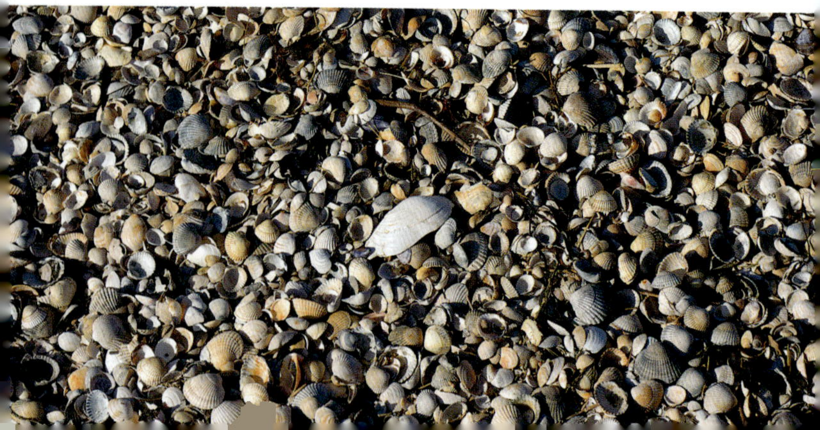

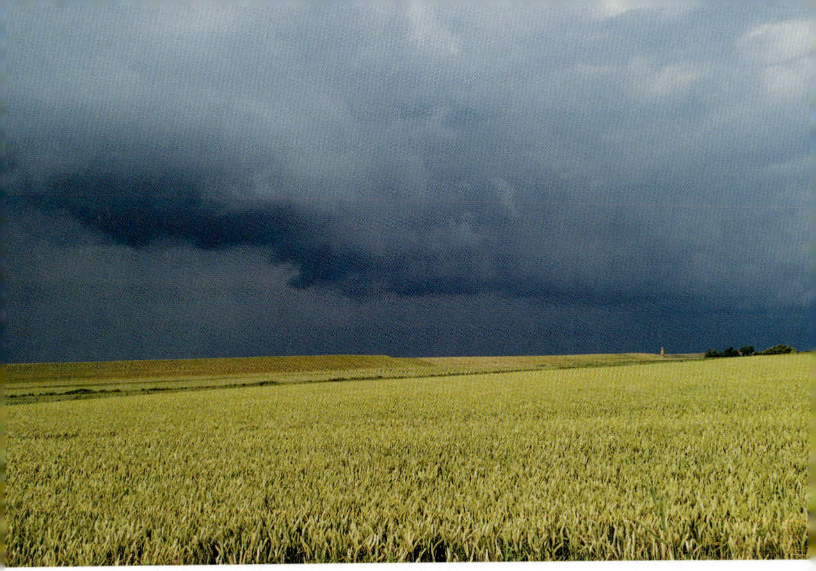

Der 13 m hohe Pilsumer Leuchtturm vor Kornfeldern auf dem eingedeichten ehemaligen Wattenmeerboden (Kleiboden).

Der weiß-rote **Campener Leuchtturm** ❶ ist mit 65,3 m der höchste begehbare Leuchtturm an der deutschen Nordseeküste; sein Licht ist 55 km weit sichtbar, und wegen seiner Stahlfachbauweise wird er auch »ostfriesischer Eifelturm« genannt. Neben der Informationstafel am Zugang zum Leuchtturmgelände überbrückt ein Steg einen Graben, dahinter führt der Weg am Deichfuß nach rechts und verzweigt sich: Links hinauf geht es auf den Seedeich, wo sich eine weite Aussicht über die Salzwiesen des Vogelschutzgebiets Rysumer Nacken hinweg zum Leuchtturm Knock sowie zu Kirche und Windmühle des Rundwarfendorfs Rysum bietet.

Von der Infotafel auf der Deichkrone führt der Weg an den Rand der Salzwiesen hinab und folgt ihnen nach rechts. Die vorgelagerten weißen Schillbänke sind natürlich gewachsene Anhäufungen von Muschelschalen.

Wo die Muschelbänke enden, brandet das Wasser direkt neben dem Asphaltweg. Hinter einem sachten Rechtsknick des Deichs befinden sich das

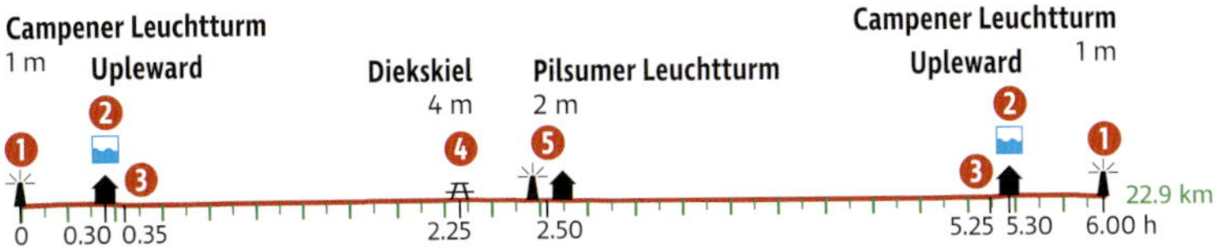

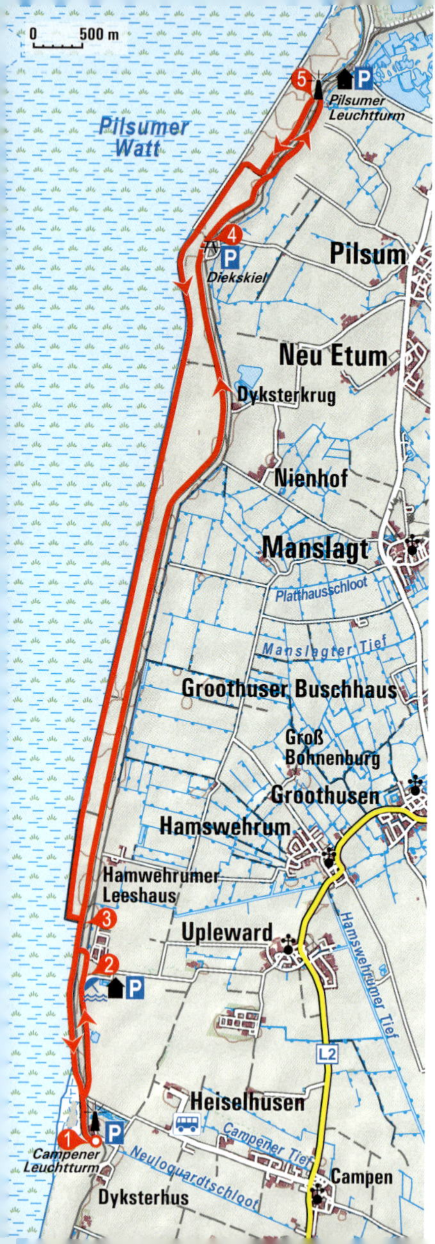

Surf- und Kiterevier Upleward und die Badezone der **Seebadestelle Upleward** ❷; hier herrscht an Sommertagen bei Flut lebhaftes Treiben im und am Wasser. Hinter dem **Schafgatter** ❸ am Ende der Badestelle besteht die Möglichkeit, links hinauszuwandern und dem Lahnungsweg (unser Rückweg) an der Wasserlinie zu folgen. Vom Lahnungsweg führen mehrere mit grünen Pflöcken markierte Verbindungspfade durch die Salzwiesen zurück zum Deich.

Der Störtebekerweg hingegen folgt weiter der Deichkrone. Wenn der Deich rechts schwingt, rückt der Vierungsturm der Pilsumer Kreuzkirche ins Blickfeld. In der Mitte des Rastplatzes **Diekskiel** ❹ erhebt sich ein Denkmal, geweiht »den Deicharbeitern vieler Generationen« (1973).

Während wir dem Störtebekerweg von Diekskiel auf dem Deich zum **Pilsumer Leuchtturm** ❺ folgen, führt alternativ ein grün ausgepflockter Weg durch die Salzwiesen und mündet am Wasser in die Querlahnung, unseren Rückweg. Folgt man der Querlahnung rechts, nimmt man anschließend den ersten grün ausgepflockten Weg, um ebenfalls zum Pilsumer Leuchtturm zu gelangen.

Der Rückweg zum **Campener Leuchtturm** ❶ erfolgt wiederum entweder entlang dem Deich oder der Querlahnung an der Wasserlinie.

Eine Wendeltreppe führt zur Aussichtsgalerie auf dem Campener Leuchtturm.

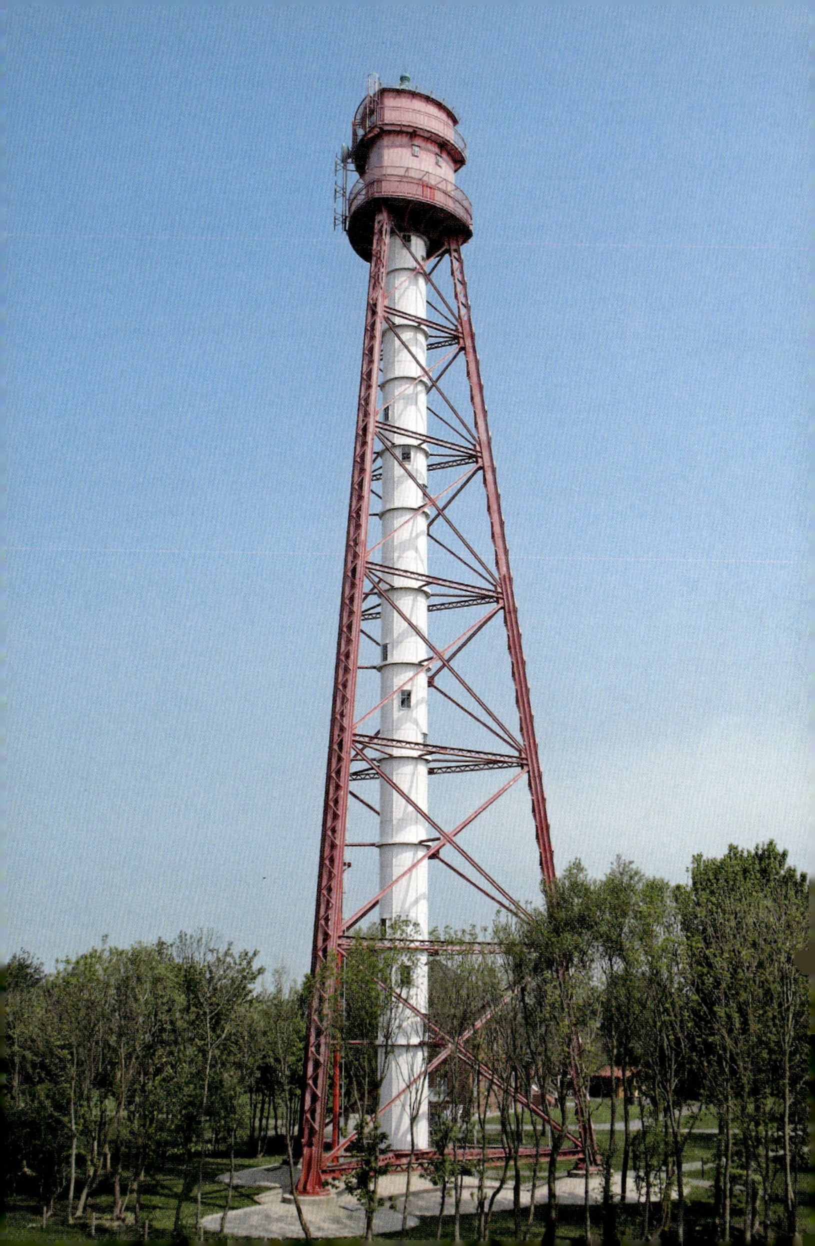

TOP

2 Greetsiel – Pilsumer Leuchtturm – Leysiel

↗ 10 m | ↘ 10 m | 19.7 km

4.45 h

Windmühlen, Krabbenkutter, Vogelschwärme

Von den Zwillingsmühlen und dem Krabbenkutterhafen Greetsiel führt der Störtebekerweg am Greetsieler Badesee vorbei zum gelb-rot geringelten Pilsumer Leuchtturm. Dort lohnt der Weg zum Sperrwerk Leysiel an der Spitze des weitflächig als Naturschutzgebiet ausgewiesenen Speicherbeckens Leyhörn: In den Wiesen sind von Herbst bis Frühjahr Tausende von Nonnen- und Ringelgänsen, Alpenstrandläufern, Brachvögeln, Goldregenpfeifern und Säbelschnäblern zu beobachten.

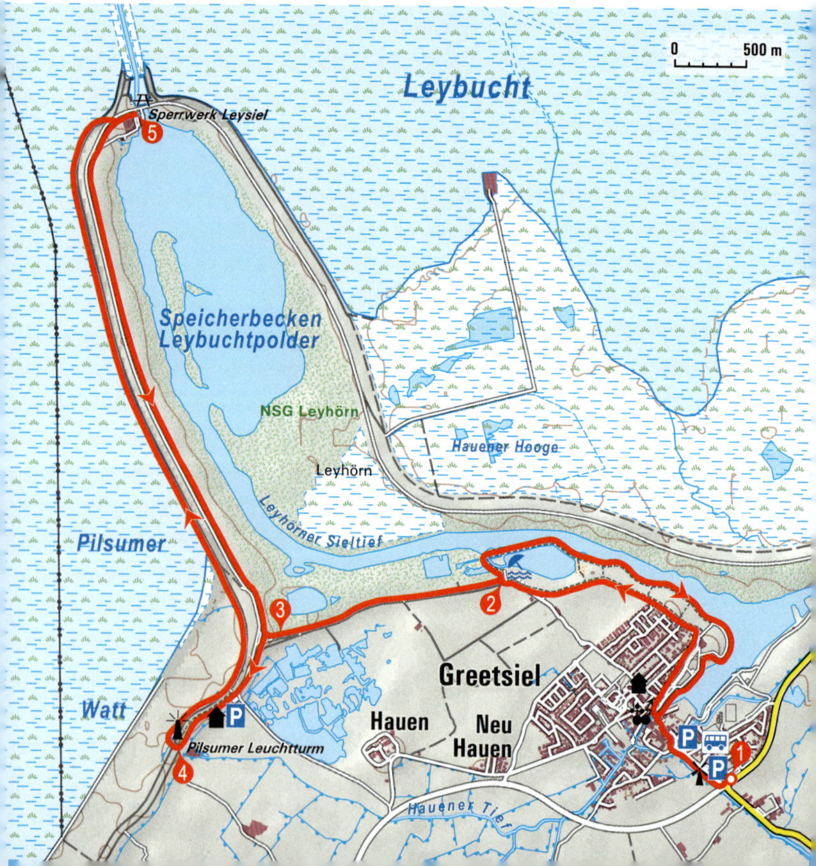

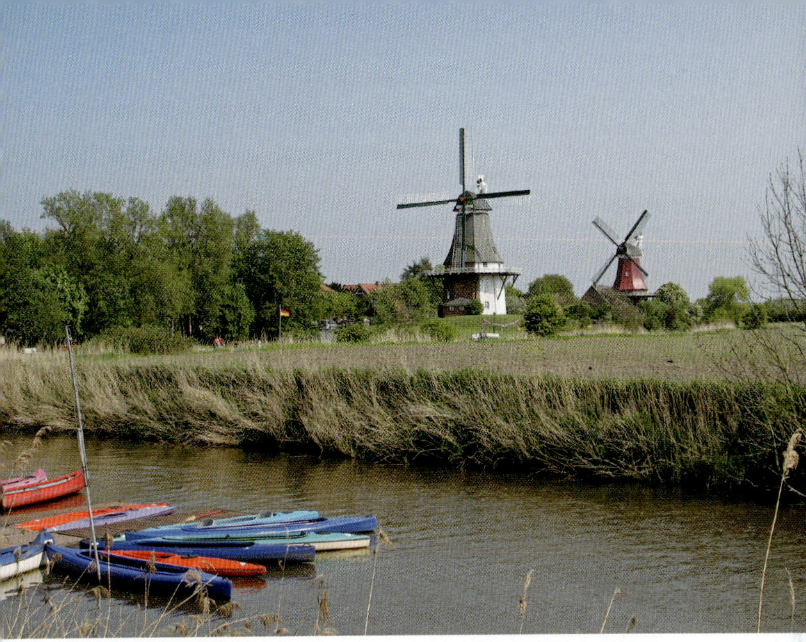

Die Zwillingswindmühlen am Alten Sieltief sind das Wahrzeichen von Greetsiel.

Ausgangspunkt: Greetsiel, gebührenpflichtiger Großparkplatz bei den Zwillingswindmühlen oder kurz dahinter Parkplatz an der Mühlenstraße am Sieltief. Alternativ Parkplatz am Pilsumer Leuchtturm ❹.
ÖPNV: Bushaltestelle Greetsiel-GS (Grundschule) an der Rückseite vom Parkplatz Mühlenstraße mit täglichen Verbindungen Richtung Emden (Linie 421) und Norden (417), sonntags sehr selten; www.dbregiobus-nord.de.
Anforderungen: Leichte Deichwanderung auf Pflaster- und Asphaltwegen sowie auf Graspfaden.
Markierung: Stellenweise Störtebekerweg (weißes S).
Einkehr: Im Sommer Imbiss am Parkplatz Pilsumer Leuchtturm. Zahlreiche Einkehrmöglichkeiten in Greetsiel.
Variante: Ohne den Abstecher zum Pilsumer Leuchtturm ❹ sind es 2 km weniger.
Karte: KV-Plan kombi 1:30.000 Krummhörn & Greetsiel, KV-Plan freizeit 1:60.000 Aurich.

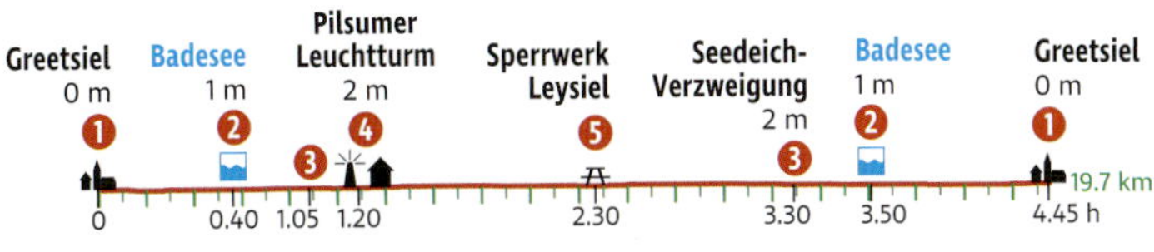

Vom Parkplatz am Ortsrand von **Greetsiel** ❶ leitet die verkehrsberuhigte Mühlenstraße zu den Zwillingsmühlen; die beiden Galerieholländer sind das Wahrzeichen des im Hochmittelalter von den Cirksena-Häuptlingen gegründeten Hafenortes. Hinter der Sielbrücke zweigt halb rechts der Schatthauser Weg ab und führt am Nationalpark-Haus vorbei zum **Krabbenkutterhafen**, der seit Inbetriebnahme des Sperrwerks Leysiel 1991 ein Süßwasserhafen ist: Kilometerlange Deiche riegeln ihn von der See ab, die Fischer fahren durch das künstlich angelegte Leyhörner Sieltief, das Speicherbecken Leyhörn und die Schleuse Leysiel zu den Fanggründen in Oster- und Westerems sowie vor den Ostfriesischen Inseln.

Der Wanderweg folgt der Klinkerpromenade auf dem Alten Deich parallel zum Krabbenkutter-Kai ortsauswärts mit Blick auf die Fahrrinne, neben der ein **Badesee** ❷ und Liegewiesen angelegt wurden. Wenig später rücken vor dem Weiler Hauen die seeartigen **Kleipütten** ins Blickfeld, die bei der Entnahme des Deichbaumaterials entstanden und wegen ihres Vogelreichtums Teil des Naturschutzgebiets sind; rechts erstreckt sich das Speicherbecken Leyhörn, dessen ehemalige Salzwiesen sich zu Binnenlandwiesen wandeln.

Nach Passieren einer **Verzweigung** ❸ mündet der Deich oberhalb der Kleipütten am Übergang der für den öffentlichen Verkehr gesperrten Leysiel-Zufahrt in den neuen Seedeich; von diesem besteht bald eine Abstecher-

Der Pilsumer Leuchtturm erlangte durch einen Otto-Film überregionale Bekanntheit.

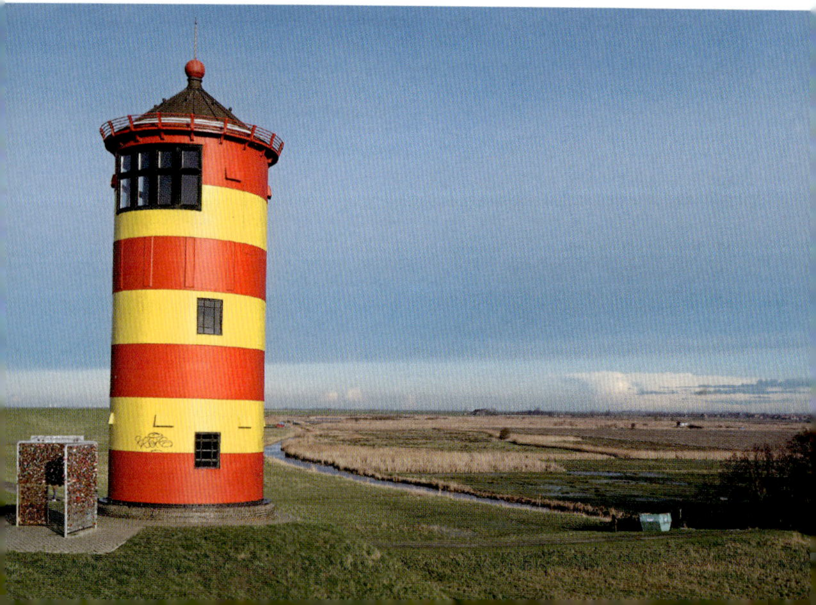

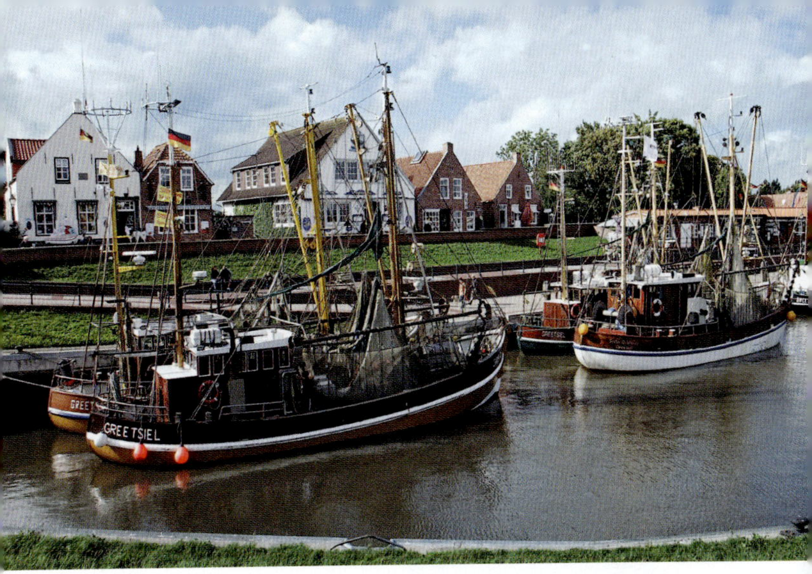

Der Greetsieler Fischerhafen ist durch das Leyhörner Sieltief mit der Nordsee verbunden.

möglichkeit auf der asphaltierten Zufahrt zur **Vogelbeobachtungshütte** an den Kleipütten; Imbiss am Parkplatz in der Hauptsaison.
Der Störtebekerweg folgt dem Graspfad auf dem Seedeich zum **Pilsumer Leuchtturm** ❹, dessen Feuer bereits 1919 gelöscht wurde, der sich jedoch als ehemaliger Filmwohnsitz des Komikers Otto großer Beliebtheit erfreut. Vom Leuchtturm geht es auf der Wasserseite hinab zum Asphaltweg vor den Salzwiesen und auf diesem rechts: Er führt zum **Deichübergang** und folgt aussichtsreich der Küste des Pilsumer Watts, bei Niedrigwasser fallen am Ufer schmale Sandbänke trocken. Die Alternative ist der auch von Schafen genutzte Graspfad auf dem Deich; hier reicht der Blick über das Speicherbecken hinweg zum Sperrwerk. Die Röhrichte, Hochstaudenfluren und Wiesen neben dem 200 ha großen Speichersee sind als hochwasserfreie Brut- und Rastgebiete Bestandteil des Vogelschutzgebiets Krummhörn. Am **Sperrwerk Leysiel** ❺ laden Tische und Bänke zu aussichtsreicher Rast ein, man kann die Vögel beobachten oder den Kuttern und Ausflugsschiffen an der Schleuse zusehen.
Für den Rückweg bietet sich als Alternative zum Weg außendeichs der autofreie Asphaltweg im Inneren der Leyhörn an (die gegenüberliegende Seite der Leyhörn ist aus Vogelschutzgründen gesperrt). Er führt zurück zum Störtebekerweg, auf diesem geht es links zurück zum **Badesee** ❷, wo man auf den Feldweg am Fahrwasser wechseln kann, und zum Ausgangspunkt in **Greetsiel** ❶.

↗ 15 m | ↘ 15 m | 12.0 km

3 Greetsiel – Leybuchtsiel

3.15 h

Salzwiesen und Seevögel an der Leybucht

Die Wanderung an der Leybucht besticht durch die natürliche Stille in den Salzwiesen, die Tausenden Seevögeln als Brut- und Rastrevier dienen. Die Leybucht ist die größte ganz in Ostfriesland gelegene Bucht, das größte zusammenhängende Gebiet von Salzwiesen und Wattflächen am ostfriesischen Festland sowie ein Vogelbrut- und Rastgebiet von internationaler Bedeutung. Im Jahr 2013 wurde auf der Mittelplate in der inneren Leybucht auf 140 ha das von der Landwirtschaft angelegte künstliche Entwässerungssystem teilweise zurückgebaut und das Vorland wieder dem Einfluss der Gezeiten zugänglich gemacht; hiervon profitieren die salztoleranten Pflanzen am Übergang von See und Land sowie Rotschenkel, Nonnengans und andere Brut- und Rastvögel.

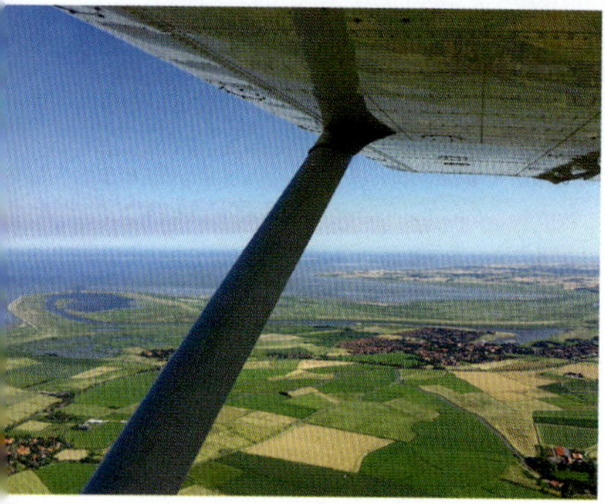

Vogelflugblick auf das Speicherbecken Leyhörn (links), das Dorf Greetsiel (Mitte, mit Hafen) und die Leybucht.

Ausgangspunkt: Parkplatz an der Greetsieler Klappbrücke, Anfahrt von Greetsiel auf der L27 (Greetsieler Straße) Richtung Norden, außerorts links abzweigen. **ÖPNV:** Bushaltestelle Greetsiel-GS (Grundschule) 1,5 km entfernt, mit täglichen Verbindungen Richtung Emden (Linie 421) und Norden (417), So sehr selten; www.dbregiobus-nord.de. Schöner Weg von der Haltestelle zum Ausgangspunkt entlang dem Kanal: Zunächst auf dem Schulweg Richtung Sieltief, dieses rechts auf der Fußgängerbrücke queren und rechts auf dem Deich am Hafen entlang. Nach 5 Gehminuten kurz nach einer Rechtskurve den Deich links verlassen und der Straße in nordöstlicher Richtung folgen, rechts vorbei am Skatepark und später am Yachthafen, hinter dem nach 200 m der Ausgangspunkt erreicht wird.
Anforderungen: Fahrradfähige gepflasterte und asphaltierte Wege sowie Graspfad auf dem Deich.
Einkehr: Unterwegs keine; die bis 2020 bewirtschaftete Paddel- & Pedalstation Leybuchtsiel ist bis auf Weiteres geschlossen.
Karte: KV-Plan kombi 1:30.000 Krummhörn & Greetsiel, KV-Plan freizeit 1:60.000 Aurich.

Die **Greetsieler Klappbrücke** ❶ ist eine Fußgänger- und Fahrradbrücke über den schiffbaren Störtebekerkanal an dessen Mündung in den Greetsieler Hafen; auf dem Kanal können Jachten und Kanus zum Leybuchtsiel und weiter auf dem Norder Tief bis in die Stadt Norden fahren. Den Störte-

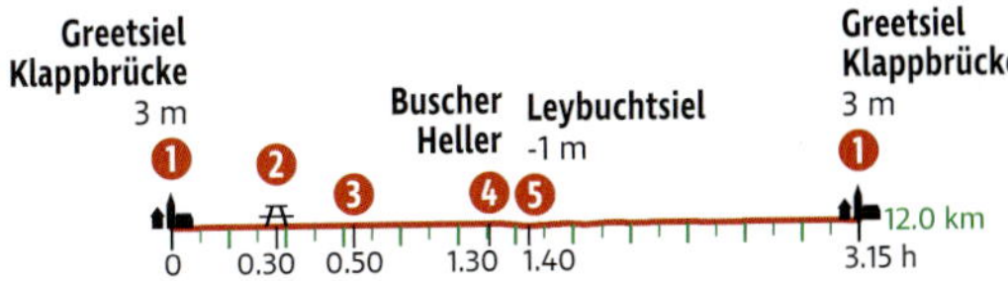

bekerkanal flankieren zwischen dem Greetsieler Hafen und dem Leybuchtsiel zwei Deiche: der 1950 fertig gestellte alte Störtebekerdeich auf der Seite des seither besiedelten und bewirtschafteten Leybuchtpolders sowie der 2000 vollendete neue Störtebekerdeich auf der Wattenmeerseite.

Nach Überqueren des Kanals auf der Klappbrücke zweigt rechts der asphaltierte Deichverteidigungsweg ab (optionaler Rückweg), während wir geradeaus auf den neuen **Störtebekerdeich** gehen, auf dessen Krone sich der Blick auf die Leybucht mit den Salzwiesen der Mittelplate im Vordergrund öffnet. Das Küstenschutzbauwerk mit Schleuse links ist das **Speicherbecken Leyhörn**, dessen Ostflanke als Naturschutzgebiet ausgewiesen und nicht zugänglich ist.

Nach Überqueren des Deichs leitet der gepflasterte Teekabfuhrweg rechts an den Salzwiesen der Mittelplate entlang. Die **Leybucht** ist nur noch 19 km² groß, nach der Dionysiusflut 1373 hatte sie ihre größte Ausdehnung erreicht: Marienhafe und Norden waren durch diese Sturmflut Hafenorte geworden, und die seeräuberischen Liekedeeler um Claas Störtebeker, der angeblich einen Becher mit 4 Liter Bier auf einen Zug durch seine Kehle stürzen konnte, hatten sich im Kirchturm von Marienhafe festgesetzt, dem heutigen Störtebekerturm (Aussichtsturm). Um besser navigieren zu können, sollen die Liekedeeler die Nordseite des Kirchturmdachs mit Kupfer

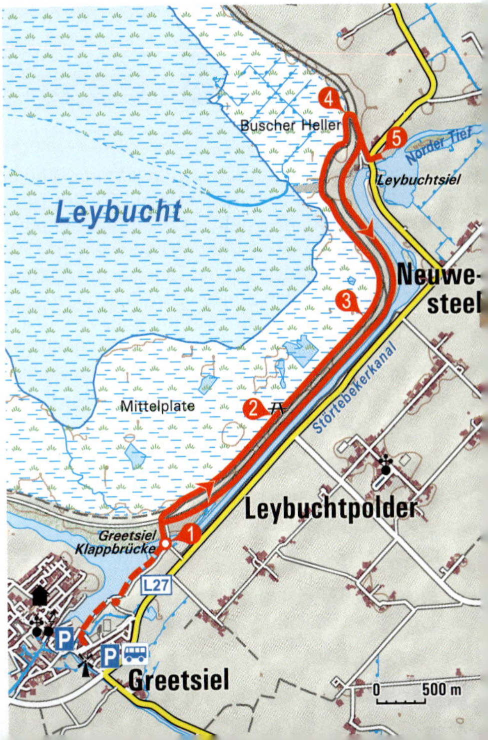

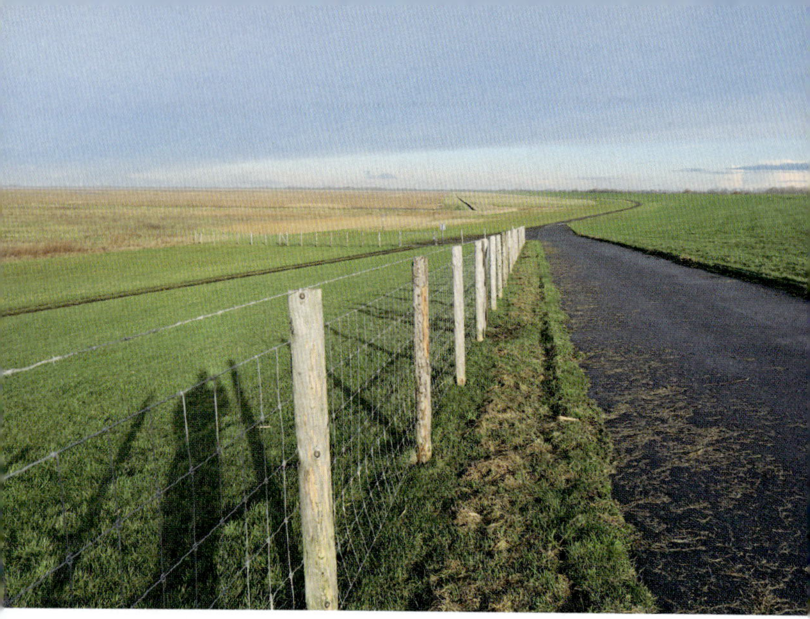

Nach dem Deichübergang bietet sich ein weiter Blick über die Salzwiesen.

und die Südseite mit Ley (Schiefer) verblendet haben: Südwärts segelnd, erblickten sie zuerst die Kupferseite des Turms; wenn sie die Leyseite sahen, wussten sie, hier geht es nach Marienhafe. Darauf gehen die Namen der Sandbänke Ley und Kopersand sowie der Name Leybucht zurück.

Unterwegs laden auf der Deichkrone **Sitzbänke** ❷ zu aussichtsreicher Rast ein; wer von den Bänken zum Deichverteidigungsweg absteigt, gelangt zu einem Denkmal vor dem Störtebekerkanal, das an den Deichschluss 1950 erinnert. Am **Deichübergang** ❸ vor den Häusern von Neuwesteel zieht der Leydeich nach links und nähert sich der Salzwiese **Buscher Heller** ❹, einem bedeutenden Rastgebiet von Nonnengänsen. Hier zweigt rechts der Deichübergang zum Schöpfwerk Leybuchtsiel ab, an dessen seeartigem Mahlbusen an der Mündung des Norder Tiefs bis 2020 die bewirtschaftete Paddel- und Pedalstation **Leybuchtsiel** ❺ zur Rast einlud. Das Wasser des Norder Tiefs wird nicht mehr wie in früheren Jahrzehnten am Siel in die Leybucht geschöpft, sondern durch den Störtebekerkanal nach Greetsiel geleitet.

Auf dem Deich geht es aussichtsreich zurück zur **Greetsieler Klappbrücke** ❶. Bei viel Wind wählt man für den Rückweg lieber wie auf dem Hinweg den Teekabfuhrweg oder innendeichs den Radweg neben dem Störtebekerkanal.

↗ 10 m | ↘ 10 m | 14.0 km

3.45 h

Norddeich – Finkenheller – Hilgenriedersiel

4

Wattenmeerküste mit Insel-Panoramen

Vom Nordseebad Norddeich folgt der Störtebekerweg der Wattenmeerküste zur naturbelassenen Badestelle am Hilgenrieder Watt, wo im 19. Jahrhundert die Kutschen zur Insel Norderney abfuhren und heute der von den Offshore-Windparks produzierte Strom in das Stromnetz eingespeist wird.

Ausgangspunkt: Bahnhof Norddeich Mole in Norddeich zwischen den Fähranlegern nach Norderney und Juist. Kostenloses Parken ist möglich am Ortsrand, etwa westlich am Deich an der Kreuzung Tunnelstraße/Nordbrooksweg.
Endpunkt: Bushaltestelle Theener-L5/Alter Postweg in Theener (Ortsteil von Hagermarsch); in älteren Plänen taucht noch der frühere Name »Theener Gasthof« auf. Kostenloser Parkplatz nördlich von Hilgenriedersiel.
ÖPNV: Küstenbuslinie K3 (Norddeich – Neuharlingersiel) Mo–Fr wenige Male täglich zwischen Start- und Zielpunkt; www.edzards-reisen.de → Linienverkehr. Außerdem an Schultagen Linie 413; www.dbregiobus-nord.de.
Anforderungen: Leichte Deichwanderung.
Markierung: Stellenweise Störtebekerweg (weißes S).
Einkehr: Keine unterwegs.
Kombi-Tipp: Zusammen mit Tour 5 einfache Tour zwischen Norddeich und Neßmersiel (ca. 20 km), zurück mit Bus K3.
Karte: KV-Plan kombi 1:25.000 Hage, KV-Plan freizeit 1:60.000 Aurich.
Tipp: Vom Parkplatz am Surfrevier in Norddeich sind es ca. 30 Gehminuten zum Walmuseum »Waloseum«, einer Außenstelle der Seehundstation Norddeich (täglich geöffnet, www.seehundstation-norddeich.de/waloseum): Dem Westerlooger Strohweg bis zum Flugplatz folgen und die erste Abzweigung links (autofreier Asphaltweg), am Ende rechts.

Dünen am Strand von Norddeich mit Blick zur Insel Norderney.

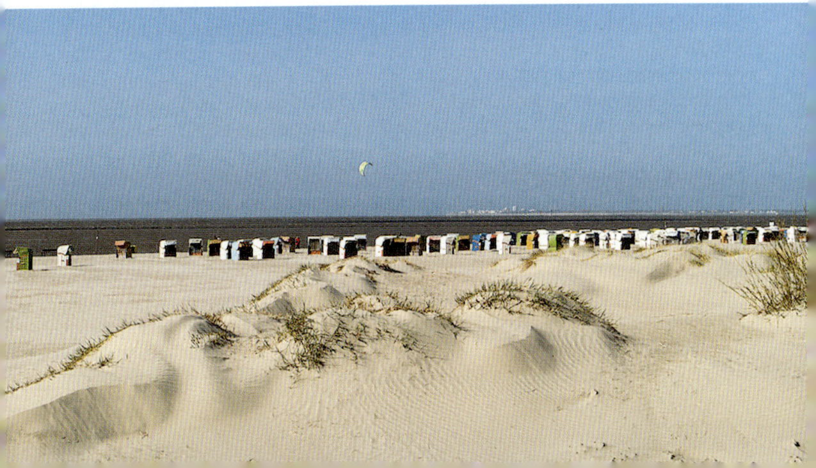

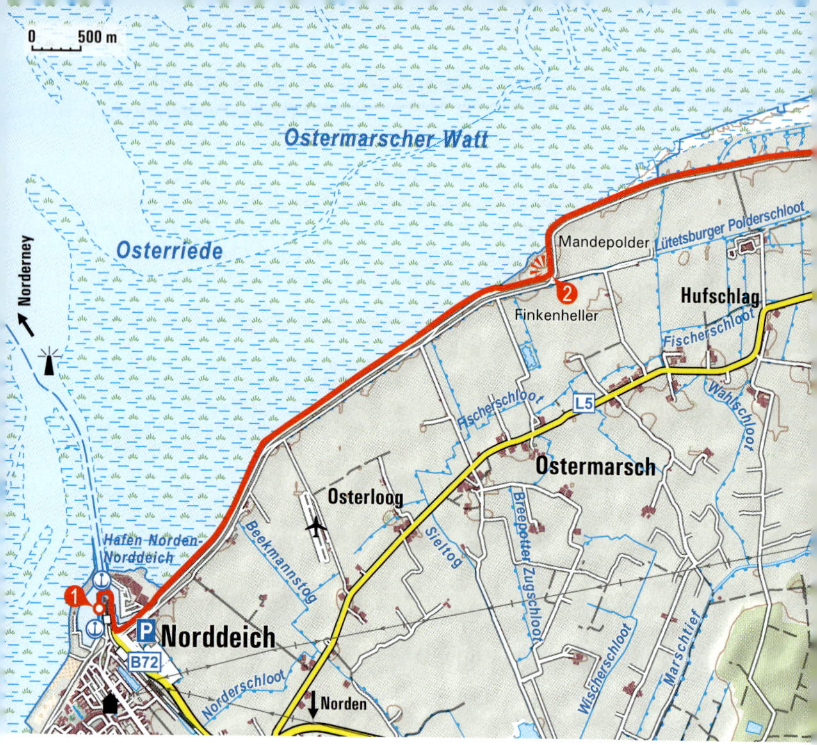

Der Bahnhof **Norddeich Mole** ❶ liegt zwischen den Schiffsanlegern Richtung Norderney (östlich) und Juist (westlich). Nach Verlassen des Bahnhofsgebäudes durch den Ausgang Juist führt die Promenade rechts zur Spitze der Mole, wo sich vor einem Restaurant der Blick über die Fahrrinne nach Norderney öffnet. An der Ostseite des Bahnhofs geht es am **Fähranleger Norderney** vorbei zur Hafenstraße (erste kreuzende Straße), hier links. Der Störtebekerweg wechselt auf die gepflasterte Krone des Seedeichs, links liegen Kutter und Jachten im Osthafen, dahinter bietet sich die Möglichkeit, einen Abstecher auf der Aussichtspromenade an den Salzwiesen zu unternehmen.

Wo der Osthafenbereich und die gepflasterte Promenade enden, zweigt links ein Fußweg an die Wasserkante ab; die Insel Norderney liegt zum Greifen nah. Landseitig zeigt sich der Tower des Flugplatzes Norddeich; die ehemalige Sendezentrale von Radio Norddeich links davon beherbergt das Waloseum (siehe »Tipp«). Wenn der Deich auf Höhe des Flugplatzes sacht nach rechts schwingt, steht binnendeichs am Ende des Westerlooger

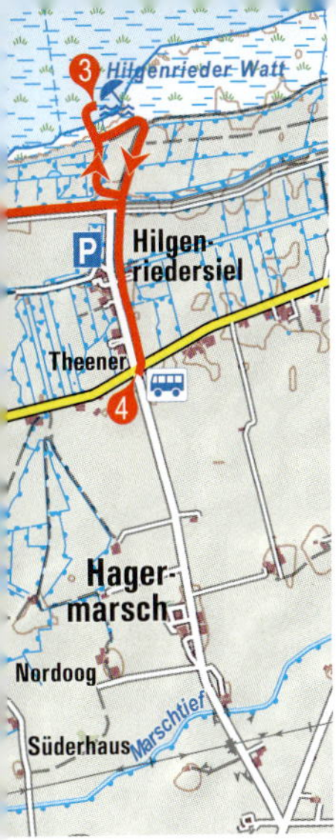

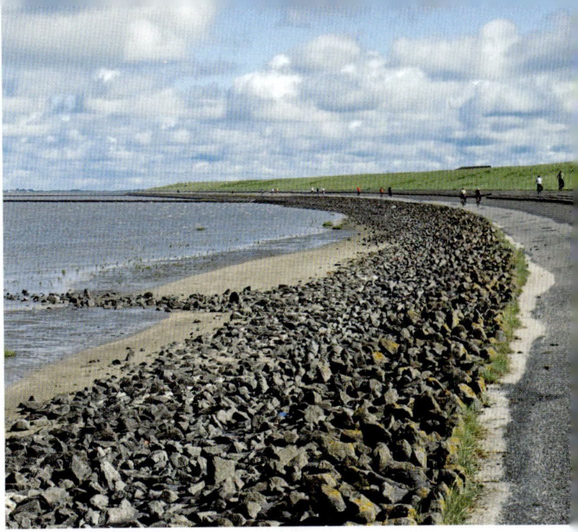

Deich und Teekabfuhrweg bei Norddeich.

Strohwegs (Parkplatz) ein Mast, an dem historische Deichhöhen und Höhen der Sturmfluten ab 1906 verzeichnet sind; außendeichs befindet sich ein Surfrevier.

Auf den hölzernen Lahnungen im **Ostermarscher Watt**, das sich ufernah als Quellerwatt ausbildet, sitzen Tausende Möwen. Vor dem **Finkenheller** ❷, einer Terrassensalzwiese, beginnt die Ruhezone des Nationalparks, aus Vogelschutzgründen ist der Weg außendeichs ab hier gesperrt. Der Störtebekerweg folgt dem Graspfad auf dem Deich mit eindrucksvollen Blicken auf die Anlandungsbereiche und Salzwiesen und erreicht schließlich die Wegekreuzung beim Parkplatz von **Hilgenriedersiel**. Hier geht es links hinaus zur Naturbadestelle am **Hilgenrieder Watt** ❸ mit Blick auf die Insel Norderney.

Vom Hilgenrieder Watt wandern wir durch die Jungviehweide zurück zum Deich und dahinter am Parkplatz vorbei zu den Häusern von **Hilgenriedersiel**, bis an der Landstraße die Bushaltestelle **Theener L5/Alter Postweg** ❹ erreicht ist; der Bus fährt zurück zum Bahnhof Norddeich Mole.

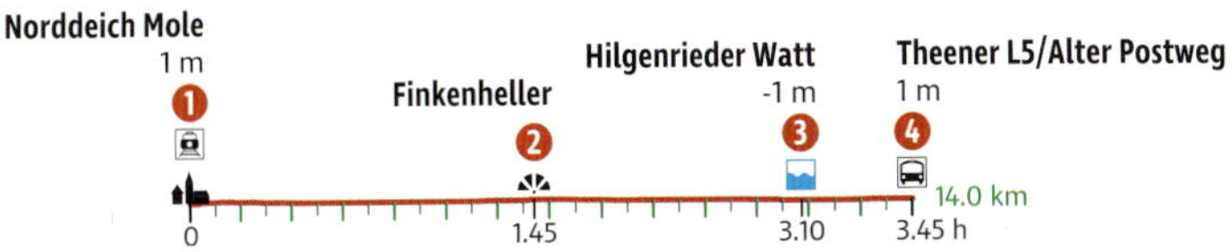

TOP

↗ 10 m | ↘ 10 m | 13.2 km

5 Hilgenriedersiel – Neßmersiel

3.30 h

Naturbadestelle, Salzwiesen, Vogelrefugium

Von der Naturbadestelle am Hilgenrieder Watt führt ein gepflasterter Weg durch Jungviehweiden und Salzwiesen zum Badeort Neßmersiel, wo ein Abstecher auf dem Salzwiesen-Erlebnispfad lohnt; der Störtebekerweg folgt dem Seedeich aussichtsreich zurück nach Hilgenriedersiel.

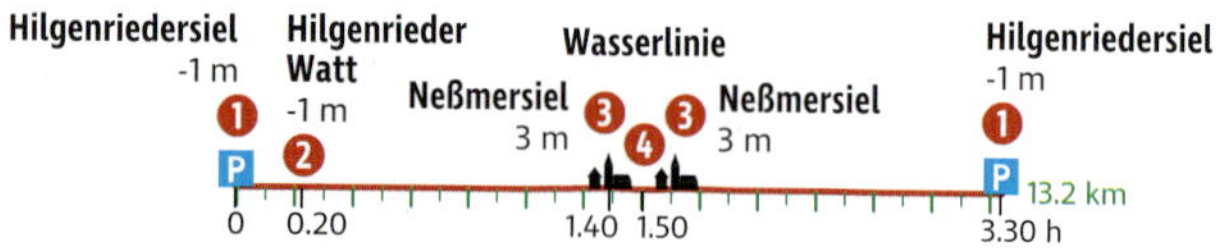

Ausgangspunkt: Parkplatz am Ende der Straße Hilgenriedersiel in Hilgenriedersiel (Ortsteil von Hagermarsch).
ÖPNV: Bushaltestelle Theener-L5/Alter Postweg 0,8 km südlich vom Ausgangspunkt an der L5; in älteren Plänen taucht noch der frühere Name »Theener Gasthof« auf. Dort wenige Verbindungen mit Linie K3 Mo–Fr Richtung Norddeich und Neuharlingersiel via Esens mit Stopp in Neßmersiel-Drosselstraße; www.edzards-reisen.de → Linienverkehr. Außerdem an Schultagen Linie 413; www.dbregiobus-nord.de. Von der Haltestelle nordwärts auf Stichstraße Hilgenriedersiel zu den Häusern des gleichnamigen Weilers, hinter dem die Straße am Parkplatz beim Ausgangspunkt endet.
Anforderungen: Leichte, aussichtsreiche Deichwanderung.
Markierung: Stellenweise Störtebekerweg (weißes S).
Einkehr: Neßmersiel Hafen.
Variante: Einfache Tour nach Neßmersiel (10,5 km): Vom Hafenbereich Neßmersiel ❸ südwärts auf Radweg in den Ort Neßmersiel, dort über Dorfstraße und Finkenstraße zur Haltestelle Drosselstraße am Südrand des Ortes und mit Bus K3 (siehe »ÖPNV«) zurück zum Ausgangspunkt.
Kombi-Tipp: Zusammen mit Tour 4 einfache Tour zwischen Norddeich und Neßmersiel (ca. 20 km), zurück mit Bus K3.
Karte: KV-Pläne kombi 1:25.000 Hage oder Dornum, KV-Plan freizeit 1:60.000 Aurich.

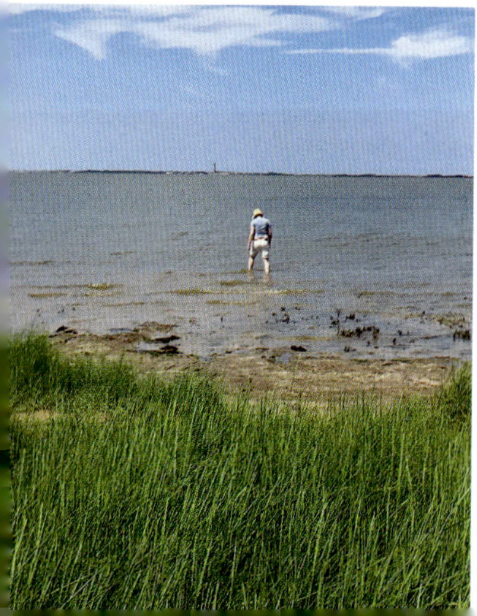

Badestelle Hilgenriedersiel mit Blick zum Norderneyer Leuchtturm.

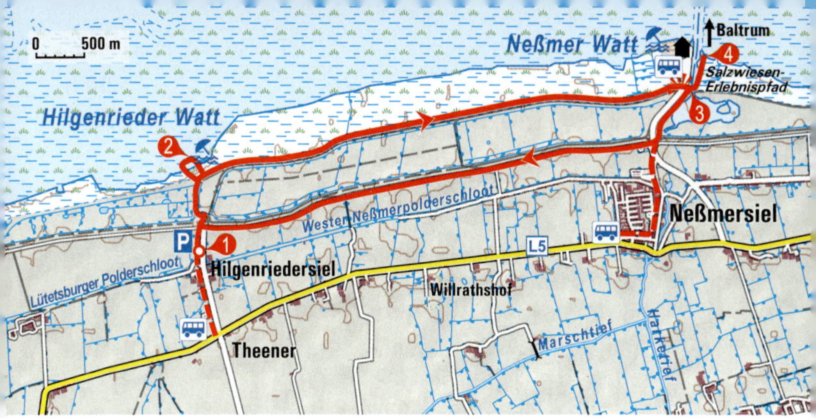

Vom Parkplatz in **Hilgenriedersiel** ❶ führt ein Wirtschaftsweg in Verlängerung der Zufahrt auf den Seedeich, von dem der Blick über das Hilgenrieder Watt hinweg zur Postbake in den Dünen auf Norderney fällt.

Der Weg leitet hinab zum **Hilgenrieder Watt** ❷. Im 19. Jahrhundert wurde ein Kutschenfahrweg durch das Watt nach Norderney eingerichtet, Orientierungsmarke auf Norderney war die Postbake. Die »Fahrpost« hatte besonders breite Reifen, damit sie im weichen Schlick nicht stecken blieb. Im Jahr 884 sollen Wikinger hier gelandet und auf der Hilgenriede bis Norden gesegelt sein, um den Vorort des Norderlandes zu plündern.

Vom Hilgenrieder Watt kurz auf demselben Weg zurück und am ersten Deich, dem niedrigen Sommerdeich, links über das Weidezauntor auf den gepflasterten Weg in der Jungviehweide. Dieser führt aussichtsreich durch die Ruhezone des Nationalparks bis Neßmersiel. Die bis zu 500 m breiten Salzwiesen des Westerneßmerhellers sind ein wichtiges Vogelrückzugsgebiet. Schließlich erreicht der gepflasterte Weg auf dem Sommerdeich den Hafenbereich des Nordseebads **Neßmersiel** ❸. Hier zweigt an der Klappbrücke auf der gegenüberliegenden Straßenseite der **Salzwiesen-Erlebnispfad** zur **Wasserlinie** ❹ ab.

Vom Hafenbereich in **Neßmersiel** ❸ geht es auf dem Fußweg längs der Zufahrt zurück zum Seedeich: Seiner begrasten Krone folgt der mit dem Buchstaben S markierte Störtebekerweg zurück nach Hilgenriedersiel. Von der Deichkrone lässt sich nun auch das Binnenland mit den Schlafdeichen überblicken: Bis ins 18. Jahrhundert waren sie die Hauptdeiche, danach wurde das neu entstandene Land durch neue Deiche eingepoldert und aus den alten Hauptdeichen wurden die sogenannten Schlafdeiche.

Schließlich erreicht der Störtebekerweg die bereits bekannte Wegekreuzung am Zugang Richtung Hilgenrieder Watt: Hier geht es links hinab zum Ausgangspunkt am Parkplatz von **Hilgenriedersiel** ❶ (bzw. weiter zur Bushaltestelle).

↗ 10 m | ↘ 10 m | 19.5 km

6 Dornumersiel – Neßmersiel

5.00 h

Naturerlebnis Salzwiese und Heller

Der Störtebekerweg verbindet auf dem aussichtsreichen Seedeich den Krabenkutterhafen im Seebad Dornumersiel mit dem Nordseebad Neßmersiel. Den Wanderweg am Dornumersieler Sommerdeich begleiten die Lehrtafeln des Naturerlebnispfads Hellerpad.

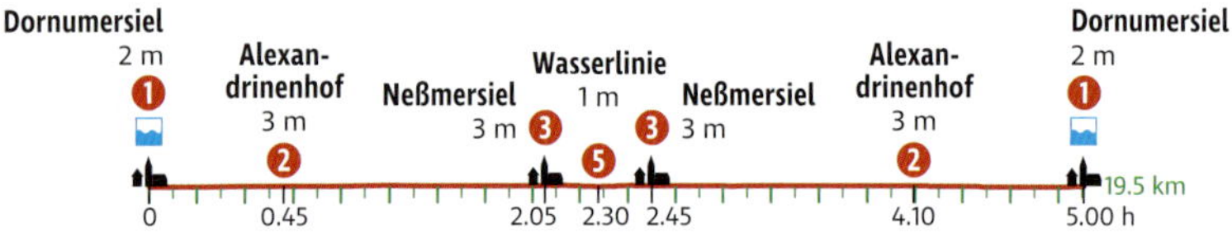

Ausgangspunkt: Parkplatz am Meerwasser-Freibad Dornumersiel, alternativ Dornumersiel-Hafen mit Parkplatz, beide gebührenpflichtig. Gratis Parken in Dornumersiel südöstlich vom Mahlbusen.
ÖPNV: Zwei Bushaltestellen 0,4 km vom Ausgangspunkt: Dornumersiel-Hafen, Linie K3 Mo–Fr recht selten von/nach Esens und Dornum und teilweise auch Norddeich via Neßmersiel-Drosselstraße, erreichbar über Weg auf Deichkrone ab Hafen. Hst. Dornumersiel-Deichschart, erreichbar über Radweg auf Deich oder Uferpromenade, täglich verkehrende Linie K1; www.edzards-reisen.de.
Anforderungen: Leichte, aussichtsreiche Küstenwanderung.
Markierung: Stellenweise Störtebekerweg (weißes S).
Einkehr: Nur Dormersiel sowie Neßmersiel (200 m abseits der Route).
Varianten: Einfache Tour nach Neßmersiel (10,2 oder 12,4 km): Vom Seedeich bei Neßmersiel 3 – vor oder nach dem Salzwiesen-Erlebnispfad 5 – südwärts auf Radweg in den Ort Neßmersiel, dort über Dorfstraße und Finkenstraße zur Hst. Drosselstraße am Südrand des Ortes und mit Bus K3 (siehe »ÖPNV«) zurück.
Kombi-Tipp: Mit Tour 8 einfache Tour zwischen Neßmersiel und Bensersiel (ca. 17 km), zurück mit K1 oder K3.
Karte: KV-Pläne kombi 1:25.000 Hage oder Dornum, KV-Pläne freizeit 1:60.000 Aurich oder Friesland/Wittmund.

Am Wiesenparkplatz des solarbeheizten **Freibads** von **Dornumersiel** 1 gehen wir mit dem Rücken zum Campingplatz auf die Deichkrone, wo wir zusammen mit dem Störtebekerweg dem Graspfad in westliche Richtung

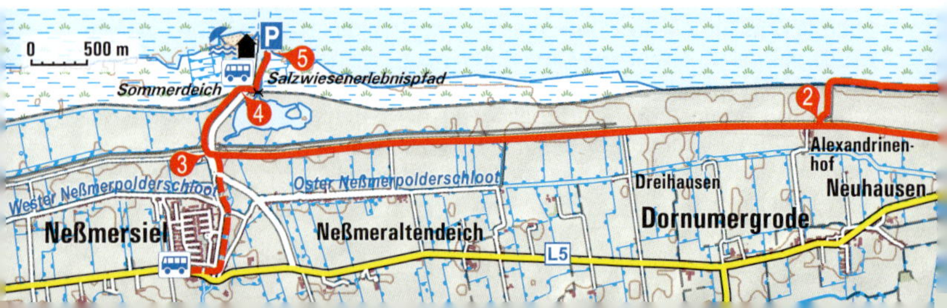

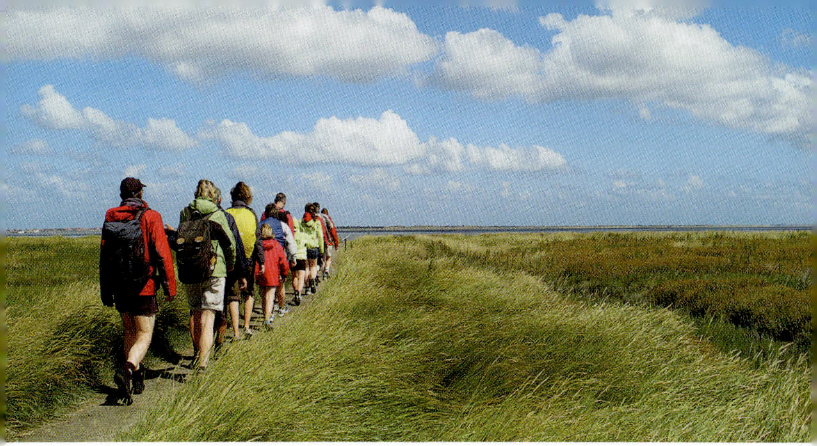

Der Salzwiesen-Erlebnispfad von Neßmersiel mit Blick zur Insel Baltrum.

entlang der aussichtsreichen Krone folgen, mit weitem Blick auf die Inseln Baltrum, Langeoog und Norderney. Vorbei am **Alexandrinenhof** ❷ erreichen wir die bei **Neßmersiel** ❸ zum Hafen führende Strandstraße, links liegt der Ort. Wir verlassen den Seedeich und folgen dem Radweg links neben der Straße zum niedrigen **Sommerdeich** ❹ vor dem Baltrum-Fährhafen, einem beliebten Ausgangspunkt der Wanderrouten zu den Inseln Baltrum und Norderney. Der Wattwandertreffpunkt befindet sich am Hafen: Halb rechts zeigt sich in einer Luftlinienentfernung von 4 km Baltrum, links davon liegt die lang gestreckte Insel Norderney. Hier zweigt rechts an der Klappbrücke der **Salzwiesen-Erlebnispfad** zur **Wasserlinie** ❺ ab: Lehrtafeln informieren über Tiere und Pflanzen der Salzwiesen.
Aus Naturschutzgründen ist der Sommerdeich zwischen Neßmersiel und dem Alexandrinenhof für Wanderungen gesperrt: Zurück also zur Strandstraße, auf dem Fußweg zum bekannten Seedeich vor **Neßmersiel** ❸ und auf diesem zunächst wie gekommen Richtung Dornumersiel. Am **Alexandrinenhof** ❷ erreicht der Störtebekerweg den Naturerlebnispfad Hellerpad; namengebend sind die »Heller« genannten, bei hohen Wasserständen überfluteten Salzwiesen zwischen Sommer- und Seedeich: Ein Feldweg führt links hinaus zum Sommerdeich, dem der Naturlehrpfad am Rand der Queller-, Salzwiesen- und Schlickwattenküste Richtung Dornumersiel folgt. Vor dem abgegitterten **Strand** ❻ (links ein Zugang) von Dornumersiel schwingt der Hellerpad landeinwärts – optional zum Hafen mit Bushaltestelle geradeaus links vom Campingplatz – und führt am Campingplatz entlang zum Strand-Kassenhäuschen neben dem Parkplatz des Freibads in **Dornumersiel** ❶.

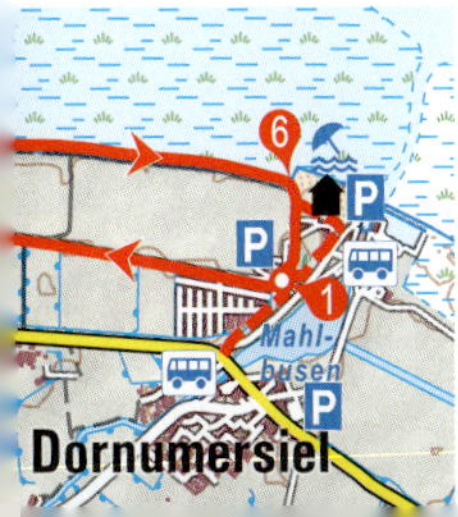

↗ 10 m | ↘ 10 m | 13.3 km

7 Dornumersiel – Bensersiel

3.30 h

Von Seebad zu Seebad am Wattenmeer

Aussichtsreich verbindet der Störtebekerweg die Nordseebäder Dornumersiel und Bensersiel an der Wattenmeerküste, die hier von breiten Anlandungsbereichen in Lahnungsfeldern gesäumt wird.

Ausgangspunkt: Dornumersiel Hafen am Ende der Hafenstraße, gebührenpflichtiger Parkplatz (2 € für 2 Std., 6 € für 24 Std.); alternativ kostenfreier Parkplatz südöstlich vom Mahlbusen oder Bensersiel ❸ mit gebührenpflichtigem Parkplatz hinterm Deich.
ÖPNV: Bushaltestelle Dornumersiel-Hafen, Linie K3 Mo–Sa mehrmals täglich von/nach Dornum und Esens via Bensersiel, wo am Fähranleger auch der täglich stündlich verkehrende K1 Richtung Norden via Esens und Harlesiel hält; www.edzards-reisen.de → Linienverkehr.
Anforderungen: Leichte, aussichtsreiche Küstenwanderung fast durchgehend auf dem Graspfad auf der Deichkrone.
Markierung: Stellenweise Störtebekerweg (weißes S).
Einkehr: Bensersiel.
Kombi-Tipp: Zusammen mit Tour 6 einfach zwischen Neßmersiel und Bensersiel (ca. 17 km), mit Tour 9 einfach zwischen Dornumersiel und Neuharlingersiel (17 km) oder mit Tour 8 einfach zwischen Dornumersiel und Esens via Bensersiel (ca. 12 km), jeweils zurück mit Bus K1 (bei letzterem mit Umstieg in Bensersiel).
Karte: KV-Pläne kombi 1:25.000 Esens oder Holtriem, KV-Pläne freizeit 1:60.000 Aurich oder Friesland/Wittmund.

Am **Hafen Dornumersiel** ❶ gehen wir entweder direkt landeinwärts zur Straßenbrücke am Südende des Hafens und dort links oder entlang dem Seedeich jenseits der Hafenstraße, bis der mit dem Buchstaben S markierte Störtebekerweg an der ersten Verzweigung links auf den Jörn-Dams-Weg wechselt, mit schönem Blick auf die Fischkutter an den Kais und über das Wattenmeer hinweg zur Insel Langeoog.
Der Störtebekerweg führt ostwärts und wechselt an einem Schafweidezaun auf die begraste Krone des Seedeichs, mit Aussicht auf die der Küste vorgelagerten Salzwiesen, zu den Inseln Langeoog und Spiekeroog sowie auf Bensersiel (Alternative zur Deichkrone: autofreier Weg binnendeichs).

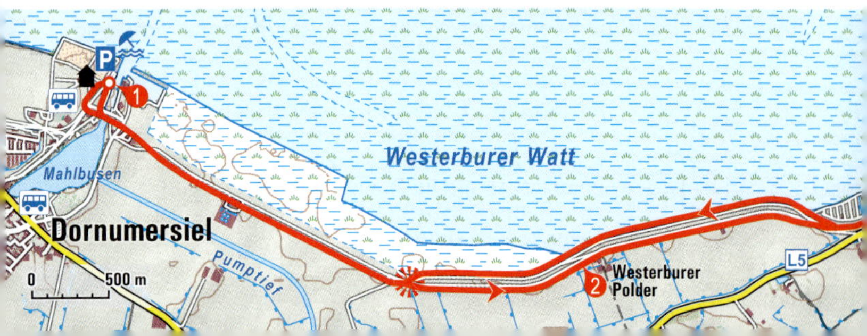

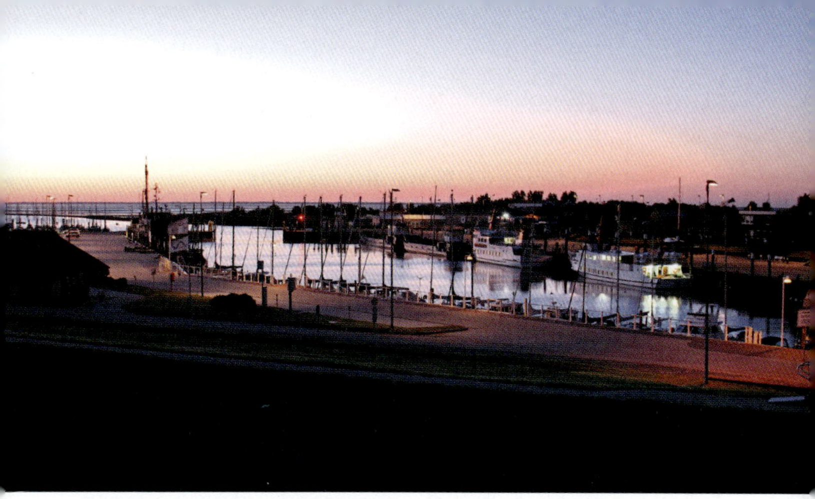

Vom Hafen Bensersiel starten die Schiffe nach Langeoog.

Bald zeigt sich rechts die Sielmühle von Westerbur, ein 1870 erbauter Galerieholländer. Nach einer knappen Dreiviertelstunde besteht an einer Verzweigung die Möglichkeit, auf einem Asphaltweg außendeichs am Rand der Salzwiesen vor dem Westerburer Watt weiterzuwandern. Wer weiter dem Graspfad auf dem Deich folgt, sieht beim nächsten sachten Linksknick des Deichs den Hof **Westerburer Polder** ❷, bald darauf rückt der Kirchturm von Esens ins Blickfeld.

Wenn der Störtebekerweg den **Campingplatz** von Bensersiel erreicht, geht der Grasweg in einen gepflasterten Weg über. Aussichtsreich leitet er an Stränden und am Wellenbad vorbei zur Fußgängerbrücke, die links Richtung Strandportal (Kurverwaltung, Zugang zu den Stränden) und zum **Hafen** von **Bensersiel** ❸ führt; Kurpark und Nordseetherme liegen auf der Ostseite des Hafens, in dem – ebenfalls auf der Ostseite – die Schiffe zur Insel Langeoog in See stechen (Bushaltestelle Bensersiel Anleger).

Der Rückweg folgt – sofern man in Bensersiel nicht den Bus nimmt – derselben aussichtsreichen Deichroute, optional anfangs ab Campingplatz Bensersiel seeseitig rechts vom Deich entlang der Wattmeerküste nach **Dornumersiel** ❶.

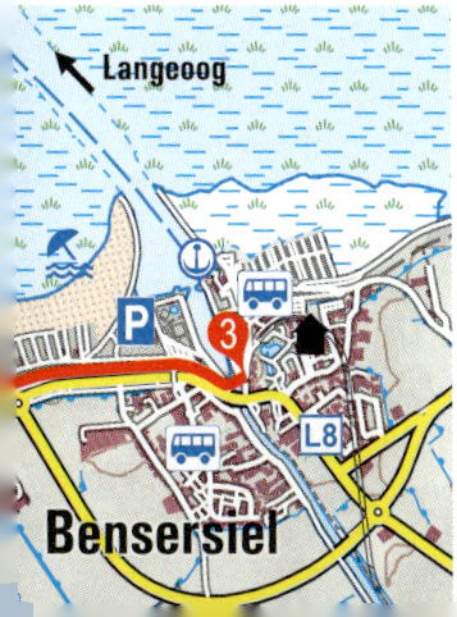

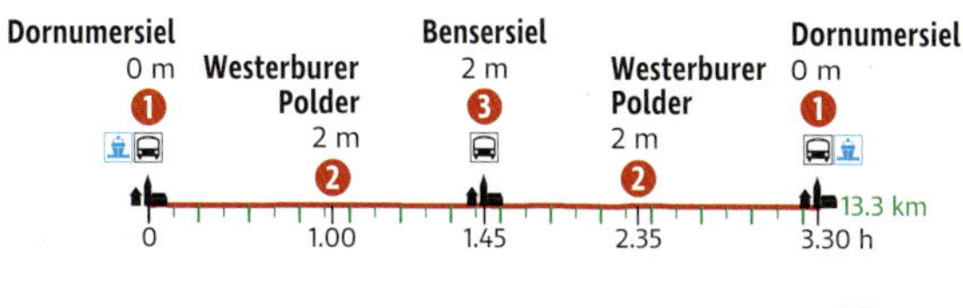

↗ 20 m | ↘ 20 m | 12.4 km

3.15 h

8 Esens – Bensersiel – Wold

Ostfriesland-Wanderweg am Benser Tief zur Küste

Die nördlichste Etappe des Ostfriesland-Wanderwegs folgt dem Benser Tief durch aussichtsreiches Grünland ins Nordseeheilbad Bensersiel. Durch die Grünfluren auf dem westlichen Deich des Benser Tiefs geht es zurück in die »Bärenstadt« Esens.

Ausgangspunkt: Esens Bhf. in der Straße An der Eisenbahn. Parkplätze am Bahnhof nur für Kurzparker; Gelegenheiten für längeres Parken hinter dem Kreisverkehr nahe dem Ausgangspunkt auf dem Kundenparkplatz eines Supermarktes oder am Seitenstreifen der Bahnhofstraße Richtung Esens. Alternativ Parkplatz in Ortsmitte von Esens, etwa am Herdetor oder Norderwall.
ÖPNV: Esens ist Endhaltestelle der Regionalbahn aus Wilhemshaven. Unterwegs Bushaltestellen in Bensersiel (Anleger) und Esens-Ortsmitte (ZOB-Herdetorstraße) mit täglich mindestens stündlichen Verbindungen zwischen Bensersiel und Esens Bhf., vor allem mit Linie K1 Richtung Norden und Harlesiel; www.edzards-reisen.de.

Anforderungen: Leichte Deich- und Wiesenwanderung.
Markierung: Stellenweise Ostfriesland-Wanderweg (weißes O).
Einkehr: Bensersiel, Zentrum von Esens.
Kombi-Tipp: Zusammen mit Tour 9 einfach zwischen Esens und Neuharlingersiel (ca. 16 km), Tour 7 einfach zwischen Dornumersiel und Esens (ca. 12 km), jeweils via Bensersiel und zurück mit Bus K1 (bei Letzterem mit Umstieg in Bensersiel).
Karte: KV-Pläne kombi 1:25.000 Esens oder Holtriem, KV-Pläne freizeit 1:60.000 Aurich oder Friesland/Wittmund.
Tipp: Museum »Leben am Meer« in der Esenser Peldemühle an der Walpurgisstraße (in der Sommersaison täglich außer Mo).

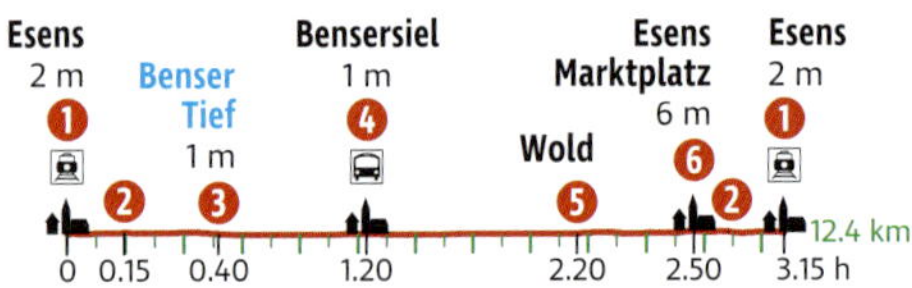

Vom Ausgang Stadt der **Bahn-Endstation Esens** ❶ führt die Straße An der Eisenbahn zur nahen Auricher Straße (Durchgangsstraße). Hinter dem Kreisverkehr folgen wir halb rechts vor dem Parkplatz von Lidl dem Ostfriesland-Wanderweg (Radschild »Rund um Esens«). Er verläuft auf der Trasse der 1899 eröffneten und 1969 stillgelegten 1000-mm-Kleinbahn »Jan Klein« zum ehemaligen **Kleinbahnhof Esens West** ❷, nach der Einstellung der Bahn seit 1973 Hotel und Restaurant, heute Einrichtung der Kinder- und Jugendhilfe. Wir queren die Norder Straße und wandern dann leicht links versetzt auf der Junker-Balthasar-Straße geradeaus durch das Wohngebiet.

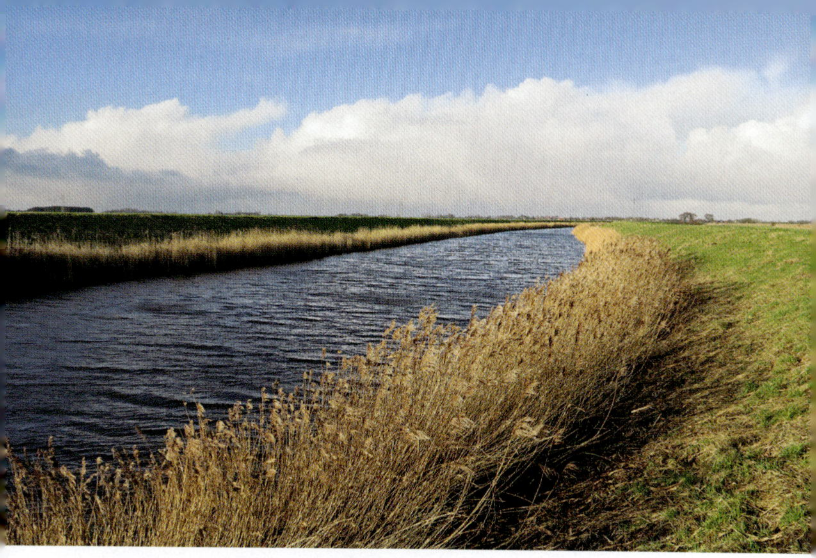

Das 13 km lange und bis zu 25 m breite Benser Tief dient der Entwässerung der Marsch.

Bei der Kreuzung mit der Graf-Edzard-Straße gehen wir geradeaus – von links kommt man später zurück.
Schon bald verlässt der Ostfriesland-Wanderweg die Bebauung und folgt der Kleinbahntrasse durch die Feldflur zum **Benser Tief** 3 und dann dem Deich dieses Binnenland-Entwässerungskanals sielwärts. Die freie Sicht im Grünland und auf das Ziel, das Seebad Bensersiel, unterscheidet den nördlichsten Abschnitt von allen anderen Etappen des sonst zwischen Bäumen und Buschwerk verlaufenden Ostfriesland-Wanderwegs.
Am **Pumpwerk** kreuzen die Kanäle Bettenwarfer Leide (rechts) und Neue Dilft, bald darauf erreicht der Ostfriesland-Wanderweg auf dem Weg Am Tief das Nordseeheilbad **Bensersiel** 4. Rechts steht das Denkmal Sieltor: Nachdem während der Allerheiligenflut 1570 das erste Benser Siel zerstört worden war, trotzten die hölzernen Torflügel des 1619 in Betrieb genommenen Siels fast 400 Jahre lang den Naturgewalten, 1891 wurde das hölzerne Siel durch ein gemauertes Sielbauwerk ersetzt. Jenseits des Bensersieler Hafens zeigt sich Langeoog, östlich liegen Kurpark und Nordseetherme, westlich Wellenfreibad und Campingplätze. In Bensersiel mündet der Ostfriesland-Wanderweg in den Störtebekerweg: Dieser folgt dem Seedeich ostwärts nach Neuharlingersiel und westwärts nach Dornumersiel.
Auf der westlichen Seite des Sielwerks beginnt die Rückwanderung: Der Weg Am Kajedeich verlässt die Bebauung und folgt dem Benser Tief auf der aussichtsreichen Dammkrone, Sitzbänke laden zur Rast, links zeigen sich Windmühle und Kirchturm von Esens. 10 Gehminuten nach Querung

der Umgehungsstraße von Bensersiel ist der Weg nach einem Schöpfwerk mit rechts dem Siel Neue Dilft weniger gut gepflegt; geradeaus wandern wir auf Gras über die Deichkrone rechts neben dem Benser Tief, das wir bei der nächsten Brücke bei **Wold** ❺ links überqueren. Danach geht es wenige Meter rechts und dann links auf den autofreien Klinkerpfad Himmelriekspad (»Himmelreichspfad«), den historischen Kirchweg von Ut-

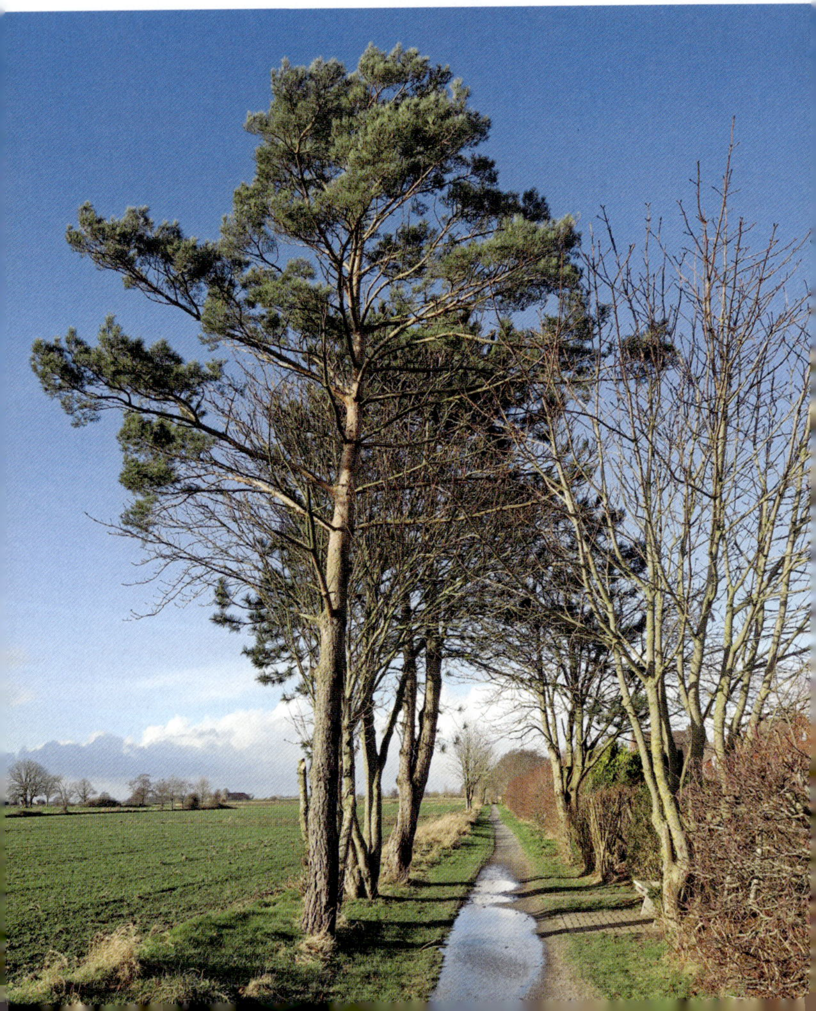

gast nach Esens. Die Himmelriekspad-Schilder und der Spitzhelm der Kirche von **Esens** weisen den Weg, bis der Himmelriekspad in einem Wohngebiet auf den **Ostfriesland-Wanderweg** vom Hinweg trifft. Bei dieser Kreuzung könnten wir rechts abkürzend auf dem Hinweg zurück zum Ausgangspunkt oder geradeaus auf der Graf-Edzard-Straße, teilweise als Radweg, in die nette **Altstadt** wandern.

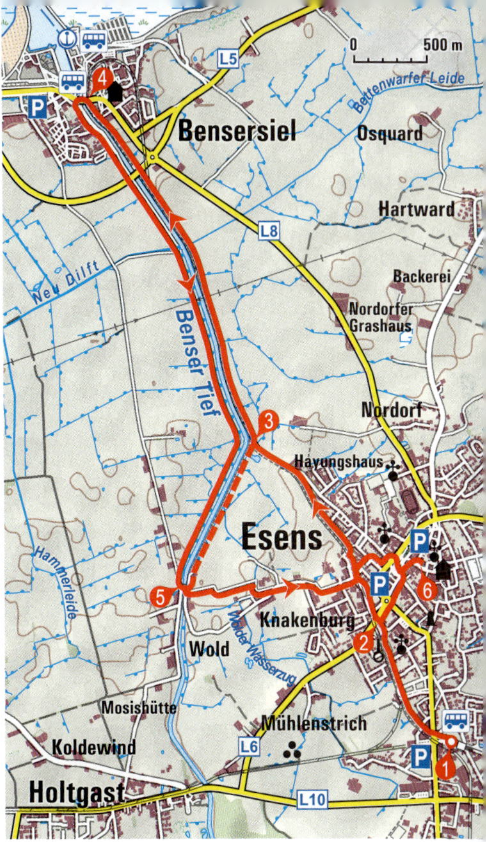

Am Ende der Straße rechts in die Dietrich-Müller-Straße, vor dem Nordring links und diesen über die Ampel queren. Weiter geradeaus links am Parkplatz vorbei (Herdetor) und links durch die Fußgängerzone (Herdestraße) zum **Marktplatz** ❻; links dahinter die Kirche und die Statue eines Bären, des Wahrzeichens von Esens. Der Sage nach verdankten die mittelalterlichen Stadtbewohner einem Bären die Rettung: Ein Tanzbär war während einer Belagerung ausgebrochen und brüllend auf den Turm geklettert. Die Feinde zogen daraufhin ab, in dem fälschlichen Glauben, die Vorräte der Stadt seien noch so reichhaltig, dass sogar ein Bär gefüttert werden könne.

Zurück vom Marktplatz geht es zunächst wie gekommen, bei der Kreuzung am Parkplatz dann geradeaus entlang der Straße Herdetor in südwestliche Richtung, beim Kreisverkehr (Marklerkreisel) über den Nordring und geradeaus entlang der Norder Straße zur Kreuzung mit dem Ostfriesland-Wanderweg beim alten **Kleinbahnhof** ❷; dort links wie auf dem Hinweg zurück zum **Bahnhof Esens** ❶.

Der Ostfriesland-Wanderweg folgt zwischen Esens und Bensersiel der alten Bahntrasse.

TOP

9 ↗ 10 m | ↘ 10 m | 18.4 km

Bensersiel – Neuharlingersiel

4.30 h

Planetenlehrpfad von Seebad zu Seebad

Der Planetenlehrpfad führt vom Nordseebad Bensersiel auf dem Außendeichsweg an der Wattenmeerküste zum Krabbenkutterhafen des Seebads Neuharlingersiel mit dem Symbol für die Sonne 500 m nach dem Hafen Bensersiel. Der Störtebekerweg folgt dem Graspfad auf der Krone des Seedeichs zurück nach Bensersiel. Mehrfach besteht die Möglichkeit, vom einen auf den anderen Weg zu wechseln.

Ausgangspunkt: Bensersiel Hafen am Fähranleger mit gebührenpflichtigem Parkplatz am Hafen, alternativ ebenfalls gebührenpflichtiger Parkplatz am Hafen in Neuharlingersiel. Freies Parken am Deich bei Ostbense ❷.
ÖPNV: Bushaltestellen Bensersiel-Ableger, Neuharlingersiel-Anleger sowie unterwegs Ostbense-Nordstern, u.a. mit dem täglich stündlichen Küstenbus K1 Richtung Norden über Esens und Harlesiel; www.edzards-reisen.de → Linienverkehr.
Anforderungen: Leichte Küstenwanderung.
Markierung: Stellenweise Störtebekerweg (weißes S).
Einkehr: Nur in Bensersiel und Neuharlingersiel.
Kombi-Tipp: Zusammen mit Tour 8 einfach zwischen Esens und Neuharlingersiel (ca. 16 km), Tour 7 zwischen Dornumersiel und Neuharlingersiel (17 km) oder Tour 10 zwischen Bensersiel und Carolinensiel (ca. 19 km), jeweils zurück mit Bus K1.
Karte: KV-Plan 1:60.000 freizeit Aurich.

Einlaufender Fischkutter in Neuharlingersiel.

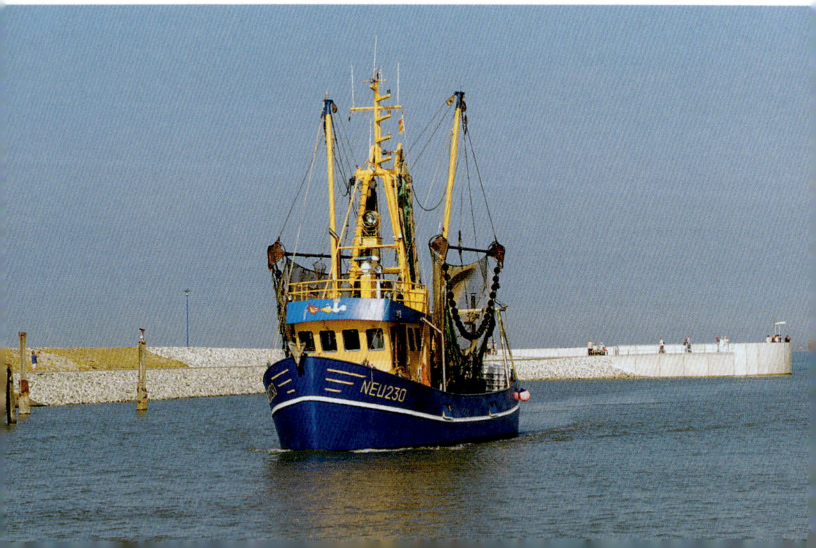

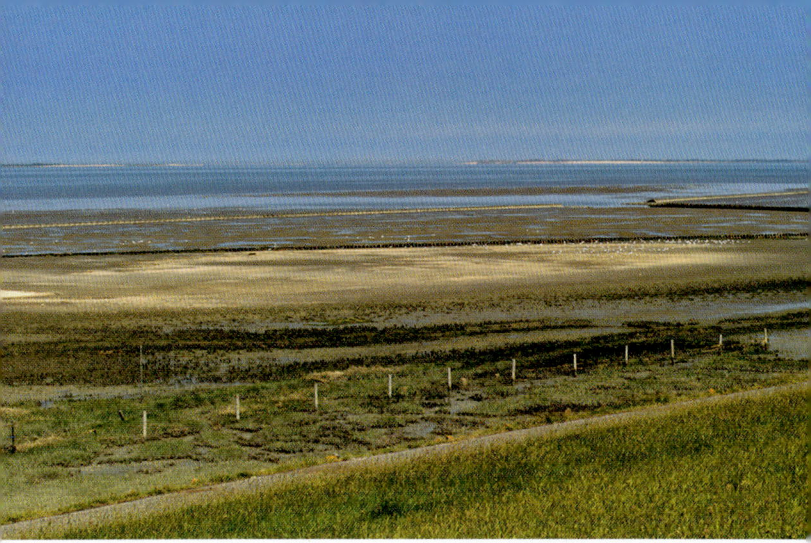

Auf dem Planetenlehrpfad mit Blick auf die Inseln Langeoog (links) und Spiekeroog.

Vom **Hafen Bensersiel** ❶, dem Fährhafen zur Insel Langeoog, führt der begrünte Seedeich ostwärts. Nach Queren der Hafenzufahrt verzweigt sich die Route: Der **Planetenlehrpfad** folgt dem von Radlern genutzten, schrägen Asphaltweg an der Wasserseite des Seedeichs, der Störtebekerweg bleibt aussichtsreich auf der begrasten Deichkrone. Anfangs begleiten den Deich ausgedehnte Reetbestände und Salzwiesen zwischen Lahnungsfeldern, die bei Hochwasser wie kleine Lagunen wirken und bei Niedrigwasser von Seevögeln aufgesuchte Sandbänke freigeben, doch schon bald enden aufgrund der Strömungsverhältnisse im **Benser Watt** die Vorlandbereiche, der Deich liegt »schar«. Während der großen Sturmfluten gingen hier zahlreiche Dörfer unter, darunter das reiche Dorf Bense während der Allerheiligenflut 1570. Danach wurde der Deich zurückverlegt, ausgedeichte Dörfer wurden aufgegeben und hinter dem neuen Deich neu gegründet, z. B. Westbense und Ostbense. Die Namen Westbense, Ostbense und Benser

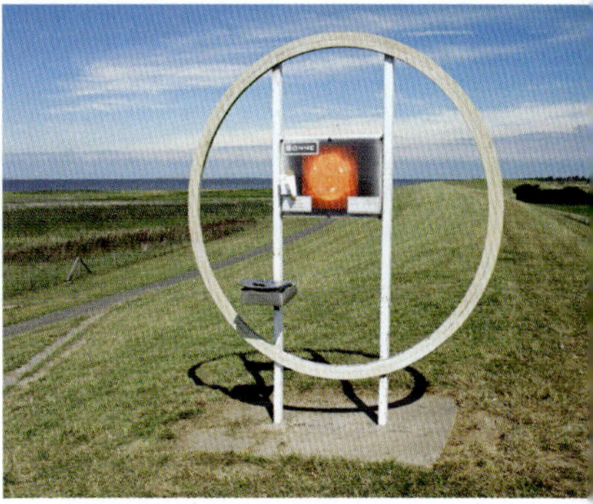

Die Sonne markiert den Beginn des Planetenlehrpfades gleich hinter Bensersiel.

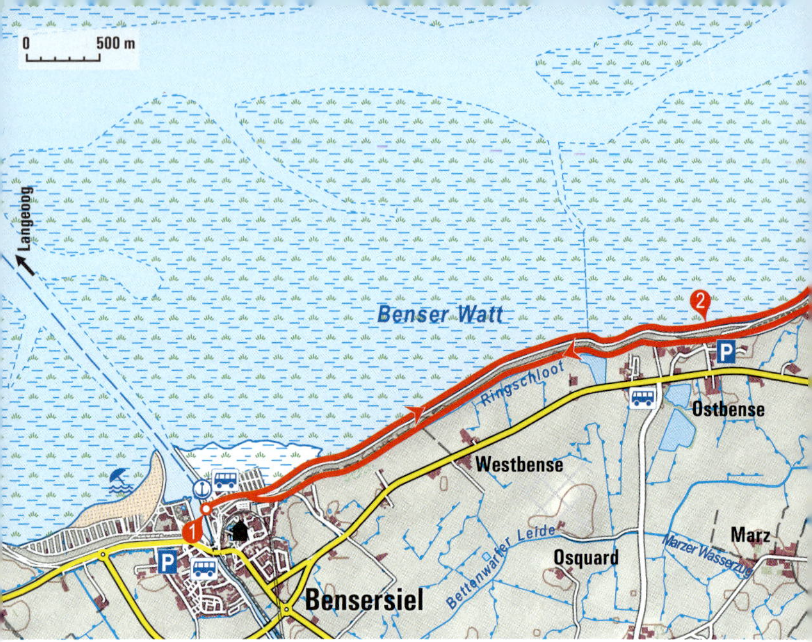

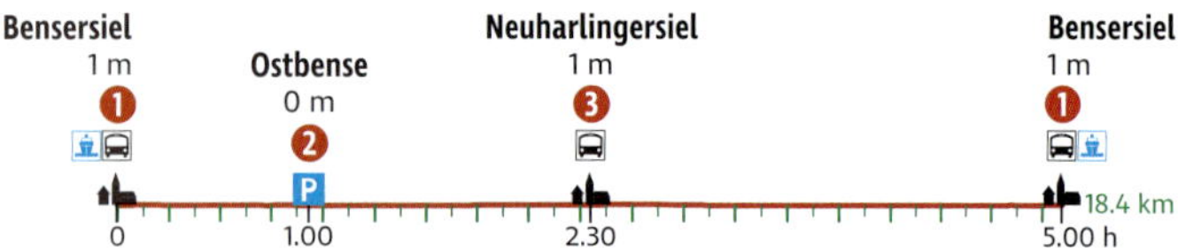

Watt sowie der Name des 1619 gegründeten Benser Siels erinnern an das untergegangene Dorf Bense. Eine Bronzetafel gedenkt bei **Ostbense** 2 am Planetenpfad an der Seeseite des Deichs der versunkenen Dörfer. Blickfang sind neben den autofreien Inseln Langeoog, deren weißer Wasserturm herüberleuchtet, und Spiekeroog die Planetenlehrpfad-Skulpturen.
Schließlich erreicht der Deich das Thalasso-Nordseeheilbad **Neuharlingersiel** 3 mit Badestränden und Kutterhafen (»Am Hafen West«). Wer in Neuharlingersiel nicht in Taxi oder Bus umsteigt, folgt zurück zum **Hafen Bensersiel** 1 entweder derselben Route am Wasser – dem Planetenweg – oder bequem der begrasten Deichkrone; zwischen beiden Wegen kann man immer wieder hin- und herwechseln.

Promenade am Kutterhafen von Neuharlingersiel.

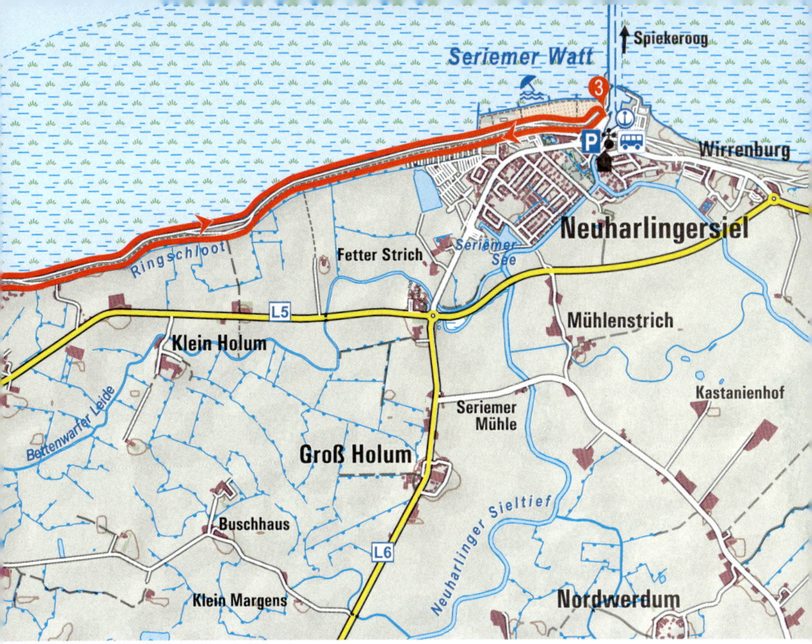
Spiekeroog
Seriemer Watt
3
Wirrenburg
Neuharlingersiel
Seriemer See
Fetter Strich
Ringschloot
L5
Mühlenstrich
Klein Holum
Kastanienhof
Seriemer Mühle
Bettenwarfer Leide
Groß Holum
Neuharlinger Sieltief
Buschhaus
L6
Klein Margens
Nordwerdum

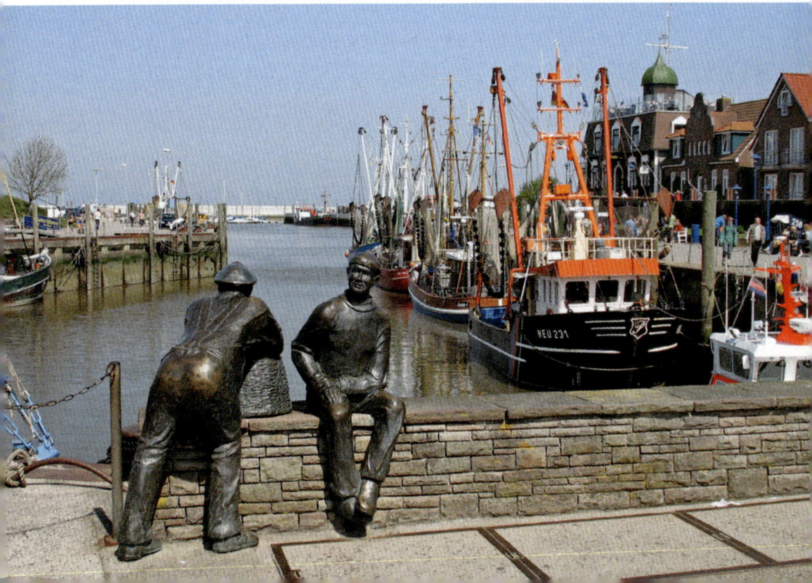
NEU 231

↗ 10 m | ↘ 10 m | 9.5 km

10 Neuharlingersiel – Harlesiel – Carolinensiel

2.45 h

Inselblicke, Goldene Linie und drei Häfen an der Harle

Vom Thalasso-Nordseeheilbad Neuharlingersiel folgt der Störtebekerweg der Wattenmeerküste zum Wangerooge-Fährhafen Harlesiel, durch den die Goldene Linie zwischen Ostfriesland und Jeverland führt. Hier beginnt die Drei-Häfen-Promenade längs der Harle zum Erlebnisbad Cliner Quelle und zum Museumshafen Carolinensiel.

Ausgangspunkt: Spiekeroog-Anleger am Hafen in Neuharlingersiel; die Zufahrt zweigt von der Cliener Straat ab; Bushaltestelle Neuharlingersiel-Anleger, alternativ Parkplätze in Harlesiel 3 am Hafen oder in Carolinensiel 5 300 m östlich vom Hafen.
Endpunkt: Bushaltestelle Feuerwehr nahe dem Alten Hafen in Carolinensiel.
ÖPNV: Genannte Bushaltestellen am Ausgangs- und Endpunkt sowie unterwegs Harlesiel-Anleger und Carolinensiel-Friedrichschleuse – alle u.a. mit täglich stündlichen Verbindungen der Linie K1 Richtung Norden via Esens; www.edzards-reisen.de → Linienverkehr.
Anforderungen: Leichte, aussichtsreiche Küstenwanderung auf dem Seedeich sowie zwischen Harlesiel und Carolinensiel großteils auf gepflasterten Wegen.
Markierung: Stellenweise Störtebekerweg (weißes S).
Einkehr: Harlesiel, Friedrichsschleuse, Carolinensiel.
Kombi-Tipp: Zusammen mit Tour 9 zwischen Bensersiel und Carolinensiel (ca. 19 km), zurück mit Bus K1.
Karte: KV-Pläne kombi 1:25.000 Wittmund oder großteils Esens; KV-Plan freizeit 1:60.000 Friesland/Wittmund.

Im 18. und 19. Jh. war Carolinensiel der zweitgrößte ostfriesische Siel- und Handelshafen.

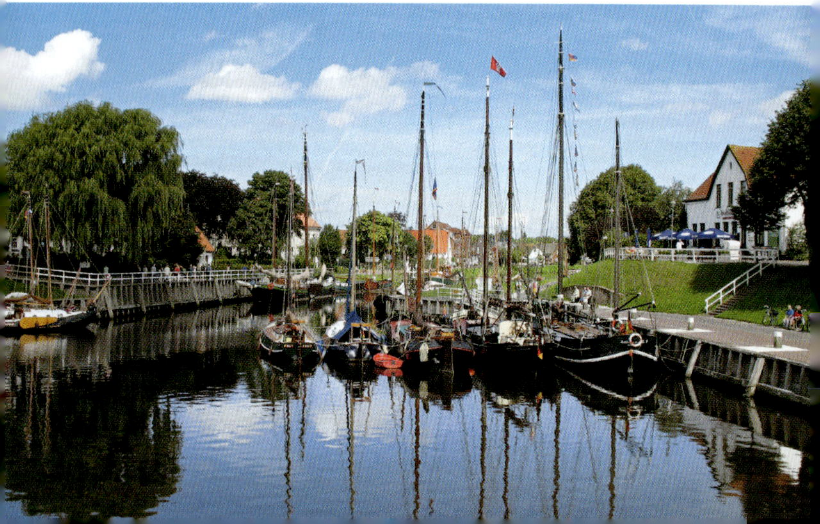

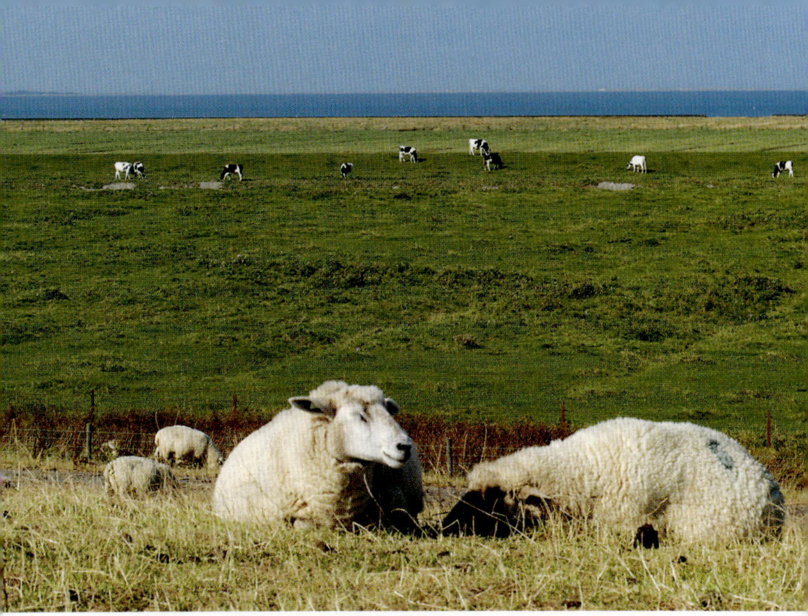

Deichschafe am Störtebekerweg bei Harlesiel.

Die Bushaltestelle **Neuharlingersiel-Anleger** 1 befindet sich zwischen dem Anleger der Spiekeroog-Fähren und dem Krabbenkutterhafen. Zu Beginn der Wanderung lohnt ein optionaler Abstecher zum Aussichtspunkt an der Molenspitze mit Blick auf die Inseln Langeoog, Spiekeroog und Wangerooge.
Vom Panorama-Café **Störmhuus** in einem Turmgebäude auf der Deichkrone neben dem **Krabbenkutterhafen** führt ein gepflasterter Pfad ostwärts. Nach Queren der Hafenzufahrt beginnt hinter einem Schafgatter der aussichtsreiche Graspfad auf der Krone des Seedeichs; über die Salzwiesen und das Wattenmeer schweift der Blick zu den Inseln Spiekeroog und Wangerooge. Wo sich bei den Häusern von **Krummhörn** 2 die Straße vom Deich entfernt, besteht die Möglichkeit, auf den autofreien Asphaltweg außendeichs neben den Salzwiesen zu wechseln; die Salzwiesen sind ein

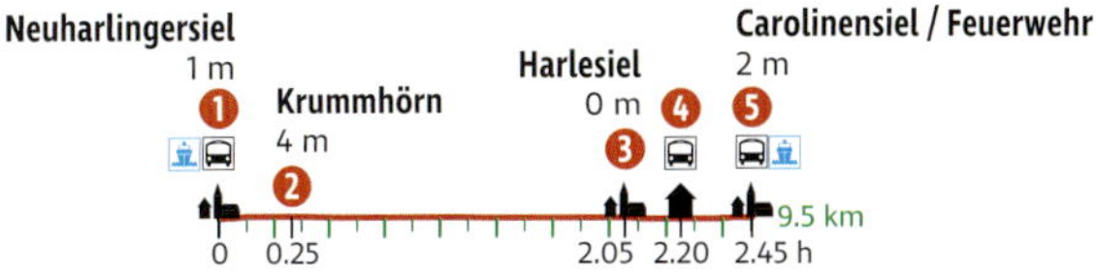

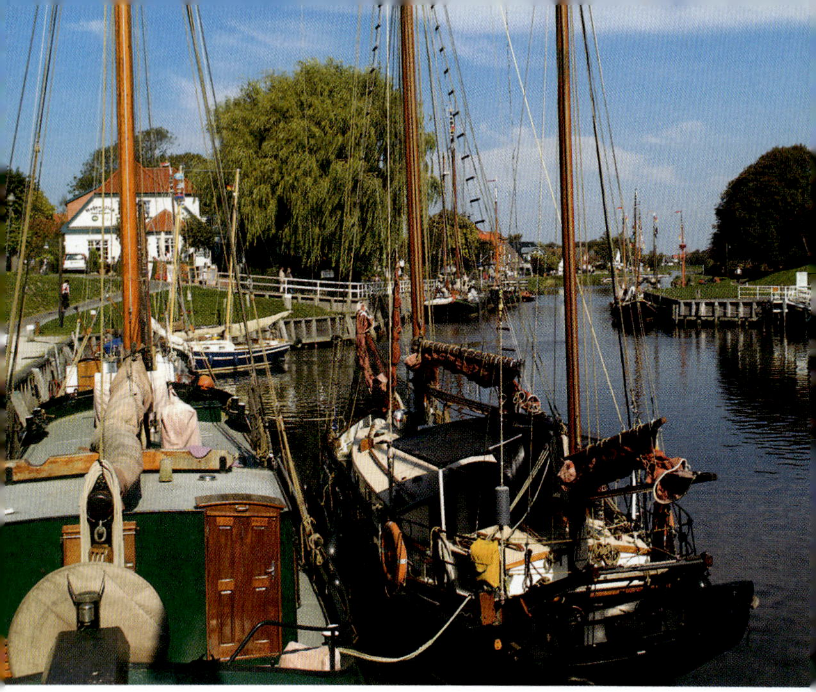

Museumshafen Carolinensiel.

wichtiges Rückzugs- und Brutgebiet für Vögel.

Schon bald rücken die Hafengebäude von Harlesiel ins Blickfeld und an die Stelle der Strandaster-Salzwiesen treten Viehweiden. An der Deichtrift am **Schwerinsgroden** folgen wir geradeaus dem Deichwanderweg zum Badestrand- und Hafengebiet von **Harlesiel** 3.

Vor der Klappbrücke am Harlesiel, einem Schöpfwerk mit Schleuse, führen Stufen hinab zur Promenade am Jachthafen, hier befindet sich der nördliche Wende- und Haltepunkt des Raddampfers Concordia II, der die Strecke längs der Ufer-

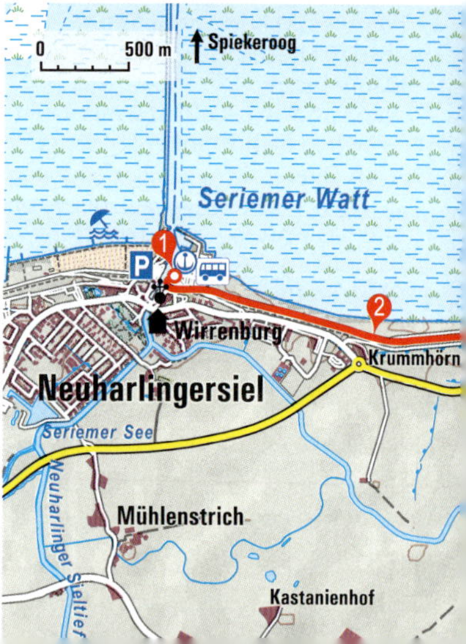

promenade fahrplanmäßig bis Carolinensiel befährt, mit Zwischenstopp an der Küstenräucherei.

Die Uferpromenade passiert die Segelschule Harlesail und erreicht hinter der Küstenräucherei Albrecht (Gastronomie) die von König Friedrich dem Großen 1765 errichtete **Friedrichsschleuse** 4. Durch diese Schleuse wurde Carolinensiel zum Binnensiel, behielt jedoch Hafen und Schifffahrt. Die Klappbrücke im holländischen Stil, 1990 wieder hergestellt, ermöglicht Segelschiffen die Durchfahrt bis zum Museumshafen in Carolinensiel.

Bald nach Unterqueren der Klappbrücke erreicht der auto- und fahrradfreie Klinkerweg das Kurzentrum am Erlebnisbad Cliner Quelle und dann den Alten Hafen von **Carolinensiel**. Zur Bushaltestelle Feuerwehr umgehen wir das Hafenbecken auf dem oberen Promenadenweg gegen den Uhrzeigersinn und folgen hinter dem Restaurant »Heimathafen und Koje« dem Fußweg Am Alten Ost rechts landeinwärts bis zur Neuen Straße bei deren Einmündung in die Bahnhofstraße. 30 m links liegt in der Neuen Straße die **Bushaltestelle Feuerwehr** 5.

Carolinensiel avancierte nach der Gründung des Siels 1729 an der damaligen Harlebucht zu einem bedeutenden Seehafen, Schiffe aus Carolinensiel befuhren »alle sieben Meere«. Als ab Mitte des 19. Jahrhunderts die Zeit der Frachtsegler zu Ende ging, versank der Hafen in einen Dornröschenschlaf und wurde schließlich zugeschüttet. 1986–90 wurde er als Museumshafen wieder hergerichtet. Die Alte Pastorei (um 1820) auf der Westseite der Hafeneinfahrt (Pumphusen 3) beherbergt die Ausstellung »Schiffbau und Handwerk« des Deutschen Sielhafenmuseums sowie das Nationalpark-Haus Carolinensiel.

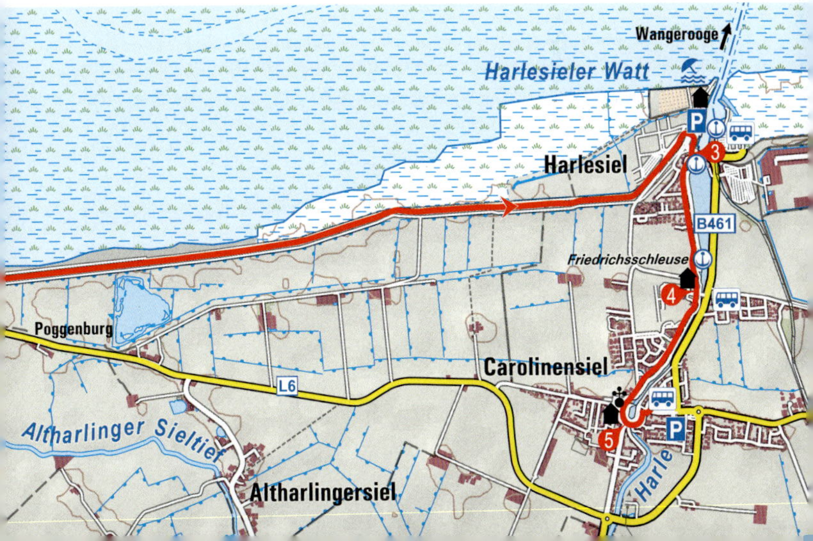

↗ 10 m | ↘ 10 m | 9.9 km

11 Horumersiel – Schillig

3.00 h

Dünenstrand an der Schillighörn

An der Landspitze Schillighörn an der Mündung der Außenjade befindet sich der einzige Dünenabschnitt zwischen Jade und Ems. Der buhnenfreie Sandstrand, die Muschelschalen – das plattdeutsche Wort »Schill« bedeutet Muschelschale –, die strandhaferbewachsenen Dünen und die weite Aussicht zur Halbinsel Butjadingen und zu den Inseln lassen auf dem Dünenstrand fast Inselflair aufkommen und haben das Nordseeheilbad Horumersiel-Schillig zu einem der beliebtesten Urlaubsorte an der Wattenmeer-Festlandküste werden lassen.

Ausgangspunkt: Parkplatz an der Kurverwaltung/Tourist Information Horumersiel, alternativ Strandparkplatz in Schillig 6.
ÖPNV: Bushaltestellen Horumersiel-Ort nahe dem Ausgangspunkt, Friesenhörn (nördlich von Horumersiel) und Schillig mit Linie 212 wenige Male täglich von/nach Jever. Alternativ mit Linie 121 von/nach Wilhelmshaven, Mo–Fr stündlich, Sa/So zweistündlich; www.dbregiobusnord.de. In Horumersiel hält diese Linie nur an der Haltestelle Horumersiel-Andelweg 600 m westlich vom Ausgangspunkt: Etwas nördlich von der Haltestelle rechts auf dem Radweg am Horumer Tief entlang und bei der Einmündung in die Goldstraße dieser links über das Horumer Tief zum Parkplatz mit dem Startpunkt der Tour folgen.
Anforderungen: Leichte Uferpromenade, Sandstrand und leichter Deichweg.
Markierung: Stellenweise Störtebekerweg (weißes S).
Einkehr: Horumersiel, Schillig.
Karte: KV-Pläne kombi 1:25.000 Jever oder Wangerland; KV-Plan freizeit 1:60.000 Friesland/Wittmund.

Strandhaferbewachsene Primärdünen säumen den feinsandigen Dünenstrand von Schillig. Blick zur Insel Wangerooge bei Niedrigwasser, durchs Watt streifen Urlauber.

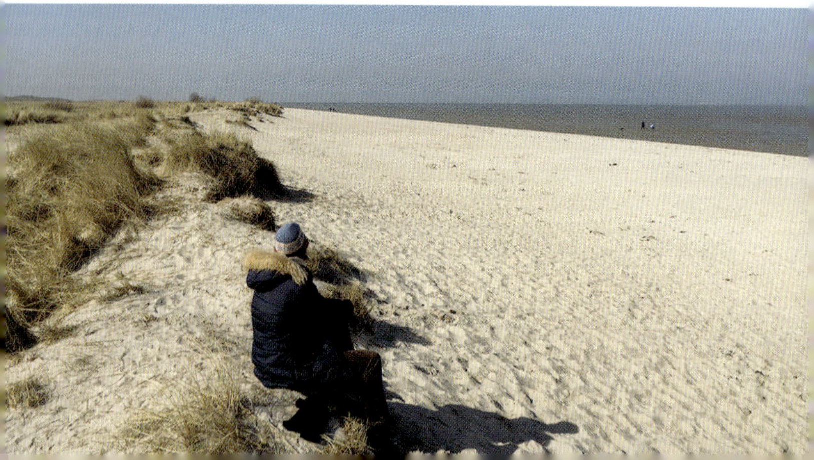

Vom Parkplatz an der Kurverwaltung **Horumersiel** 1 geht es auf der Straße Zum Hafen kurz nordwärts, bis rechts der Weg zur Strandkasse ausgeschildert ist. Nach Vorzeigen der Kurkarte oder Entrichten der Strandgebühr folgen wir den Stufen hinab zum Grasstrand, vor dem die **Uferpromenade** 2 aussichtsreich links weiterführt. Sie leitet am Strandrestaurant Nordseeblick vorbei, am Kinderspielplatz Seesternchen befinden sich Gehölze, dann beginnt der Campingplatz Schillig, vor dem das dreibeinige schwarze Denkmal **Quermarkenfeuer Schillig** steht; dieses 1998 gelöschte Seezeichen war das Unterfeuer einer Richtfeuerline, deren ebenfalls gelöschtes Oberfeuer, eine gelbe Betonsäule, hinter dem Seedeich hervorspitzt.

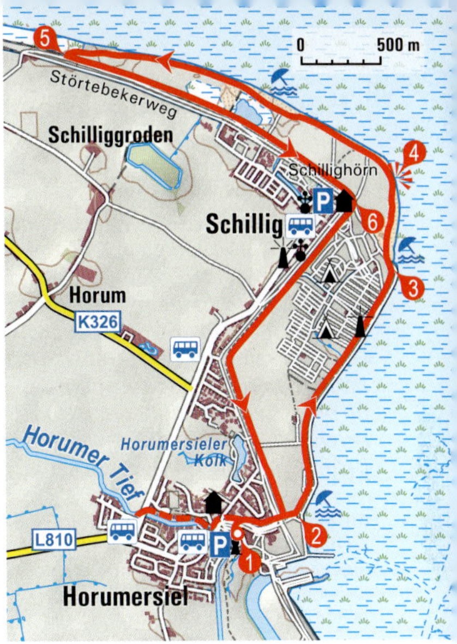

Wenn sich die Uferpromenade beim Spielplatz vor dem Strandkiosk und dem Campingplatz-Imbiss landeinwärts wendet, bleiben wir weiter an der Wasserlinie, nun im Sand des **Badestrands Schillig** 3. Die Nordostspitze ist die **Schillighörn** 4 am Übergang von Außenjade und Nordsee. Während bis dorthin Mellum als einzige Insel klar in Sicht war, zeigen sich nun auch die Sandinsel Minsener Oog und links davon die lang gestreckte Insel Wangerooge. Der von Dünen begrenzte Strand an der Nordseeküste ist landschaftlich schöner und naturnäher als der an der Außenjade.

Der Strand endet an der ersten Buhne; hier befindet sich eine **Deichtrift** 5, auf der der Störtebekerweg erreichbar ist: Er folgt der Deichkrone aussichtsreich nach links, vorbei an der Jugendherberge Schillighörn. Vor dem Ortskern von **Schillig** 6 (Einkehrmöglichkeiten) wendet sich der Seedeich rechts zum gelben Alten Leuchtfeuer und leitet zurück zur Strandkasse Horumersiel: Von hier geht es wie beim Hinweg zurück zum Ausgangspunkt an der Kurverwaltung **Horumersiel** 1 nahe dem Solebad Frieslandtherme.

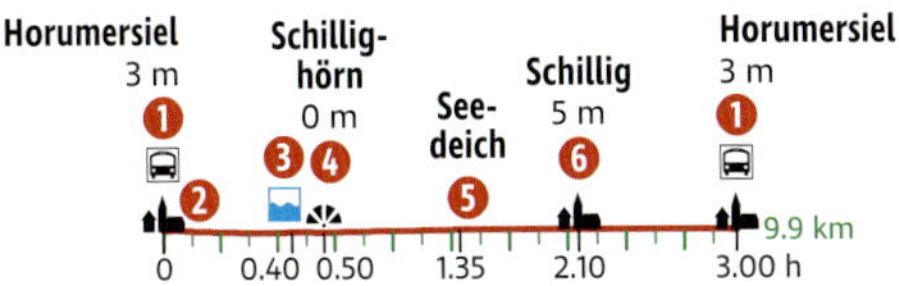

↗ 15 m | ↘ 15 m | 11.0 km

12 Hooksiel – Hooksmeer

2.45 h

Rund um das Hooksmeer

Das Hooksmeer ist das bedeutendste Binnensee-Wassersportparadies zwischen Ems und Jade: ein 240 Hektar großes Freizeitgelände mit Wäldern, Stränden, Wander-, Rad- und Reitwegen, einer Trabrennbahn, Tennisplätzen und Jachthäfen am Binnensee Hooksmeer zwischen den Schleusen vor dem Alten Hafen und dem neuen Außenhafen. Der historische Ortskern von Hooksiel mit dem unter Denkmalschutz stehenden Alten Hafen, den Packhäusern und dem als Künstlerhaus genutzten ehemaligen Rathaus erinnert an die Zeiten, als das heutige Nordseebad ein wichtiger Umschlaghafen des Jeverlandes war. Das Künstlerhaus liegt nördlich des Alten Hafens, westlich befindet sich das Muschelmuseum.

Ausgangspunkt: Alter Hafen in Hooksiel an der Brücke (Lange Straße); Parkgelegenheit 200 m nördlich am Park der Generationen, alternativ mehrere Parkplätze entlang der Bäderstraße beim Strandhaus ❺ und der Schleuse ❹.
ÖPNV: Bushaltestelle Alter Hafen u.a. mit Linie 121 von/nach Wilhelmshaven und Schillig, Mo–Fr stündlich, Sa/So zweistündlich; www.dbregiobus-nord.de. Weitere Verbindungen ab ZOB in der Ortsmitte.
Anforderungen: Leichte und bequeme Küstenpromenaden- und Strandwanderung.
Einkehr: Hooksiel, Bar Strandhaus (April bis Oktober).
Karte: KV-Pläne kombi 1:25.000 Jever oder Wangerland; KV-Plan freizeit 1:60.000 Friesland/Wittmund.

Der Wanderweg beginnt am **Alten Hafen** in **Hooksiel** ❶: Autofrei folgt er dem **Bohnenburger Deich** ❷, überquert ihn hinter der Rechtskurve und leitet durch die Wälder südlich des Hooksmeeres; während die Nordküste

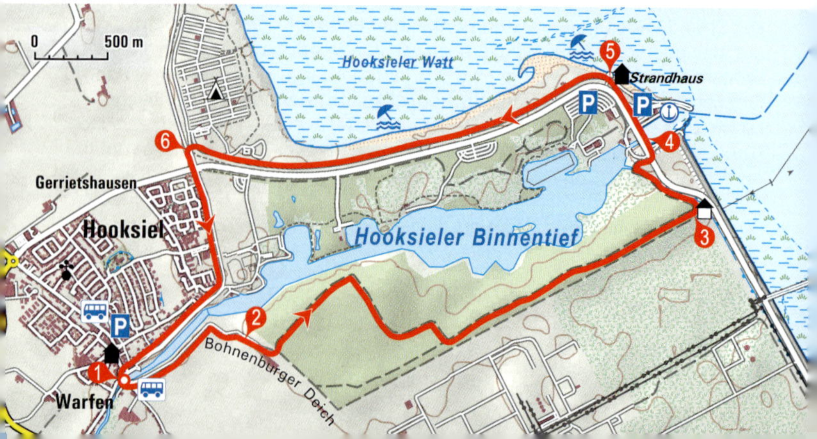

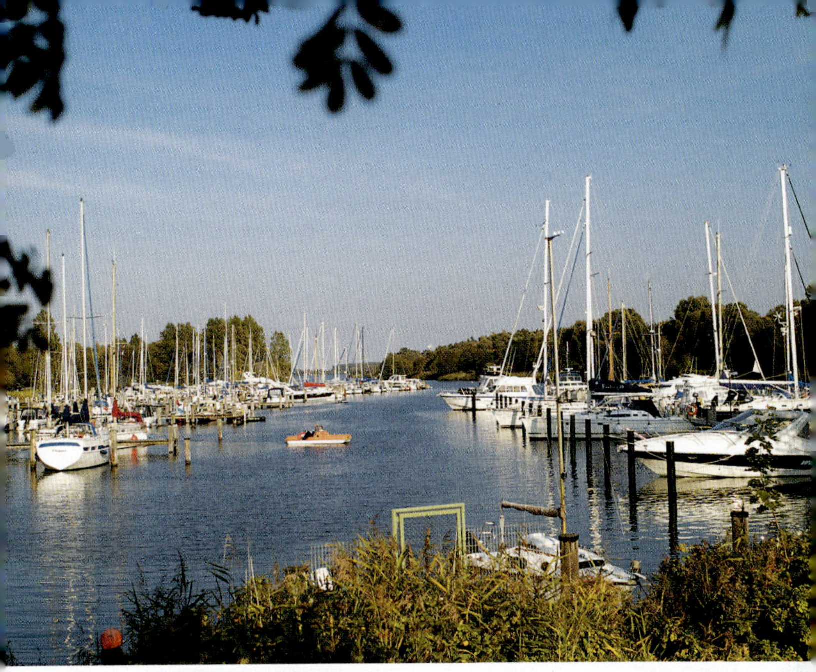

Jachthafen am Hooksmeer in Hooksiel.

des Hooksmeeres die Sportküste ist (Segelclubs, Marinas, Wasserski, Trabrennbahn), bleibt das Südufer mit seinen Wäldern der ruhigen Erholung vorbehalten. In der Kurve vor dem Außendeich steht eine **Schutzhütte ❸**. Zwischen Hooksmeer und Außenhafen geht es über die **Schleuse Hooksiel ❹** – die Klappbrücke wird bei Schleusungen hochgeklappt – und kurz längs der Bäderstraße nordwestwärts, bis nahe der **Bar Strandhaus ❺** Stufen auf den Hooksieler Seedeich führen. Aussichtsreich folgt ein gepflasterter Weg dem Deich zwischen Stränden und Hooksmeer an der Strandsauna vorbei zur Trabrennbahn, gleich darauf zweigt der **Schaudeich ❻** ab und führt zurück zum **Alten Hafen** von **Hooksiel ❶** mit Restaurants vor den historischen Packhäusern.

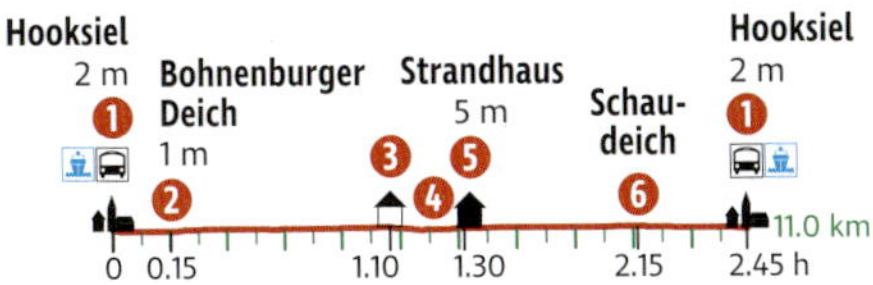

↗ 35 m | ↘ 35 m | 9.9 km

13 Neuenburg – Neuenburger Urwald

2.45 h

Eichengiganten, Buchenriesen, Stechpalmen

Bis zu 800 Jahre alte Eichen, Tausende von Stechpalmen und 400-jährige Rotbuchen sowie bizarr gewachsene Hainbuchen prägen den Neuenburger Urwald im Herzen der Friesischen Wehde, des »Friesischen Waldes« im historischen Grenzgebiet von Ostfriesland und Oldenburger Land. Graf Anton Günther von Oldenburg schränkte schon 1654 die Nutzung ein, fortan war Holzeinschlag verboten und die Wehde entwickelte sich zum Hudewald, einem zur Viehhaltung bestimmten Waldgebiet.

Ausgangspunkt: Parkplatz beim alten Bahnhof in der Ladestraße in Neuenburg.
ÖPNV: Haltestelle Neuenburg-ZOB mit Verbindungen u. a. Richtung Westerstede und Zetel; www.reise-freunde.de → Linienverkehr → VEJ-Frieslandnetz.
Anforderungen: Einfache Waldwanderung.
Markierungen: Knotenpunktsystem im Neuenburger Wald, wo Nummern Wanderern den Weg weisen. Knotenpunkt-Karte: www.naturerlebnis-suedliches-friesland.de/wp-content/uploads/Wandern-im-Neuenburger-Urwald.pdf.
Einkehr: Neuenburg; mit kurzem Abstecher Restaurant Urwaldhof (Mi–Sa ab 11 Uhr).
Karte: KV-Plan kombi 1:25.000 Sande, KV-Plan freizeit 1:60.000 Friesland/ Wittmund.
Tipp: Erlebnisbad Bockhorn ❹, Freibad am Rand des Urwalds (Mai–August täglich).

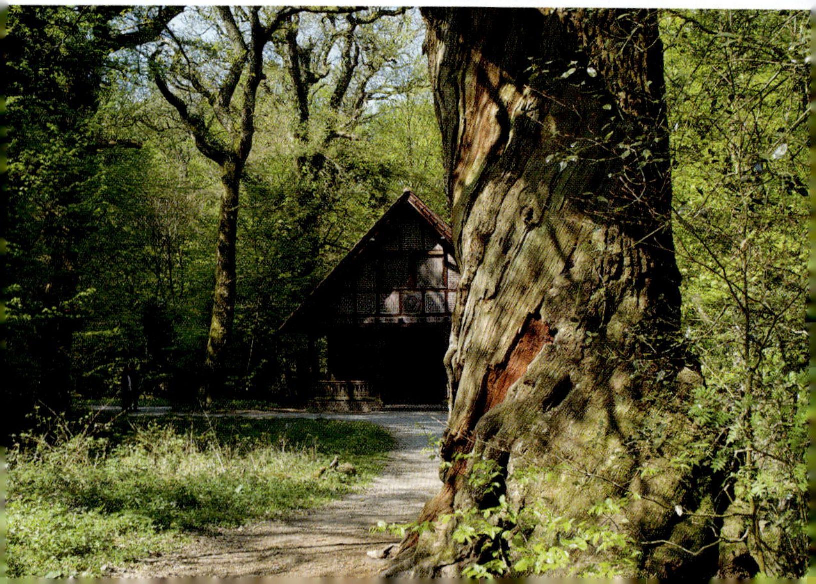

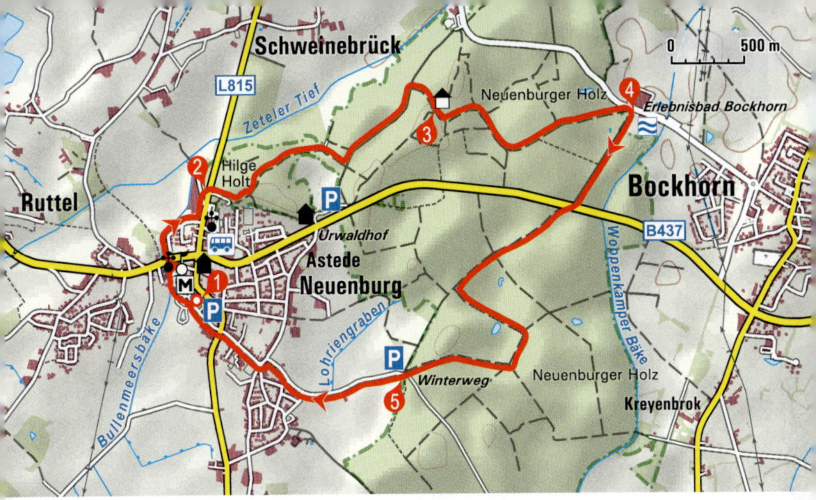

Vom Parkplatz in **Neuenburg** ❶ folgen wir der Straße Zum Bahnhof in nordwestliche Richtung rechts am alten Bahnhof (1898) vorbei, der heute eine Zahnarztpraxis beherbergt; die Bahnlinie Varel – Bockhorn – Zetel – Neuenburg wurde 1992 stillgelegt. In der Rechtskurve der Straße gehen wir links zum **Freilichtmuseum Neuenburg** mit Rauchkate von 1600, Scheunen, Backhaus und Ziehbrunnen. Dahinter erhebt sich das von einem Park mit alten Eichen und Buchen umgebene **Neuenburger Schloss**, das als Kindergarten und Dorfgemeinschaftshaus mit Trausaal dient und eine vogelkundliche Ausstellung beherbergt. 1462 gründete Graf Gerd von Oldenburg die »neue Burg« als Grenzfeste gegen Friedeburger und Ostfriesen; der Höhepunkt gräflicher Hofhaltung fiel in die langjährige Herrschaftszeit des Grafen Anton Günther (1603–67), der bei der »neuen Burg« ein Gestüt unterhielt und Oldenburger Pferde züchtete. Danach diente das Schloss als Landgericht, Lehranstalt und Lazarett (Zweiter Weltkrieg); hier wurden Landwirte, Lehrer und Landfrauen ausgebildet.

Nach Überqueren der Gräfte auf der Schlosszufahrt geht es links zur Straße, dort links und nach wenigen Metern rechts auf einen Fußweg (neben der Drechslerei), der in die ruhige Stichstraße Quellental mündet. Diese führt zur Landstraße, dort kurz links und hinter dem Friedhof rechts in das **Hilge Holt** ❷, das »heilige Gehölz«. Kurz darauf wird der erste Knotenpunkt der Route erreicht, Nummer 24, von wo es weiter geht Richtung 10, dann an der Gabelung Richtung 8.

Kurz nach Passieren eines »Vorsicht Naturwald«-Schildes mündet der Weg bei Knotenpunkt 8 in einen quer verlaufenden Weg (rechts geht es zum

Die Jagdhütte im Neuenburger Urwald.

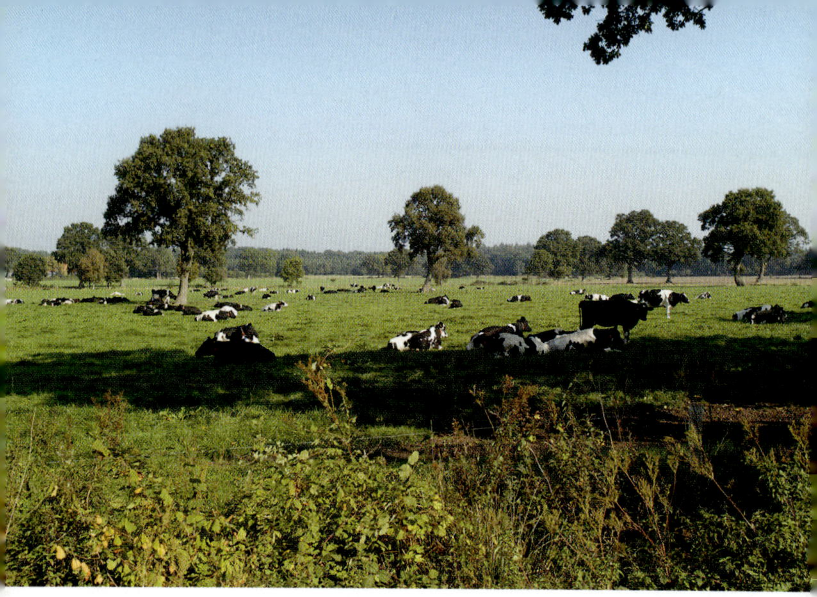

Wiesenidyll mit alten Eichen vor dem Neuenburger Urwald.

Parkplatz beim Restaurant Urwaldhof), der uns links in das Naturschutzgebiet **Neuenburger Urwald** führt, Richtung Knotenpunkt 21. Abseits der Wege bleiben die Bäume stehen und liegen, wie die Natur es will, und entfalten sich zu kraftvollen und oft exzentrischen Individuen. Beeindruckend sind auch die Stechpalmenbestände. Von Punkt 21 geht es rechts zum Knotenpunkt 12 an der **Jagdhütte** ❸, diese wurde 1951 errichtet und diente bis 1988 als Waldschänke; in ihrer Nähe stehen einige besonders mächtige Bäume, viele von ihnen sind efeuumrankt.

Von der Veranda der Jagdhütte führt ein Pfad Richtung Punkt 17 am 2014 vom Sturm geworfenen ältesten Baum des Schutzgebiets vorbei, einer 800 Jahre alten Eiche. Weiter geht es von 17 über 19 nach 13, wo beim Verlassen des Waldes der Schornstein der Ziegelei sichtbar ist, rechts daneben ermöglicht das **Erlebnisbad Bockhorn** ❹ einen Sprung ins kühlende Nass. Beim Schwimmbad zweigt von der Straße der Totenweg Richtung Punkt 4

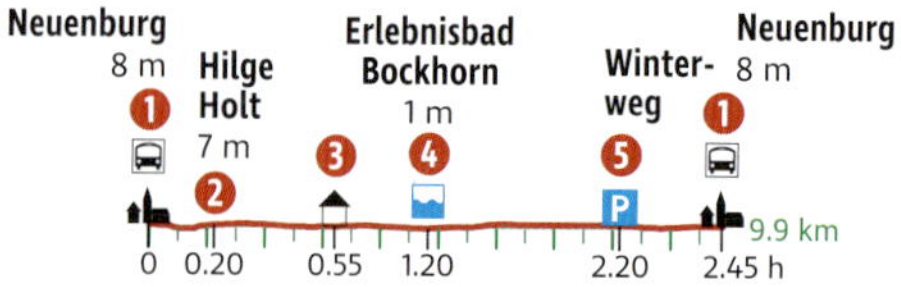

ab und führt schnurgerade waldeinwärts, markiert mit dem Buchstaben J des Jadewegs. An der Bundesstraße kurz nach rechts zu Punkt 6 und dann links weiter in den Wald Richtung 9, von wo es über 11 und 14 zum Wanderparkplatz **Winterweg** 5 am Waldrand geht.
Hier verlassen wir die Knotenpunkte und folgen dem Winterweg geradeaus aus dem Wald hinaus nach Neuenburg, über aussichtsreiche Wiesen mit Blick auf die Laubwälder der Wehde. Einzelbäume und Baumreihen beleben das weite Wiesenland, hinter Baumgruppen und Büschen zeigen sich die Dächer der Höfe. Mit diesem wunderbaren Ausblick führt der Weg nach **Neuenburg** zurück, dort am Lehmhörn kurz links und sofort rechts auf der Straße Astede an der Grundschule vorbei. Wir queren die Westersteder Straße und gehen entlang der Ladestraße zurück zum Parkplatz bzw. Busbahnhof **Neuenburg** 1 beim alten Bahnhof.

Herbststimmung im Wald.

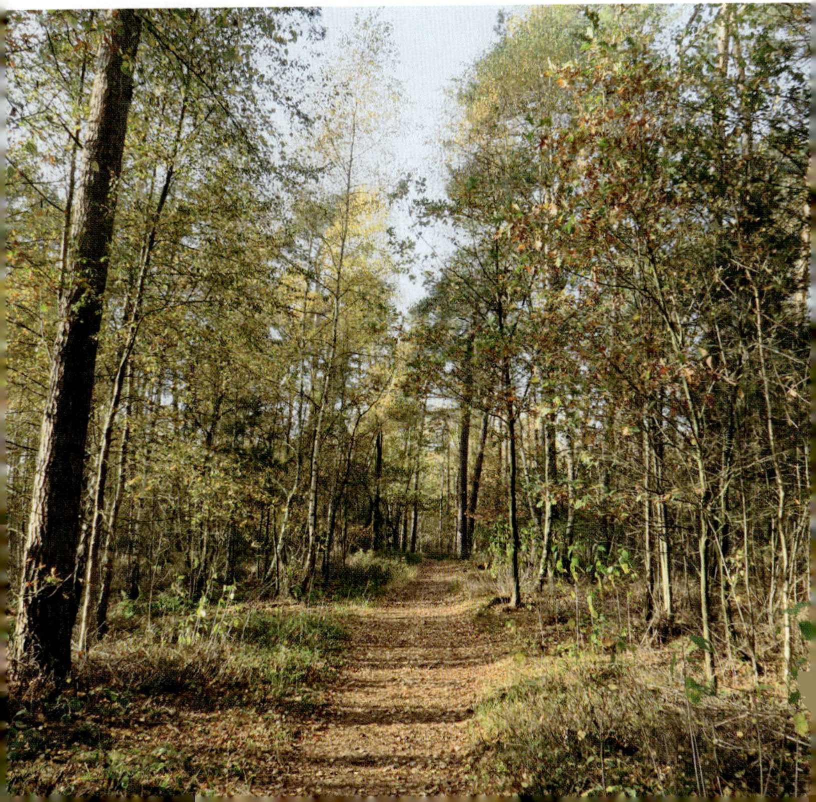

↗ 70 m | ↘ 70 m | 11.7 km

14 Friedeburg – Forsthaus Bohnens

3.15 h

Zwischen Wallhecken in den Hopelser Wald

Der Hopelser Wald mit mittelalterlicher Klosterwüstung in Ostfrieslands waldreichster Gemeinde Friedeburg, friesisch »Freborg«, zählt zu den schönsten Naturwäldern zwischen Ems und Jade. Während sich die Wallheckenwanderung zum Klosterwald einfach gestaltet, fehlen im Hopelser Wald Hinweisschilder, sodass ein wenig Orientierungssinn hilfreich ist.

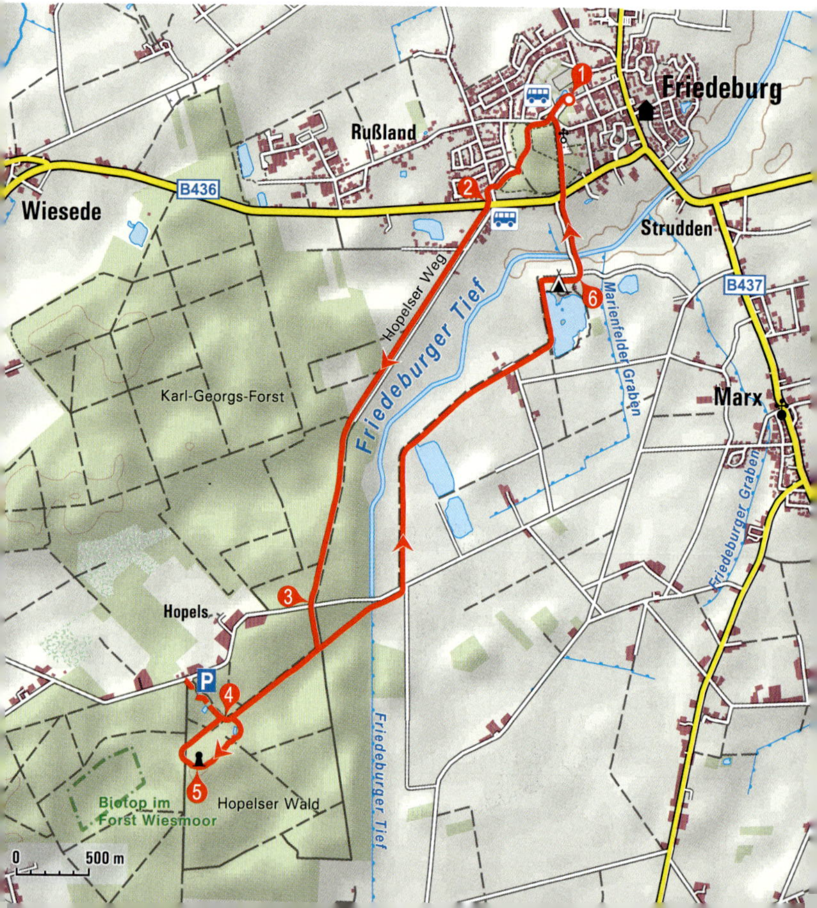

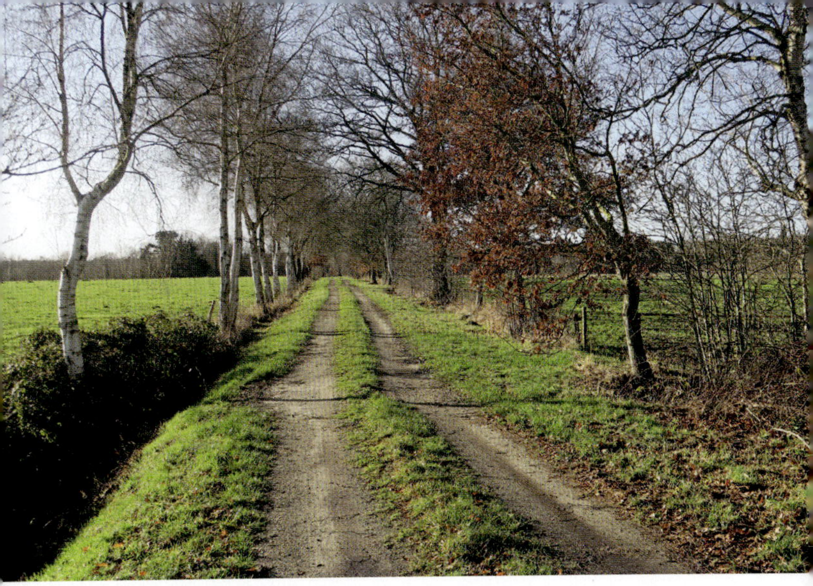

Birken säumen den Feldweg Dobben vor dem Campingplatz.

Ausgangspunkt: Parkplatz gegenüber dem Waldfreibad nahe der Schule in Friedeburg, optional (siehe »Variante«) Start ab Forsthaus Bohnens 4 km südwestlich von Friedeburg.
ÖPNV: Bushaltestelle Friedeburg-ZOB/Schulzentrum an der Schule nahe dem Ausgangspunkt mit Verbindungen an Schultagen von/nach Jever (Linie 218) und Wihelmshaven sowie Wiesmoor (111), letzterer zu Nicht-Schulzeiten und Sa ab Haltestelle Friedeburg-B 436/Mickenbarger Weg bei der Kreuzung B 436 mit Hopelser Weg 2; www.dbregiobus-nord.de.
Anforderungen: Leichte Waldwanderung; etwas Orientierungssinn ist hilfreich.
Einkehr: Nur in der Ortsmitte von Friedeburg (500 m vom Ausgangspunkt entfernt).
Variante: Abkürzung mit Start ab Parkplatz beim Waldfreibad (1,8 km kurze Rundwanderung): Ab Parkplatz dem etwas rechts von der Hütte abzweigenden Weg in den Wald folgen, nach 20 m rechts an der Infotafel sowie hölzerner Wegesperre und Bänken vorbei. Bei der Wegespinne wird die Route erreicht, dort nach Querung der Mullberger Tuchte links in Waldweg.
Karte: KV-Pläne kombi 1:25.000 Friedeburg oder Wiesmoor, KV-Plan freizeit 1:60.000 Friesland/Wittmund.

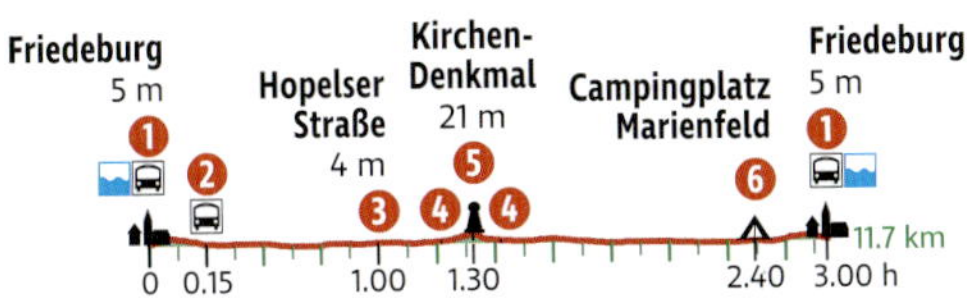

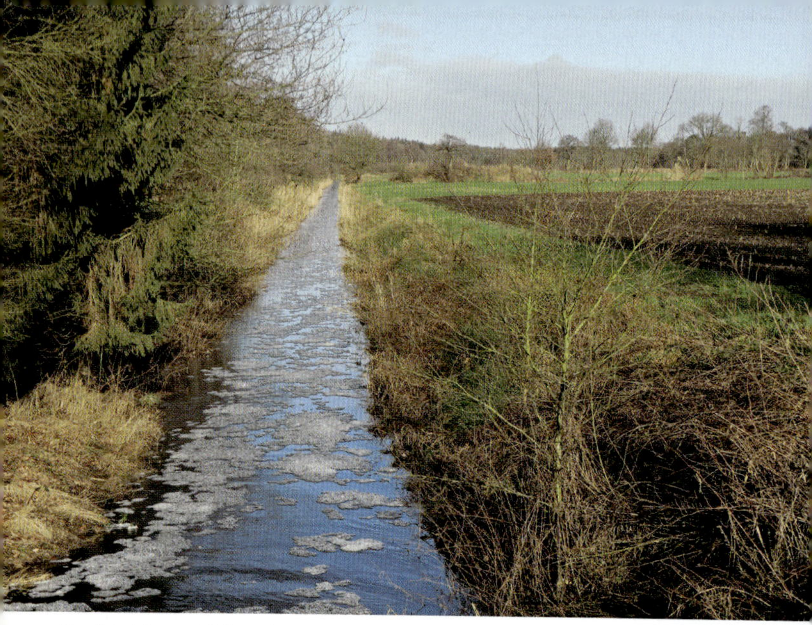

Das Friedeburger Tief wurde zur Entwässerung angelegt.

In **Friedeburg ①**, der waldreichsten Gemeinde Ostfrieslands, liegt mitten im Ort bei Naturbad und Schulzentrum das Landschaftsschutzgebiet Stroot mit alten Eichen- und Buchenbeständen; von der Bushaltestelle und dem Großparkplatz führt der Schützenweg auf das parkartige Waldgebiet zu. Nach den Stufen am Eingang in das Parkgebiet biegen wir gleich vor der Infotafel über den 18 ha großen Wald Stroot rechts in den Waldweg.
Es folgen in Kürze mehrere Abzweigungen: Nach 150 m wird in einer Linkskurve die Abzweigung nach rechts ignoriert, nach 100 m geht es bei einer Kreuzung mit einer kleinen Holzbank rechts; nach weiteren 150 m bei der T-Kreuzung rechts und nach 250 m kurz vor der B436 rechts in den durch die Vegetation tunnelartigen Weg zur einer kleinen Straße. Dieser folgen wir links, queren die B436 und wandern geradeaus auf dem **Hopelser Weg ②**, zuweilen alleeartig flankiert von Laubbäumen, durch das Gehölz-, Wallhecken- und Wiesenland zwischen dem Karl-Georgs-Forst und dem Friedeburger Tief und später in Wald.
250 m nach Queren der **Hopelser Straße ③** biegen wir vor dem Moorentwässerungsgraben Mullberger Tuchte nach rechts. Bei einer **Sechs-Wege-Spinne ④** folgen wir scharf links dem kleinem Lehrpfad in den Wald, vorbei an einer Infotafel über Honigtauproduzenten/-sammler, und passieren nach 100 m zur Rechten einen kleinen Waldweiher. Bei der Einmündung in einen

größeren Waldweg rechts, nach 30 m bei einer T-Kreuzung mit Forstweg links und nach weiteren 30 m bei einer Holzhütte mit Feuerstelle halb rechts auf einen Pfad. Dieser überquert auf einer zerfallenen Holzbrücke den ehemaligen Wassergraben, der die frühere Klosterstätte im Inneren des Hopelser Waldes umgibt. Nun hält der Pfad auf ein kleines **Denkmal** 5 zu; auf dem höchsten Punkt der vom Wald überwachsenen Klosterwüstung erinnert es daran, dass hier vom Mittelalter bis zur Reformation eine Kirche stand.

100 m nach dem Denkmal halten wir uns vor einem Forstweg mit Holzgeländer rechts entlang der Mullberger Tuchte, ehe wir nach 250 m von der rechten auf die linke Seite wechseln. Bei der **Wegespinne** 4 wandern wir geradeaus und folgen dem Weg links neben der Tuchte bis zu einer Straßenbrücke bei der Mündung der Tuchte in das Friedeburger Tief. Die Straße führt uns 200 m nach rechts, ehe wir links in den Feldweg biegen. Vor einem Campingplatz an einem ehemaligen Baggersee halten wir uns links, vorbei am Eingang zum **Campingplatz Marienfeld** 6, und folgen der Zufahrt zur B436. Nach deren Querung geht es auf einem kleinen Weg und nach 20 m dem Waldweg nordwärts folgend zurück zum Treppenaufgang in den Park nahe dem Ausgangspunkt in **Friedeburg** 1.

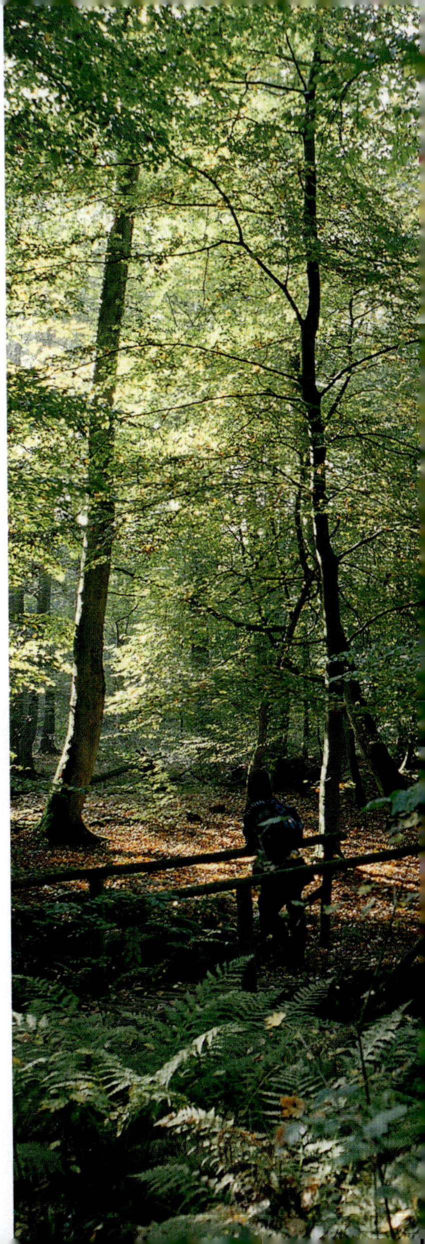

Holzsteg über den Kloster-Wassergraben im Hopelser Wald.

↗ 30 m | ↘ 30 m | 7.2 km

15 Ottermeer – Landschaftspark Wiesmoor

1.45 h

Badesee und Blumen in der Blütenstadt Wiesmoor

Vom Ottermeer, einem von Hochmoor und Wäldern gesäumten Bade- und Freizeitsee, führt diese Natur- und Kulturwanderung durch den Landschaftspark Reitscharde zur Freilichtbühne, wo alljährlich die »Blütenkönigin von Wiesmoor« gekürt wird. Das Torf- und Siedlungsmuseum im Landschaftspark bietet einen Einblick in Leben und Arbeit der Fehntjer, die im Jahr 1907 die heutige »Blütenstadt« gegründet haben, in der Blumenhalle sind mehr als 10.000 Pflanzen aus Wiesmoor zu bewundern.

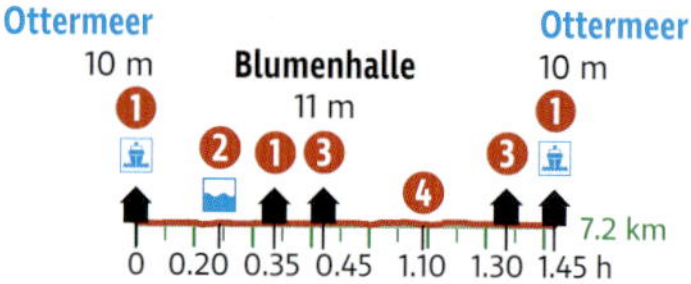

Ausgangspunkt: Ottermeer, Bootshafen am Sportplatz westlich von Wiesmoor mit kleinem Parkplatz, alternativ Blumenhalle ❸ mit großem Parkplatz.
ÖPNV: Bushaltestelle Wiesmoor-B436/Neuer Weg 0,5 km östlich vom Startpunkt; über den Neuen Weg wird die Route zwischen ❶ und ❷ erreicht. Von dort mit Linie 462 Richtung Aurich. Weitere Busverbindungen ab Wiesmoor-Markt im Zentrum 0,5 km von der Blumenhalle ❸; www.dbregiobus-nord.de.
Anforderungen: Leichte Wald- und Parkwanderung.
Einkehr: Lüttje Haven am Start/Ziel (Di–So ab 14 Uhr), Hotel-Restaurant Auerhahn (tagsüber nur So), Bistro Am Ottermeer (Juli–August täglich), Café Blumenreich an Blumenhalle (April–Oktober täglich).
Karte: KV-Pläne kombi 1:25.000 Friedeburg, Wiesmoor oder Uplengen; KV-Pläne freizeit 1:60.000 Friesland/Wittmund, Aurich oder Landkreis Leer.
Tipps: Torf- und Siedlungsmuseum (März–Oktober täglich), Blumenhalle (April–Oktober täglich).

Am Ottermeer haben seltene Pflanzen wie Schwertlilie, Wollgras und Sonnentau ein Rückzugsgebiet gefunden.

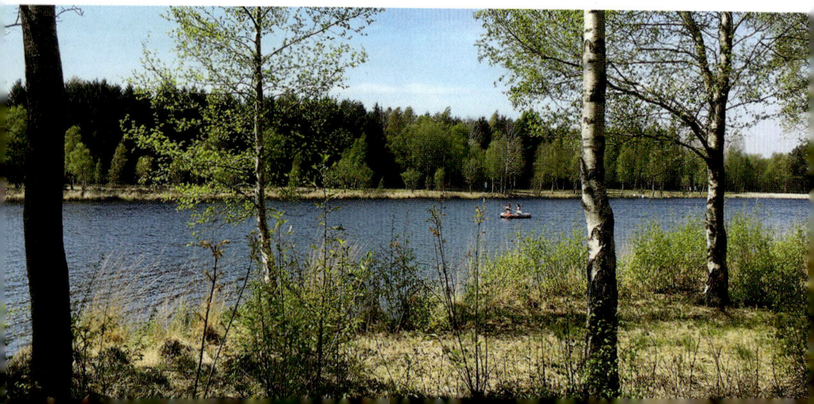

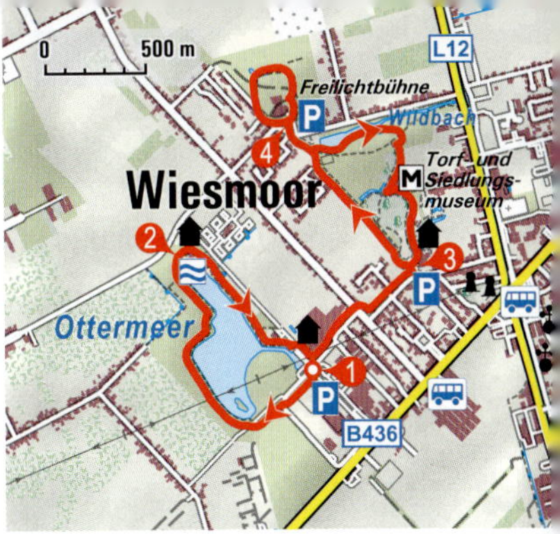

Am **Bootshafen** an der Südostbucht des **Ottermeeres** ❶ gibt es einen Kajak- und Tretbootverleih sowie ein Café, auch Surfer befahren den 13 ha großen See. Vom Bootshafen führt die Straße Am Stadion an den Parkplätzen vorbei (südwestwärts), wo nach etwa 200 m halb rechts der Seerundweg abzweigt und zwischen Buschwerk und Reet an den Rand des **Ottermeeres** führt. An der dortigen Verzweigung, mit Blick auf den See, biegt der leicht sandige Rundweg rechts ab und folgt dem Ufer des Moorsees durch von Birken und Ebereschen aufgelockerte Heideflächen und Gehölze; wer früh am Morgen kommt, lauscht dem Quaken der Moorfrösche, auch Blässhuhn, Austernfischer und Bekassine sind zu beobachten, während die Insel im See ein Refugium für Wasservögel ist. Der Seerundweg umgeht das **Moorfreibad** ❷ an der Nordbucht und folgt dem Ostufer zum Hotel Auerhahn am Ottermeer und der Uferstraße zurück zum Café am **Bootshafen** ❶.

Die Straße Am Stadion führt links weiter (nordostwärts) und trifft an ihrem Ende auf den Neuen Weg; auf diesem kurz nach rechts, dann in die erste Straße links (Dahlienstraße) zur **Blumenhalle** ❸. Sie präsentiert 10.000 der farbenprächtigen Gewächse, die in über 50 Wiesmoorer Gärtnereien und Baumschulen gezogen werden. Der Blumenhalle angeschlossen ist der 5 ha große Gartenpark mit unterschiedlichsten Gärten: vom Azaleen-, Rosen- und mediterranen Garten bis hin zum Bauern-, Wasser- und Farngarten.

Vor der Blumenhalle halten wir uns links Richtung Torf- und Siedlungsmuseum und folgen am Parkplatzende dem Rad-/Fußweg am Wasser entlang. Am Ende queren wir halb links die Freilichtbühnenstraße und gehen direkt hinter dem Tor links um die **Freilichtbühne** ❹ herum; am ersten Septemberwochenende wird hier der Titel der »Blütenkönigin von Wiesmoor« vergeben. Anschließend führt ein Forstweg parallel zu den Häusern zu einem Teich. Hier halten wir uns rechts und folgen dem Hauptweg durch das Tor zur Straße, die wir erneut queren. Am Waldanfang und vor dem Tennisplatz links auf den Waldweg neben dem Teich: Der Weg führt in Richtung Hallenbad/Nordgeorgsfehnkanal. An der Verzweigung am Ende des Teichs geht es rechts und dann sofort links weiter, der Weg verlässt den Wald, taucht in weite Wiesen ein und strebt dem Torf- und Siedlungsmuseum in der Mitte des Landschaftsparks zu.

Vom Museum wandern wir an einer Wiese entlang zurück zur **Blumenhalle** ❸. Von dort führt die bekannte Verbindungsroute zurück zum Ausgangspunkt am **Bootshafen** am **Ottermeer** ❶.

↗ 50 m | ↘ 40 m | 19.9 km

16 Bagband – Ostgroßefehn – Aurich

5.00 h

Wallhecken, Windmühlen und Wiesen im Herzen Ostfrieslands

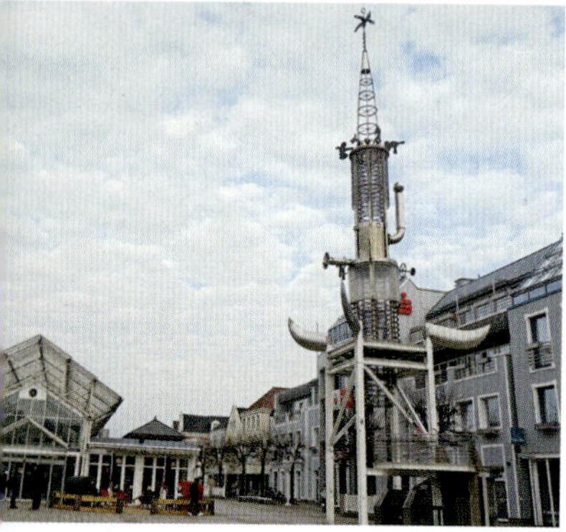

Vom Windmühlendorf Bagband führt der Ostfriesland-Wanderweg zwischen Wiesen und Wallhecken zu den Windmühlen von Spetzerfehn und Ostgroßefehn und in die Residenzstadt Aurich im Herzen Ostfrieslands, großteils entlang der Trasse der ehemaligen Kreisbahn Aurich zwischen Leer und Wittmund. Lediglich zwischen Wrisse und Holtrop wandern wir ein längeres Stück über eine (kaum befahrene) Straße. Bis zum Ems-Jade-Kanal ist die Route identisch mit dem Europäischen Fernwanderweg 9.

Foto oben: Am Marktplatz von Aurich. – Unten: Den ab 1634 ins Moor getriebenen Großefehnkanal säumen (historische) Kapitäns-, Bürger- und Arbeiterhäuser der Fehnsiedlungen, im Bild Ostgroßefehn.

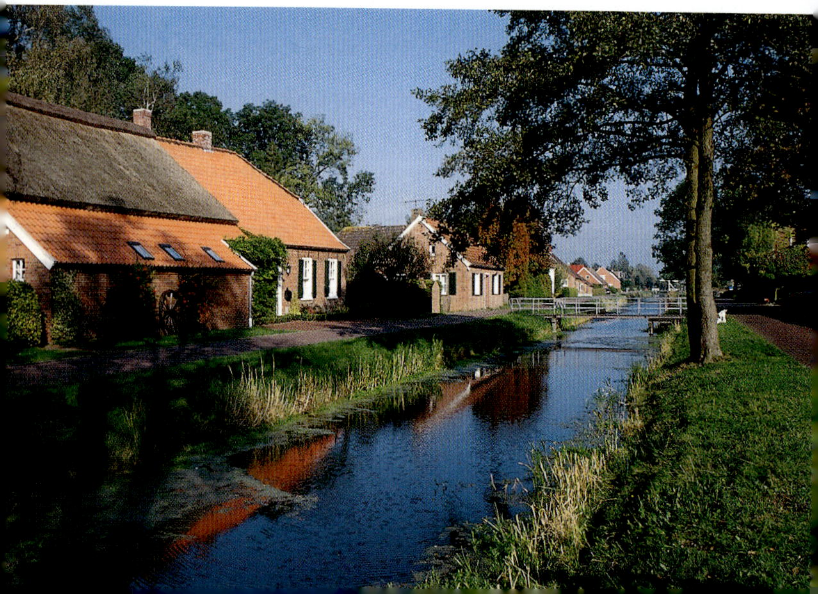

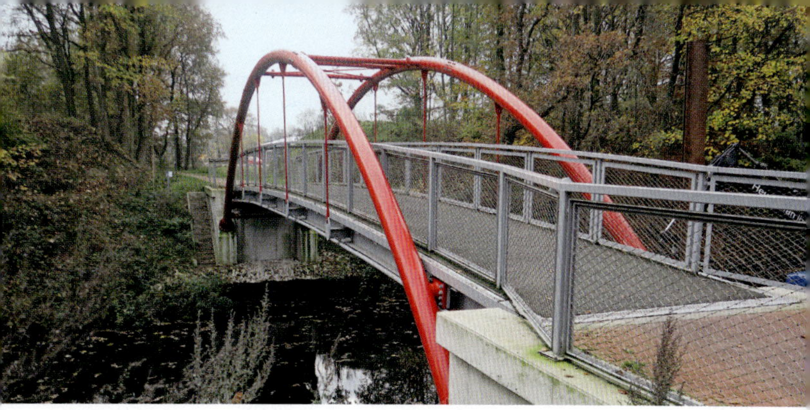

Brücke über den Ems-Jade-Kanal an der Verzweigung des Ostfriesland-Wanderwegs/E9.

Ausgangspunkt: Parkplatz an der Bushaltestelle Bagband-B72/Mühle.
Endpunkt: Aurich, Busbahnhof am Pferdemarkt.
ÖPNV: Häufige Verbindungen (Mo–Fr stündlich, sonst alle 2 Stunden) zwischen Ausgangs- und Endpunkt mit Linie 460 von/nach Leer. Unterwegs hält u.a. Linie 462 von/nach Aurich und Wiesmoor Mo–Sa mehrmals täglich in Ostgroßefehn (ZOB), Holtrop (Heerweg) und Wrisse; www.dbregiobus-nord.de.
Anforderungen: Leichte Grünlandwanderung auf einer ehemaligen Eisenbahntrasse, die teils erdgebunden und teils gepflastert ist und nur in kurzen Ausnahmefällen Nebenstraßen folgt.
Markierung: Ostfriesland-Wanderweg (weißes O) sowie großteils E9.
Einkehr: Brauerei Bagband (So Ruhetag), Eiscafé in Ostgroßefehn, de Wall in Holtrop (Mo Ruhetag), Aurich.
Kombi-Tipp: Verlängerung mit Tour 28 zu 26 km langer Wanderung zwischen Aurich und Hesel, zurück mit Bus 460.
Karte: KV-Plan kombi 1:25.000 Großefehn, KV-Plan freizeit 1:60.000 Aurich.
Tipps: Brauereimuseum im Bagbander Landbrauhaus (täglich außer So), Historisches Museum Aurich (Mo Ruhetag).

Das Dorf **Bagband** ❶ mit seinen alten Gehöften, der Windmühle, der spätromanischen Kirche und dem **Biermuseum** liegt auf einem Geestrücken, der im Süden vom Wiesental mit dem Bagbander Tief begrenzt wird und nordwärts in die Flummniederung abdacht. Von der etwas westlich vom Ort an der Hauptstraße liegenden Bushaltestelle Bagband-B72/Mühle neben dem zweistöckigen Gallerieholländer von 1812 folgen wir dem Radweg und kurz darauf der Straße in nordöstliche Richtung auf die Kirche zu und rechts an dieser vorbei. Bei der Brauerei biegen wir links in den Radweg bzw. den Ostfriesland-Wanderweg ein, der uns bis Aurich entlang der alten Bahntrasse begleiten wird.
Dabei geht es am **Bahnhof Strackholt** ❷ der früheren Kreisbahn Aurich vorbei, die 1899 eröffnet und 1969 stillgelegt wurde. Der Bahnhof war bis 2020 ein beliebter Biergarten. Strackholt liegt am Rand der Geest, die nun zur Niederung der Flumm abdacht: Dort erstreckte sich die gewalti-

ge Hochmoorfläche, deren Kultivierung als »Fehn« im Jahr 1634 begann. An die Stelle der Wallhecken tritt Wiesenland, durchzogen von (Moorentwässerungs-)Kanälen, nur den Wanderweg flankieren Büsche und Bäume. Der erste Fehnort ist **Spetzerfehn** 3 mit der Windmühle Steenblock.

Danach folgt der Wanderweg dem Münkeweg zur Gaststätte Zum alten Bahnhof im Windmühlendorf **Ostgroßefehn** 4 am Großefehnkanal. Vom Bahnhofsplatz führt der gepflasterte Wanderweg in die Feldmark und durch das Flummtal in den Weiler **Aurich-Oldendorf** 5, weiterhin in nördliche Richtung. Kurz vor dem Weiler Wrisse mündet er in die Kreisstraße, folgt ihr auf dem Radweg kurz nach links und zweigt links in die erste Straße in **Wrisse** 6 ein (Heerweg).

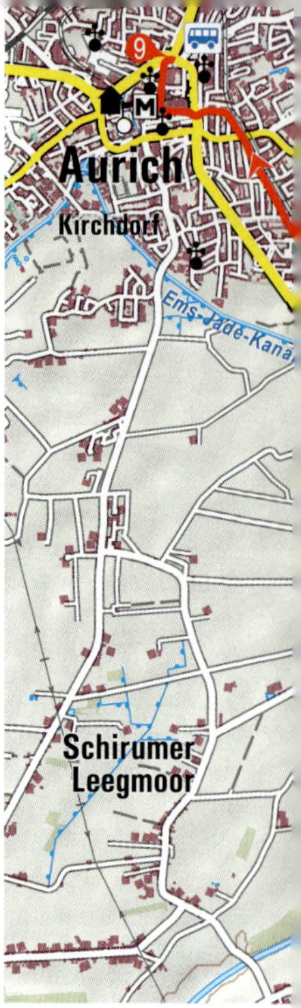

Der alleeartige Heerweg überquert die Alte Flumm – rechts zeigt sich die Windmühle von Felde – und erreicht das Kirchdorf **Holtrop**, dort rechts (Am Hooge Weg), am **Postweg** 7 links und in der Mitte der ersten Straßengabelung geradeaus: Der gepflasterte Wanderweg führt am ehemaligen Bahnhof vorbei in die Feldmark und erreicht zwischen Bäumen und Wallhecken – nun wieder auf der Geest – den **Ems-Jade-Kanal** 8 an der autofreien blauen Brücke; eine Sitzbank lädt an der Kreuzung mit dem Ems-Jade-Weg zur Rast ein.

Während der E9 hier rechts auf den Ems-Jade-Weg wechselt, verläuft der Ostfriesland-Wanderweg geradeaus durch das Popenser Gehölz. Obwohl er dann durch Stadtgebiet führt, bleibt er ein nicht asphaltierter Wanderweg, eingefasst von Bäumen. Um zum Busbahnhof in Aurich zu gelangen, verlassen wir den Weg am Schild »Schmiedestraße«: zunächst links (Andreaestraße), am Ende rechts (Lambertistraße) und sofort links (Fußweg) an der methodistischen Kirche vorbei; am Ende links und weiter geradeaus (Ziegelstraße 23) zur Bundesstraße. Nach Queren der Bundesstraße an der Ampel geradeaus durch die Osterstraße (Fußgängerzone) zum Marktplatz und zuletzt rechts durch die Norderstraße zum **Omnibusbahnhof** von **Aurich** 9 am Pferdemarkt.

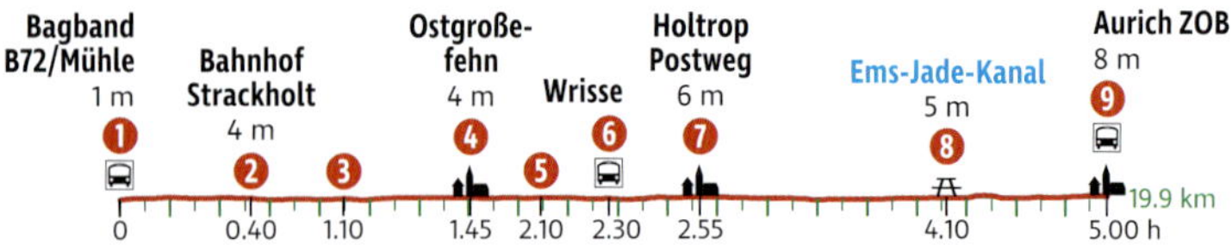

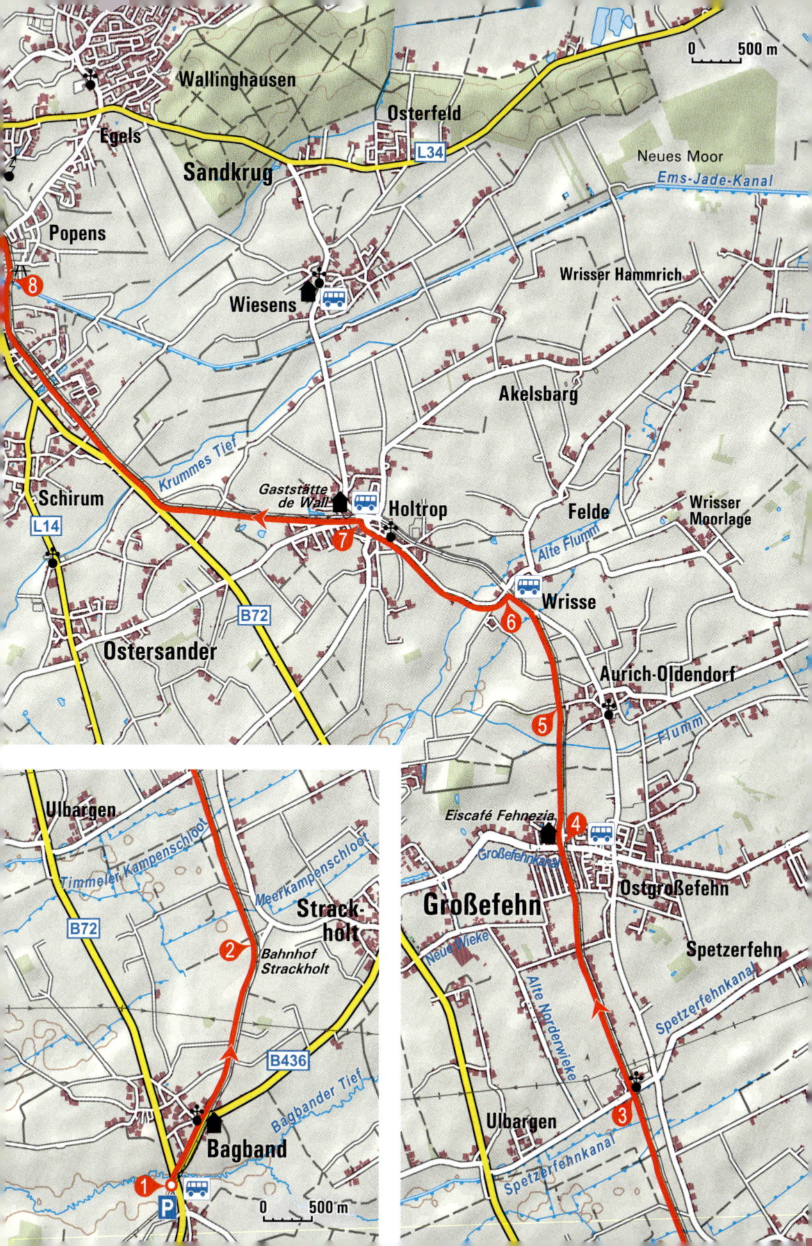

0 500 m
Wallinghausen
Osterfeld
Egels
L34
Sandkrug
Neues Moor
Ems-Jade-Kanal
Popens
8
Wrisser Hammrich
Wiesens
Akelsbarg
Krummes Tief
Gaststätte de Wall
Holtrop
Schirum
Felde
Wrisser Moorlage
L14
7
Alte Flumm
Wrisse
6
B72
Ostersander
Aurich-Oldendorf
5
Flumm
Ulbargen
Timmeler Kampenschloot
Meerkampenschloot
Strack-holt
B72
2
Bahnhof Strackholt
B436
Bagbander Tief
Bagband
1
P
0 500 m
Eiscafé Fehnezia
4
Großefehnkanal
Großefehn
Ostgroßefehn
Neue Wieke
Spetzerfehn
Alte Norderwieke
Spetzerfehnkanal
Ulbargen
3
Spetzerfehnkanal

↗ 20 m | ↘ 20 m | 18.7 km

17 Aurich – Wiesenser Schleuse – Marcardsmoor

4.30 h

Europäischer Fernwanderweg 9 am Ems-Jade-Kanal

Der oft wie ein Tunnel von Bäumen überdachte Treidelweg längs des als Wasserwanderweg fungierenden Ems-Jade-Kanals zählt mit wechselnden Landschaftsbildern, einsamen Passagen zwischen waldartig wirkenden Gehölzen, Mooren und aussichtsreichem Grünland sowie seinen Brücken und der Schleuse Wiesens zu den außergewöhnlichsten Wanderstrecken Ostfrieslands. Ab der ehemaligen Kleinbahnbrücke bei Middelburg verläuft hier auch der Europäische Fernwanderweg 9.

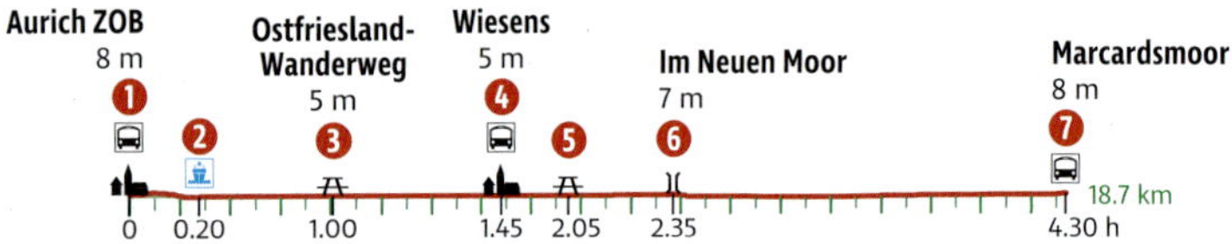

Ausgangspunkt: Aurich ZOB. Autofahrer parken am besten am Schwimmbad De Baalje östlich vom Hafen ❷ und beginnen dort die Wanderung, zurück geht es dann vom ZOB Aurich wie am Beginn der Wanderung beschrieben.
Endpunkt: Bushaltestelle Marcardsmoor-Kirche, seltene Rückfahrtsverbindungen, alternativ Wiesens (siehe »Variante«).

ÖPNV: Bushaltestelle Marcardsmoor-Kirche am Endpunkt mit Linie 464, sehr selten und nur an Schultagen; Rückfahrmöglichkeit nach Aurich mit Umstieg in Großefehn (463). Unterwegs ab Wiesens ❹ von Haltestelle Kirche größere Auswahl an direkten Abfahrten nach Aurich, Mo–Fr mehrmals stündlich; www.dbregiobus-nord.de.

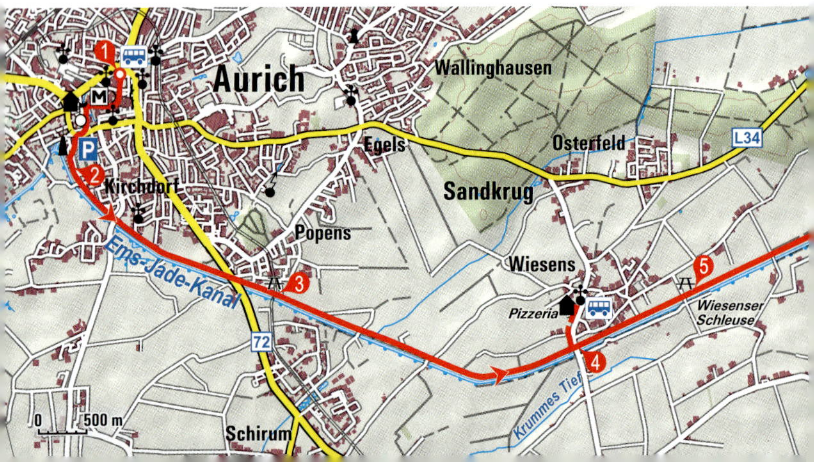

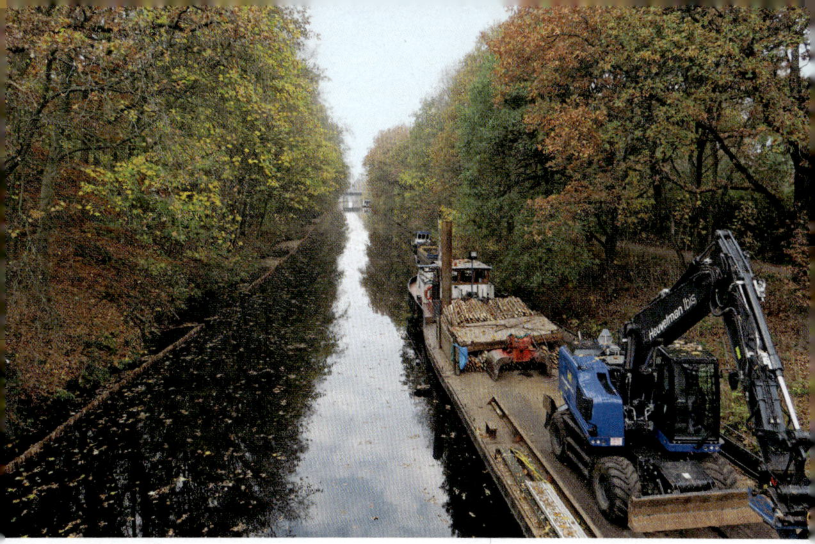

Der Ems-Jade-Kanal muss infolge Sedimentierung regelmäßig ausgebaggert werden.

Anforderungen: Leichte Wanderung auf autofreien gepflasterten und fahrradfähigen Wegen.
Markierung: Ems-Jade-Weg (weißer Anker auf schwarzem Grund) sowie E9.
Einkehr: Außer Aurich nur Pizzeria in Wiesens, 400 m abseits vom Weg (Mo–Fr ab 16 Uhr, Sa/So ab 12 Uhr).

Variante: Abgekürzte Tour bis Wiesens **4**, dort nach der Brücke links und kurz darauf der Wiesenser Straße rechts in 5 Gehminuten in den Ort mit der Haltestelle Wiesens-Kirche folgen (gesamt 7,7 km).
Karte: KV-Plan kombi 1:25.000 Großefehn, KV-Plan freizeit 1:60.000 Aurich.

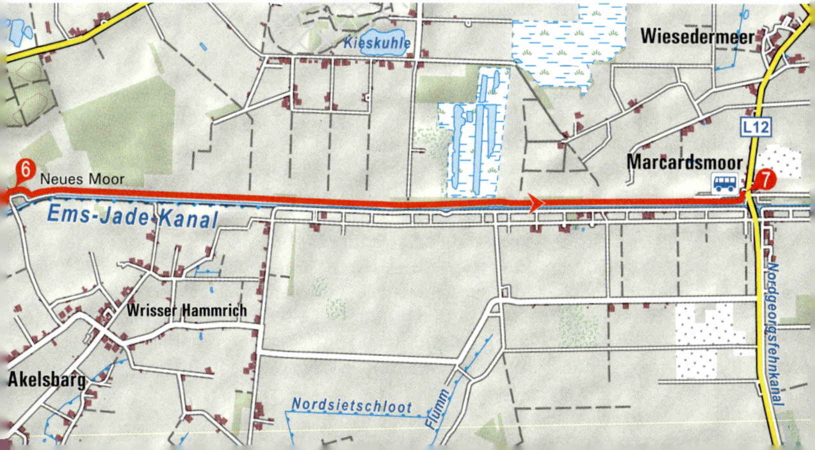

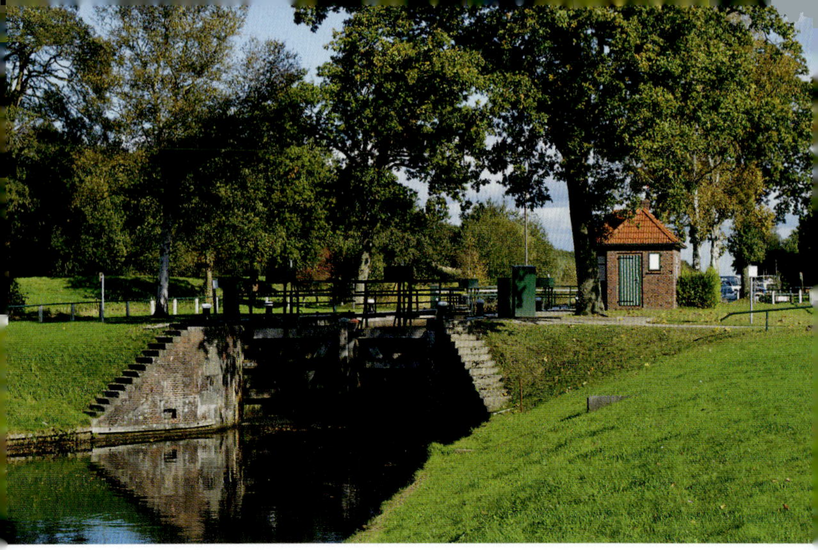

An der Schleuse Wiesens liegt der Scheitelpunkt des Ems-Jade-Kanals.

Vom **ZOB** in **Aurich** ❶ gehen wir wie bei Tour 18 beschrieben durch die Ortsmitte zum **Hafen Aurich** ❷ mit der Drehbrücke (Fußgängerbrücke). Dort beginnt der gepflasterte Treidelweg; ihm folgt der mit dem Anker-Zeichen markierte Ems-Jade-Weg längs des **Ems-Jade-Kanals** Richtung Wilhelmshaven. Nach Unterqueren der Kirchdorfer Brücke enden bei einem Insel-Biotop die Häuser. Die mit Laubbäumen und Buschwerk bestandenen Erhebungen beidseits des Kanals entstanden bei der Aushebung des Kanalbetts 1882–87: Das Kanalbett wurde von Tausenden Männern mit Hacke und Schaufel grabenartig in die damals stellenweise meterhoch von Mooren bedeckte Geest eingetieft und erreicht bei Wiesens eine Wasserspiegelhöhe von 5,70 m über NN.

Kurz nach Unterqueren der Middelburger Brücke kreuzt an einer Stegbrücke der **Ostfriesland-Wanderweg** ❸; hier nimmt der Ems-Jade-Weg den Europäischen Fernwanderweg 9 auf und folgt dem waldartig von Bäumen gesäumten Kanal zur Schutzhütte an der Langfeldweg-Brücke. Danach treten die Bäume zurück, und bald nach Unterqueren der Brücke beim Kirchdorf **Wiesens** ❹ erreicht der gepflasterte Weg hinter der Brückenkreuzung Roßmüllersweg den Rastplatz an der **Wiesenser Schleuse** ❺ mit Bootsliegeplätzen und Versorgungseinrichtungen für Wasserwanderer.

Ein besonders einsamer Abschnitt führt bald darauf am **Neuen Moor** ❻ und auf dem Kippweg am Naturschutzgebiet **Brockzeteler Moor** entlang. Am Ende des Brockzeteler Moors tauchen auf der gegenüberliegenden Kanalseite die ersten Häuser der Siedlung Ossensettmoor auf, gefolgt von den Häusern der Moorsiedlung **Marcardsmoor**, während den Wanderweg Grünland und Gehölze begleiten.

Marcardsmoor wurde 1890 als Moorsiedlung am Kanal bezogen: Die besonders leichten Häuser wurden »schwimmend« auf dem 3–9 m mächtigen Torfkörper in Fachwerkbauweise errichtet; die Kolonisten mussten Ostfriesen sein und durften ihr Geld ausschließlich durch die Kultivierung des Moores verdienen: 2,20 Mark täglich im Sommer, 1,75 Mark im Winter.

An der Abzweigung des **Nordgeorgsfehnkanals** vom Ems-Jade-Kanal endet die Wanderung im Ortskern von **Marcardsmoor** 7 mit Kirche, Bushaltestelle, Dorfgemeinschaftshaus und Anglerheim sowie Einrichtungen für Wasserwanderer einschließlich kleinem Campingplatz und Sportboothafen.

Die 1907 aus Backstein errichtete Kirche von Marcardsmoor ist eher unauffällig.

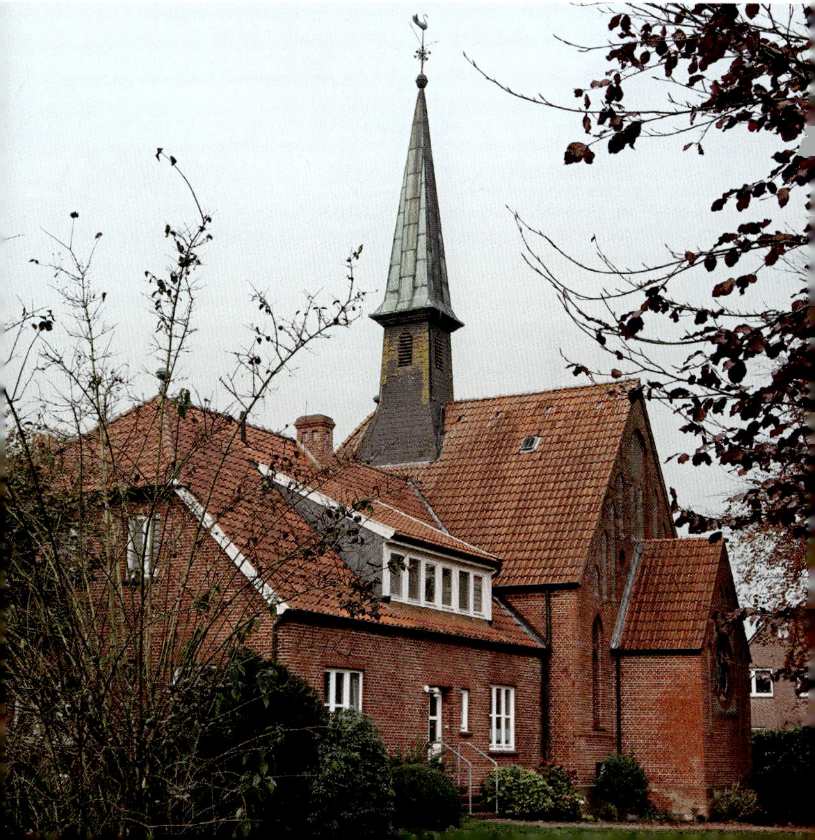

↗ 80 m | ↘ 80 m | 16.3 km

18 Aurich – Raher Schleuse – Upstalsboom

4.00 h

Zum Symbolort der friesischen Freiheit

Von der Altstadt der historischen Residenz Ostfrieslands führt diese Wanderung längs des Ems-Jade- und des Ringkanals sowie des eiszeitlichen Gletscherbaches Sandhorster Ehe im Wechsel von Geest und Marsch, Wallhecken, Gehölzen und einsamen Gehöften zum Upstalsboom, dem Symbolort der friesischen Freiheit.

Ausgangspunkt: Aurich ZOB. Autofahrer parken am besten am Schwimmbad De Baalje östlich vom Hafen und beginnen dort die Wanderung. Alternativ Parkplatz in Westerende-Kirchloog 4 vor Supermarkt.
ÖPNV: Aurich ZOB mit sehr häufigen Verbindungen von/nach Leer und Emden und das weitere Umland. Unterwegs Haltestellen Rahe-Am Hilgenholt zwischen Raher Schleuse 2 und Upstalsboom 5 sowie Westerende-Kirchloog, beide mit Linie 451, Mo–Sa mehrmals täglich Richtung Aurich und Emden; www.edzards-reisen.de.

Anforderungen: Leichte Wanderung überwiegend auf autofreien gepflasterten Wegen, nur am Deich von Ringkanal/Sandhorster Ehe grasig.
Markierung: Anfangs Ems-Jade-Weg (weißer Anker auf schwarzem Grund).
Einkehr: Aurich, »Kukelorum« an Raher Schleuse (nach der derzeitigen coronabedingten Schließung ist eine Neueröffnung geplant), Westerende-Kirchloog.
Karte: KV-Pläne kombi 1:25.000 Aurich oder Südbrookmerland, KV-Plan freizeit 1:60.000 Aurich.
Tipp: Historisches Museum Aurich (Mo Ruhetag).

An der Raher Schleuse lädt die Gaststätte Kukelorum am Ems-Jade-Kanal zur Rast ein.

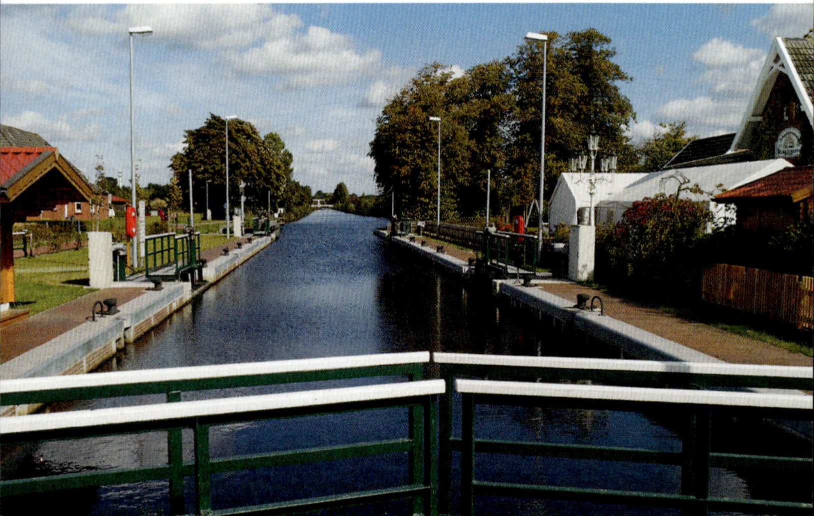

Vom **Omnibusbahnhof** in **Aurich** ❶ am Pferdemarkt führt die autofreie Norderstraße zum **Marktplatz** im Herzen der Altstadt. Die Anlage des Marktplatzes und des gitterförmigen Straßennetzes erfolgte 1517 unter Graf Edzard dem Großen, nachdem Alt-Aurich während der Sächsischen Fehde ein Raub der Flammen geworden war.

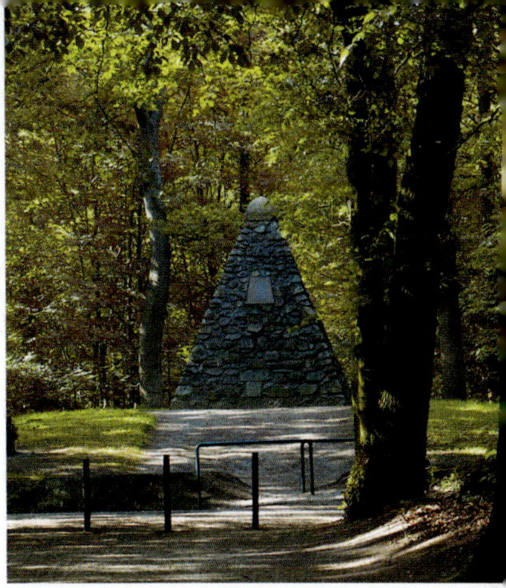

Der Upstalsboom ist die Symbolstätte der friesischen Freiheit.

Am Ende des Marktplatzes geht es auf der autofreien Burgstraße rechts weiter, in Haus Nr. 25 befindet sich das Historische Museum in der Alten Kanzlei. Der Lambertiturm mit dem schiefergedeckten achteckigen Spitzhelm (1682) am Lambertshof, der Keimzelle der ersten Besiedlung Aurichs (um 800), ist das Wahrzeichen der Stadt. Dahinter erhebt sich die klassizistische Lambertikirche. Das Ende der Fußgängerzone markieren die zwei Torpfeiler des Burgtors (1708). Dahinter führt links ein Fußweg zum Schlossplatz. Das mächtige weiße Gebäude (19. Jh.) des ehemaligen **Schlosses** ist heute Sitz des Landgerichts. Vom Schlossgarten südlich davon ist ein Teil mit Linden, Blutbuchen und Ahornen erhalten. Im Westen wird die Anlage durch den lindenbestandenen Schlosswall begrenzt.

Nach Passieren des Tors rechts vom Schloss folgen wir dem Fußweg in einer Rechtskurve durch den Schlossgarten, queren die Julianenburger Straße über die Ampel und erreichen den Anfang des Hafens: längs des Stichkanals (Hasseburger Straße) 50 m rechts bis zur Tannenbergstraße und auf dieser kurz links zum **Hafen** mit Restaurant, Paddel- und Pedal-Station und dem Liegeplatz des Ausflugsschiffs MS Stadt Aurich. Von der Drehbrücke am Hafen fällt der Blick zum Flügelkreuz der Auricher Stiftsmühle, eines fünfstöckigen Galerieholländers (1858, Mühlenmuseum).

Nach Überqueren des Ems-Jade-Kanals auf der Drehbrücke führt eine Promenade durch eine Grünanlage zur Klappbrücke am Grünen Weg, dahinter folgt der Ems-Jade-Weg dem gepflasterten Weg längs des Kanals links unter alten Kastanien und neben Gehölzen zur **Raher Schleuse** ❷ mit der längere Zeit geschlossenen Ausflugsgaststätte Kukelorum. Der 1882–87 zwischen Emden und Wilhelmshaven angelegte Ems-Jade-Kanal ist wegen seiner Tiefe von nur 2 m für die Schifffahrt nahezu bedeutungslos geworden, doch sind neben Booten und Jachten gelegentlich weiterhin Schiffe zu beobachten, die in Rahe von 2,70 auf 3,70 m über NN zur Geest hinauf- bzw. zur Marsch hinabgeschleust werden.

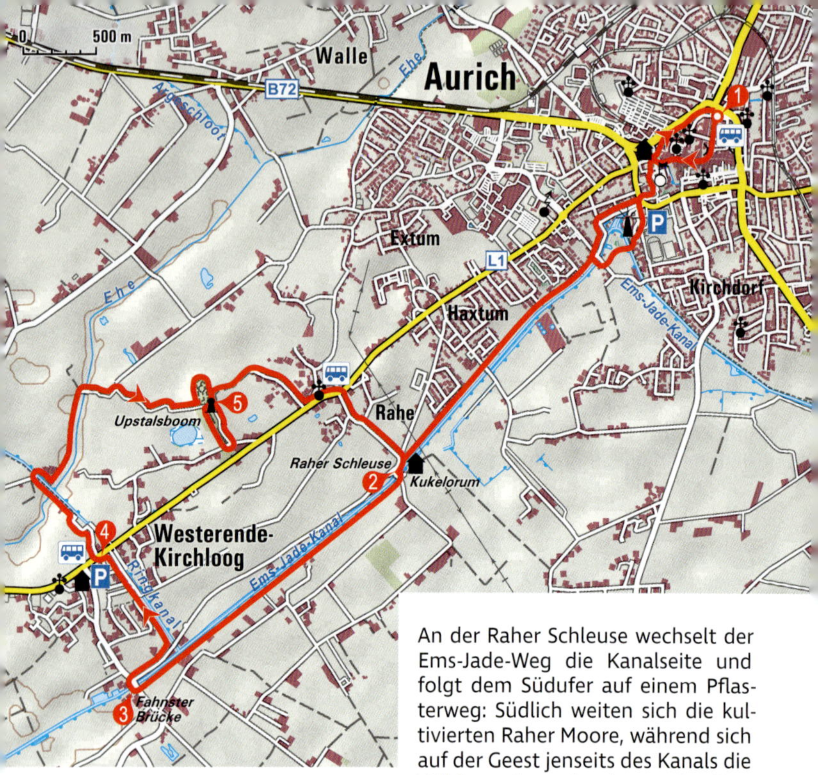

An der Raher Schleuse wechselt der Ems-Jade-Weg die Kanalseite und folgt dem Südufer auf einem Pflasterweg: Südlich weiten sich die kultivierten Raher Moore, während sich auf der Geest jenseits des Kanals die Wälder zeigen, in denen der Upstalsboom steht. Um das Kanalbett zwischen Raher Schleuse und Emden schleusenfrei zu halten, wurde es aufgeschüttet, sodass der Uferweg weite Ausblicke ermöglicht. Kurz vor der ersten Straßenbrücke mündet von rechts der Ringkanal ein, gleich darauf endet der gepflasterte Weg an der **Fahnster Brücke** ❸ beim Bootsanleger des Kirchdorfs Westerende-Kirchloog und der einzigen noch am Kanal betriebenen Werft.

Nach Überqueren des Kanals geht es rechts auf den Alten Postweg und vor der Ringkanal-Klappbrücke links auf die gepflasterte Uferpromenade. Der 1886/87 gegrabene **Ringkanal** nimmt, beginnend in Münkeboe, die Wasser aus den ehemals »wilden« Mooren westlich und nördlich von Aurich auf und leitet sie dem Ems-Jade-Kanal zu. Der schmale Uferweg folgt dem Ringkanal am Rand des alten Geestdorfs **Westerende-Kirchloog** ❹, wo wir links in die Auricher Straße abbiegen. Einen kleinen Abstecher wert ist die auf der Auricher Straße geradeaus in 5 Min. zu erreichende romanische Kirche (mit Pranger-Halseisen neben der Nordpforte).

Unser Wanderweg führt allerdings bereits vorher vom Supermarkt rechts in den Strodeweg von **Westerende-Kirchloog**, der an den letzten Häusern wieder in den gepflasterten Weg am Ringkanal mündet und hinter der Mündung der Sandhorster Ehe bei einem Rastplatz mit Tisch und Bänken eine blaue Brücke erreicht. Nach Überqueren dieser Brücke geht es auf dem gegenüberliegenden Ufer des Ringkanals kurz rechts zurück zur Mündung der Sandhorster Ehe und auf dem begrasten Deich neben der **Sandhorster Ehe** aussichtsreich nach links. Die Sandhorster Ehe ist ein einstiger Gletscherfluss, was ihr in ihrem kanalisierten Zustand nicht mehr anzusehen ist. An der ersten Brücke helfen Trittstufen beim Übersteigen des Schafgatters, hier zweigt rechts ein gepflasterter Weg (Im Halg) über den Fluss ab, an der ersten Verzweigung führt der ebenfalls gepflasterte Weg Zur Thingstätte rechts zwischen Wallhecken zum **Upstalsboom** ❺ in einem als Landschaftsschutzgebiet ausgewiesenen Eichen-Buchen-Wald. Bronze- und eisenzeitliche Urnen belegen die Nutzung dieses Ortes seit mehr als 3000 Jahren. Vom 11. Jh. bis zur Etablierung der Häuptlingsherrschaften im 14. Jh. war er die zentrale Thingstätte der Frya Fresena, der freien friesischen Seelande. Der Ruf »Eala Frya Fresena« (»wohlauf, freie Friesen«) steht im Wappen Ostfrieslands.

Nach einem kurzen Gang durch das parkartige Gelände rund um das Denkmal und einem Schlenker entlang der eindrucksvollen alten Allee, die von Süden auf den Upstalsboom zuhält, verlassen wir das Waldstück ostwärts: Der von Wallhecken gesäumte Unlander Weg führt durch Felder nach **Rahe** und in einem Rechtsbogen zur Landstraße. Neben dieser auf dem Rad- und Fußweg kurz links, an der Einmündung der Straße Am Hilgenholt vorbei, bis rechts der Boomweg zurück zur **Raher Schleuse** ❷ abzweigt; der Name Boomweg erinnert an einen der traditionellen Wege zum Upstalsboom. Von der Schleuse folgt der Ems-Jade-Weg dem Ems-Jade-Kanal zurück nach **Aurich**; man kann bis zuletzt auf derselben Kanalseite bleiben.

In Aurich bietet sich vom Schloss bis zum Bahnhof eine schöne Alternative entlang der Wallanlagen statt durch die Fußgängerzone. Dazu vom Schloss kommend beim Burgtor nicht rechts in die Geschäftsstraße, sondern etwas rechts versetzt geradeaus in die Grünanlagen. Nach wenigen Metern rechts halten und auf dem Wall oberhalb vom Stadtgraben entlang. Nach kurzem Abstieg queren wir eine Straße und folgen dem Rad-/Fußweg geradeaus durch die Grünanlage vorbei an einem Abenteuerspielplatz zum **Busbahnhof Aurich** ❶.

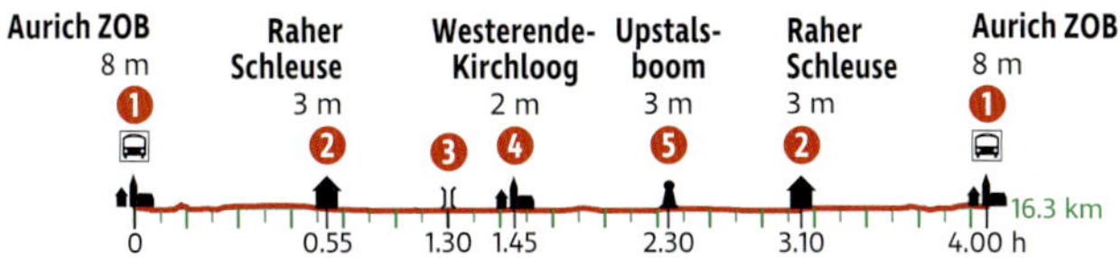

↗ 45 m | ↘ 45 m | 10.9 km

19 Wallinghausen – Plaggenburg – Sandhorst

2.45 h

Durch den Sandhorster Wald zum Ostfriesland-Äquator

Von den Eierbergen bei Wallinghausen bis zum Plaggenburger Moorwald erstreckt sich eines der größten zusammenhängenden Waldgebiete Ostfrieslands. Nach der Waldwanderung folgt der Ostfriesland-Wanderweg dem Bach Ehe mit weitem Blick auf Felder, Wald und Wiesen zum »Ostfriesland-Äquator« nahe der Sandhorster Windmühle.

Ausgangspunkt: Parkplatz am Waldrand neben dem Gasthaus Mutter Janssen bei Aurich, alternativ Parkplatz in Sandhorst am Eheweg, nahe 6.
ÖPNV: Bushaltestelle Wallinghausen-Dickfehler Weg am Ausgangspunkt mit nur wenigen Verbindungen. Besser angebunden ist die Haltestelle B 210/Abzw. Dornum in Sandhorst 6, Linie 473 mehrmals täglich Richtung Aurich und Bensersiel; www.dbregiobus-nord.de.
Anforderungen: Leichte Wanderung fast durchgehend auf autofreien Wegen, passagenweise gepflastert.
Markierung: Stellenweise weißes O für Ostfriesland-Wanderweg.
Einkehr: Keine unterwegs.
Karte: KV-Pläne kombi 1:25.000 Aurich oder Holtriem; KV-Pläne freizeit 1:60.000 Aurich oder Friesland/Wittmund.

Am Anfang des Waldparkplatzes beim Gasthaus **Mutter Janssen** 1 nehmen wir den ersten Weg rechts in den Kletterwald. Er führt durch den Hochseilgarten zum Kinderspielplatz, wo der Trimm-dich-Pfad in den Sandhorster

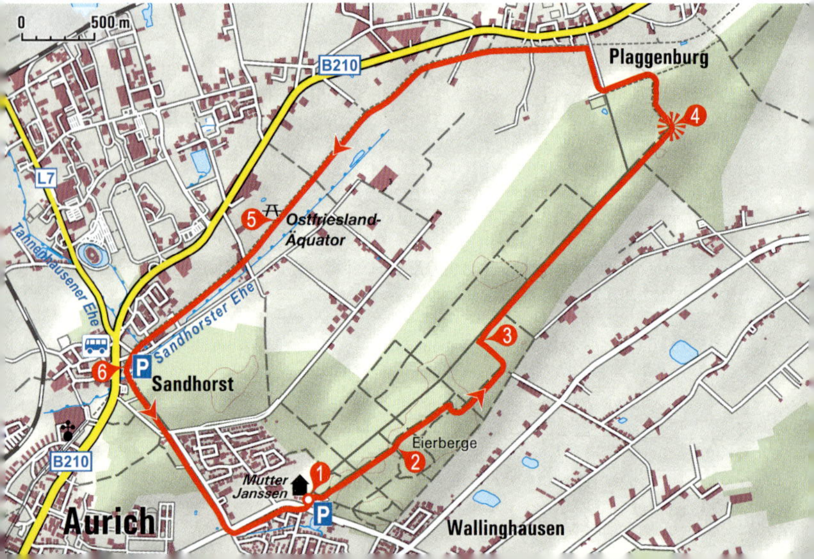

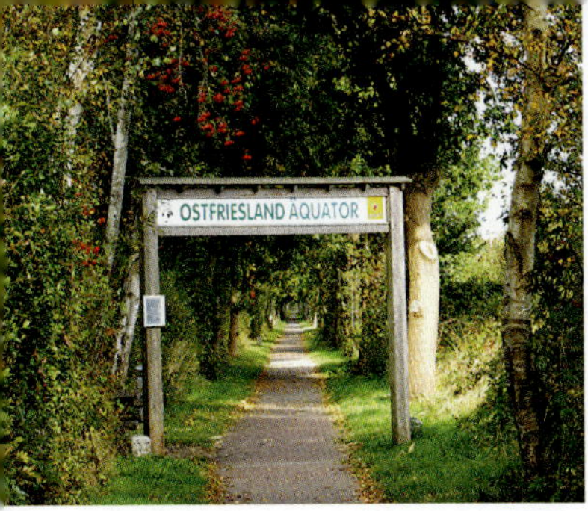

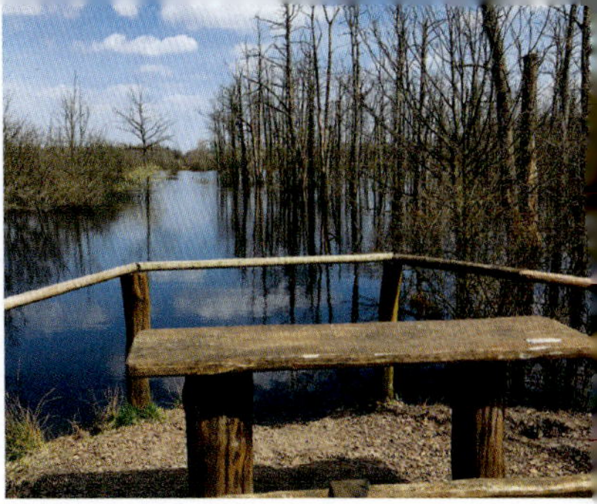

Foto links: Ostfriesland-Äquator am Ostfriesland-Wanderweg nahe der Sandhorster Windmühle. – Rechts: Raststelle am Plaggenburger Moorwald.

Wald beginnt (links). Fahrrad- und Reitverbot-Schilder weisen die Route auf dem schmalen Weg, der zunächst immer grob geradeaus führt. Die markantesten alten Laubbäume stehen nach einigen Minuten etwas rechts des Wegs in den **Eierbergen** ❷.

Hinter einer Trimm-dich-Station mit Treppenstufen in einer Rechtskurve verlassen wir den Trimm-Pfad links auf einem schmalen Waldweg. Wo der schmale Weg in Sichtweite von Häusern in einen breiteren mündet, geht es auf diesem links zu einem **Forstweg** ❸ mit festem Belag: Schnurgerade leitet er rechts (links ginge es zurück zu »Mutter Janssen«) durch die Wälder der **Seehöchte** zur **Aussichtssitzbank** ❹ vor dem zum Zweck der Renaturierung gefluteten Plaggenburger Moorwald

Hier führt der Weg links weiter über eine Holzbrücke, an der Verzweigung schräg rechts und am Waldrand unter alten Buchen links, vor dem Sportplatz Plaggenburg auf der Zufahrt rechts, wo wir nach knapp 5 Min. dem **Ostfriesland-Wanderweg** nach links auf einer ehemaligen Bahntrasse folgen. Der gepflasterte Weg leitet zwischen Laubbäumen durch das Grünland am Bach Ehe (ebenfalls Renaturierungsgelände) an der Sandhorster Windmühle vorbei, dann kreuzt der Wanderweg den **Ostfriesland-Äquator** ❺ (Rastbank), die vom Katasteramt Aurich berechnete Mittellinie Ostfrieslands zwischen Pilsumer Leuchtturm im Westen und Mariensiel im Osten.

In **Sandhorst** ❻ zweigt kurz vor der Bundesstraße links eine autofreie Waldallee ab; sie mündet zuletzt in den Hoheberger Weg; dieser führt links zurück zum Ausgangspunkt am Gasthaus **Mutter Janssen** ❶.

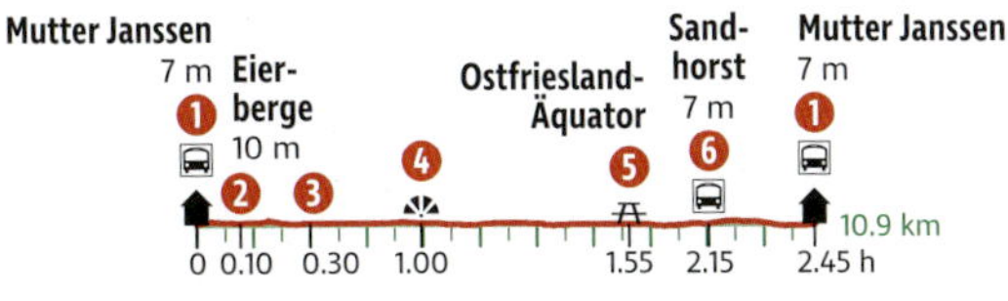

↗ 30 m | ↘ 30 m | 10.4 km

20 Esens – Schafhauser Wald – Ochsenweide

2.45 h

Buchenwälder und Mooridyll im Harlingerland

Der Schafhauser Wald mit seinen mehr als 120 Jahre alten Buchen und Eichen zählt zu den eindrucksvollsten Laubmischwäldern Ostfrieslands. Der Naturlehrpfad durch die Ochsenweide am Benser Tief vor diesem Wald vermittelt einen Eindruck von der Schönheit der weitgehend unpassierbaren Mooreinöden des Harlingerlandes bis ins 19. Jahrhundert.

Ausgangspunkt: Esens Bahnhof in der Straße An der Eisenbahn in Esens. Parkmöglichkeit beim Kreisverkehr westlich vom Bahnhof (Supermarkt) oder östlich der Abzweigung der Schafhauser Straße von der Auricher Straße im Gewerbegebiet.
ÖPNV: Bahnhof Esens mit stündlichen Verbindungen Richtung Wilhelmshaven via Jever. Alternativ Bushaltestelle Esens-Traube bei Abzweigung der Schafhauser Straße zwischen ❶ und ❷; damit kann die Passage entlang der Auricher Straße vermieden werden. Mehrere Linien, u. a. täglich zweistündlich 473 Richtung Aurich und Bensersiel; www.dbregiobus-nord.de.
Anforderungen: Leichte Wald- und Wiesenwanderung. Der 600 m lange Zubringer vom Bahnhof entlang der Hauptstraße kann bei Anreise mit Bus oder Auto vermieden werden.
Markierung: Naturlehrpfad.
Einkehr: Keine.
Karte: KV-Pläne kombi 1:25.000 Esens oder Holtriem; KV-Pläne freizeit 1:60.000 Aurich oder Friesland/Wittmund.

Im Schafhauser Wald.

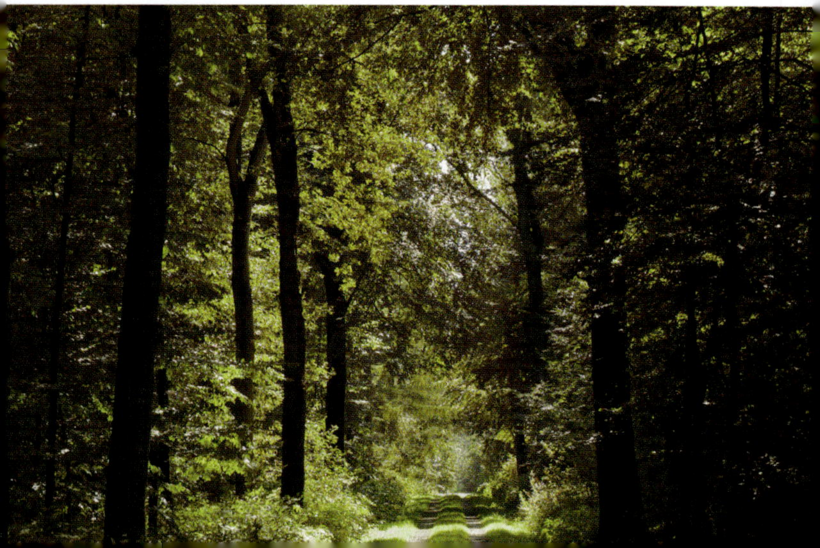

Von der **Bahn-Endstation Esens** ❶ führt die Straße An der Eisenbahn westwärts zur nahen Auricher Straße (Durchgangsstraße), der wir links Richtung Aurich folgen, bis wir kurz hinter der Kreuzung mit der Dornumer/Wittmunder Straße mit einem Gewerbegebiet zur Linken in den verkehrsberuhigten Schafhauser Weg rechts abzweigen und hinter den letzten Häusern in den **Schafhauser Wald** eintauchen.

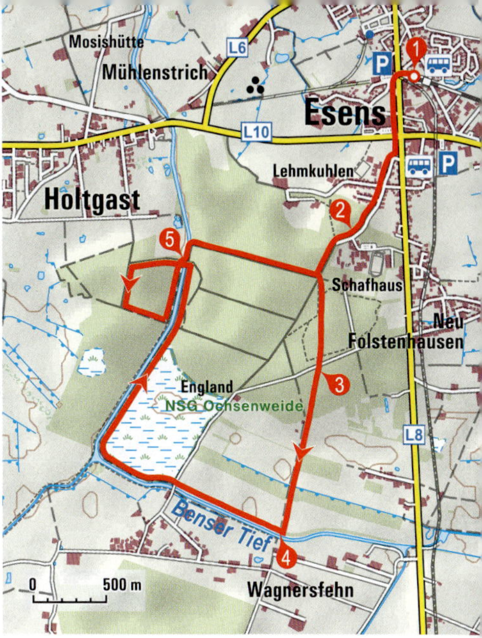

Hinter dem Eingang des vor allem für Insulanerkinder konzipierten **Niedersächsischen Internatsgymnasiums Esens** ❷ folgen wir dem Forstweg mit Radweg nach links durch die Laubmischwälder des Schafhauser Waldes.

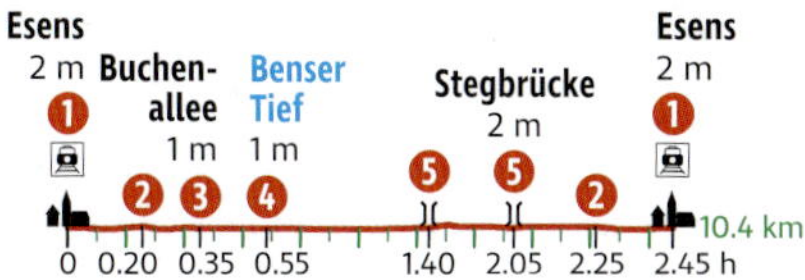

Der Name **Forsthaus Schafwald** bezieht sich auf das Schafhaus, ein ehemaliges Vorwerk des Klosters Marienkamp, das während der Reformation niederbrannte. Errichtet wurde das Forsthaus im Jahr 1880, als auch der Schafhauser Wald angelegt wurde. An der ersten markanten Wegekreuzung geht es wenige Meter links auf der nicht asphaltierten Forsthaus-Zufahrt, direkt dahinter folgen wir den roten und blauen Pfeilen rechts auf einen Pfad, der südwärts durch die Buchenmischwälder verläuft. Immer geradeaus weist der blaue Pfeil über den Pfad, bis er die Waldstraße **Buchenallee** ❸ kreuzt und geradeaus durch eine verwaldete Buchenallee zu einem Haus am Waldrand führt.

Hier geht es geradeaus (Flachsweg) durch die Wiesen zum **Benser Tief** ❹ und auf dem Grasweg vor dem Gewässer rechts auf den Damm, durch den das Wasser aus dem Binnenland dem Bensersiel im gleichnamigen Nordseebad zufließt. Rechts erstrecken sich die Weideflächen der **Neuen Ochsenweide**. Gesäumt von Heideflächen, Gehölzen, Brombeersträuchern und

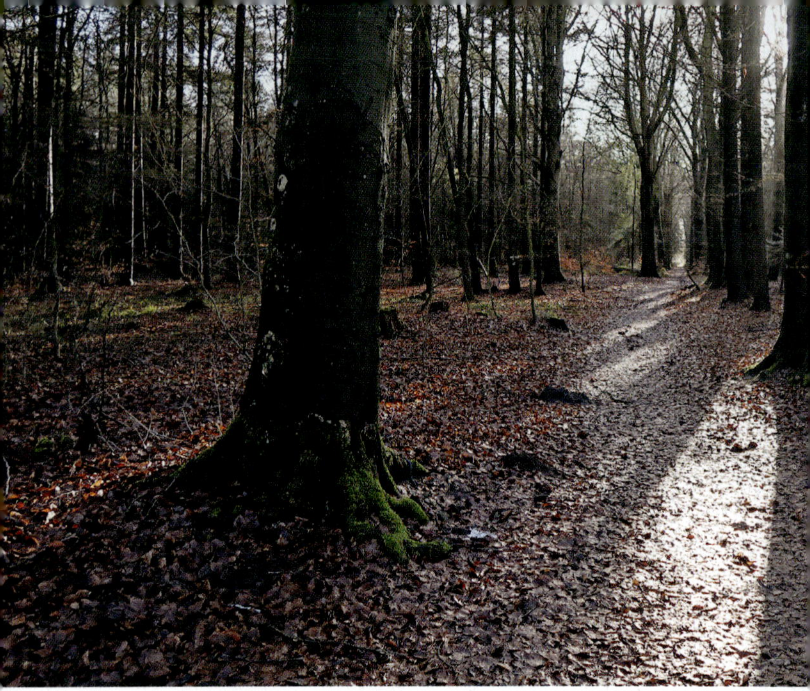

Mächtige Buchen prägen den Schafhauser Wald.

Ginsterbüschen, folgt der Grasweg dem Kanal. Hinter der ersten Brücke beginnen das **Naturschutzgebiet Ochsenweide** und der Naturlehrpfad. Bevor die Ochsenweide 1960 unter Naturschutz gestellt wurde, wurde sie oberflächlich abgetorft, seither hat die Natur ihr Reich zurückerobern dürfen. Angeflogene Birken, Reet und Faulbaumgebüsch setzen Akzente in diesem Moorland, in dem ab dem Frühjahr der Fieberklee seine rosa Blütenstände entfaltet und ab Mittsommer das Wollgras flockt; auch Vögel wie die seltene Bekassine finden hier ein Rückzugsgebiet. Bis zu der Stelle, wo das Benser Tief das Reihertief aufnimmt und nach rechts schwingt, bieten sich vom Dammweg Ausblicke auf das Gebiet von Holtgast mit Wiesen, Bäumen und Gehölzen; der Ortsname Holtgast bedeutet »Wald (Holz) auf der Geest«.
In einer Rechtskurve des Benser Tiefs ist deutlich zu sehen, wie das Moor die Kultivierung rückgängig macht: Die Hebung des Wasserspiegels führt dazu, dass gepflanzte Nadelbäume wieder absterben, weiter hinten zeigt sich ein unter Wasser stehender, von Birken alleeartig gesäumter alter Moorweg. Schließlich erreicht der Naturlehrpfad an einer kleinen Sitzbank unter einer alten Kiefer und einer Eiche eine **Brücke** 5; hier besteht die

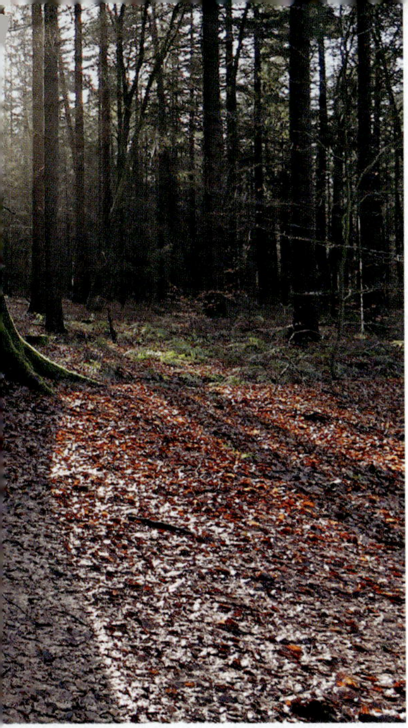

Möglichkeit, auch den westlich des Benser Tiefs gelegenen Teil des Naturschutzgebiets zu erkunden: geradeaus, erster Weg links, nächster wieder links und am Tief zurück zur Brücke.

Über die **Brücke** 5 auf die Ostseite zurückkehrend, geht es auf dem schmalen Weg neben der Bank links; nach etwa 100 m schwingt der Weg waldeinwärts (roter Pfeil) und führt im Rauschen der alten Buchen und Eichen zurück in Richtung Forsthaus, bis an der Zufahrt die bekannte Kreuzung nahe des Trimm-Pfads erreicht ist: Links geht es auf dem bekannten Weg zurück zur Waldseite des **Niedersächsischen Internatsgymnasiums** 2 am Schafhauser Weg und zum **Bahnhof Esens** 1.

Das von grünen Dämmen, Teichrosen und Wäldern eingefasste Benser Tief vor der autofreien Brücke zwischen den beiden Teilen des Naturschutzgebiets Ochsenweide.

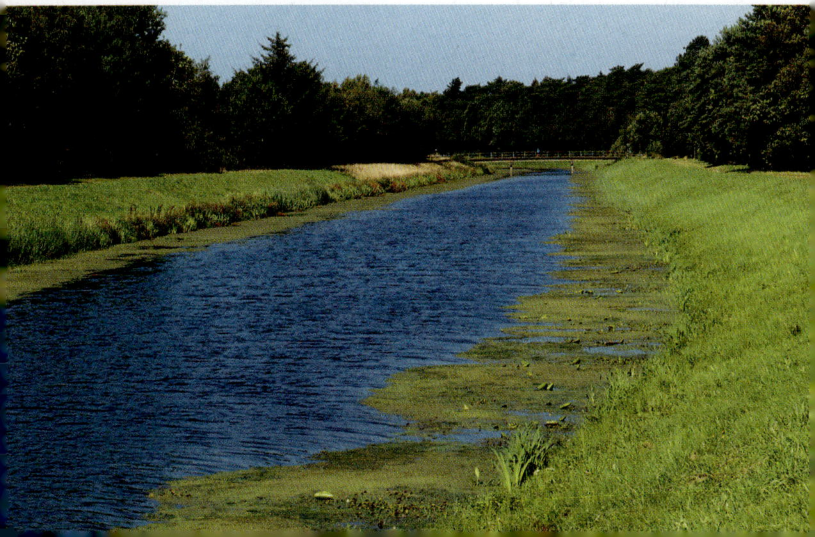

↗ 30 m | ↘ 30 m | 12.9 km

21 Lütetsburg – Berum – Hage

3.15 h

Burgen, Buchenalleen und Deutschlands höchste Windmühle

Die Laubwälder mit den alten Buchenalleen bei der Burg Berum zählen zu den schönsten großflächigen Waldwandergebieten zwischen Ems und Jade. Der frühromantische Schlosspark Lütetsburg mit Wasserläufen, Teichen, alten Baumbeständen und seltenen Gehölzen ist der bedeutendste Landschaftspark in Ostfriesland.

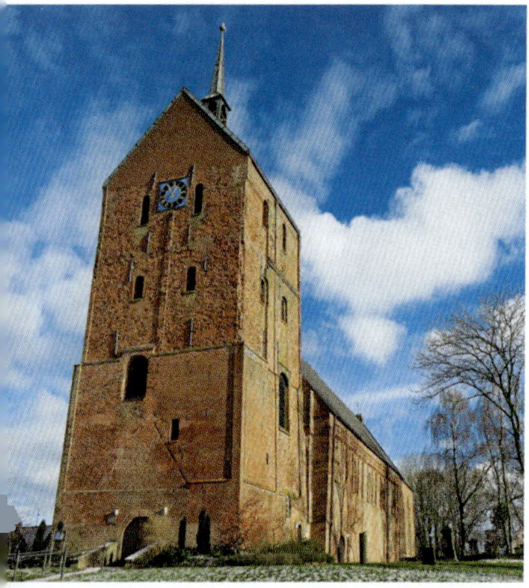

Trutzig ragt die romanische St.-Ansgari-Kirche in Hage auf.

Ausgangspunkt: Lütetsburg, Parkplatz und Bushaltestelle am Lütetsburger Schloss.
Endpunkt: Hage Kirche. Freies Parken südlich der Kirche, alternativ bei der Burg Berum 6 in der Seitenstraße.
ÖPNV: Bushaltestellen am Start- und Endpunkt. Täglich mindestens stündliche Verbindungen zwischen den Haltestellen Lütetsburger Schloss 1 und Hage Hauptstraße/Kirche 7 sowie Berum Am Alten Amt bei der Burg 6, mit Küstenlinie K1 täglich Richtung Norden und Esens, www.edzards-reisen.de → Linienverkehr; sowie Mo–Sa Linie 446 Richtung Norden, www.dbregiobus-nord.de.
Anforderungen: Leichte Waldwanderung.
Einkehr: Schlossparkcafé Lütetsburg (April–Oktober 12–18 Uhr) sowie Hage.
Karte: KV-Pläne kombi 1:25.000 Hage, Norden, Dornum, Brookmerland oder Großheide; KV-Plan freizeit 1:60.000 Aurich.
Hinweis: Der Schlosspark Lütetsburg kostet Eintritt (2 €), geöffnet täglich 8–21, im Winterhalbjahr 10–17 Uhr, www.schlosspark-luetetsburg.com. Besonders farbenprächtig ist der Lütetsburger Park mit seinen geschwungenen Wegen, klassizistischen Tempeln, weißen Brücken, Teichen, riesigen Eichen und der norwegischen Kapelle während der Rhododendronblüte im Frühjahr.

Vom Parkplatz von **Lütetsburg** 1 geht es über die Landstraße und in den **Schlosspark**, der 1790 durch Umwandlung des vorherigen Barockgartens angelegt wurde. Von der Kasse zwischen Fahrrad-Parkplatz und **Schlossparkcafé** führt eine Promenade geradeaus zu einem Tor, dahinter zweigt ein Weg links ab und schwingt gleich nach rechts, wo es nach Passieren der »Insel der Seligen«, dem Bestattungsort der Schlossherrenfamilie, bei erster Gelegen-

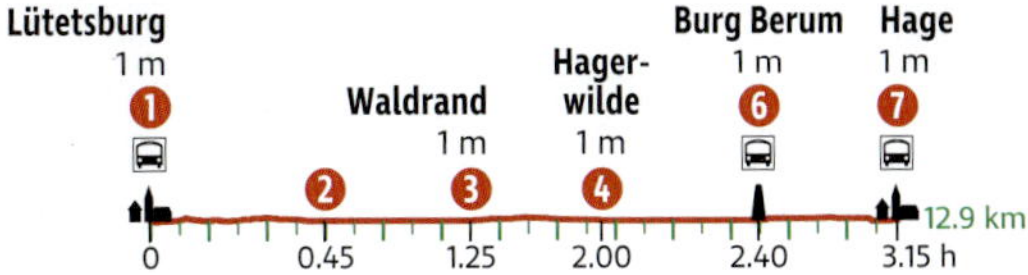

heit links weitergeht. Dort zeigt sich der 1797 als Teehaus errichtete klassizistische Tempel der Freundschaft, von dem aus die barocke Mittelachse zu überblicken ist, die den Park in zwei Flügel teilt. Von der Verzweigung vor dem Freundschaftstempel geht es südwärts (rechts) über die weiße Brücke und links zur 1802 aus Baumstämmen errichteten Nordischen Kapelle; die Inschrift in der Kuppel lautet »Natur und Tugend führen zu Gott«. Gegenüber der Kapelle erhebt sich der von Bäumen bewachsene Aussichtshügel Manningaberg. Von der Kapelle führt der Weg weiter südwärts, am Teich mit dem reetgedeckten Aussichtspavillon vorbei.
Das Südtor des Parks ist in der Regel verschlossen, sodass man nach der Runde durch den **Schlosspark** wieder zum Eingang mit dem Café zurückkehrt; dort rechts und am Ende des Burganwesens rechts in den für den Verkehr gesperrten **»Privatweg«** ❷, der im Wald am Schlosspark entlang-

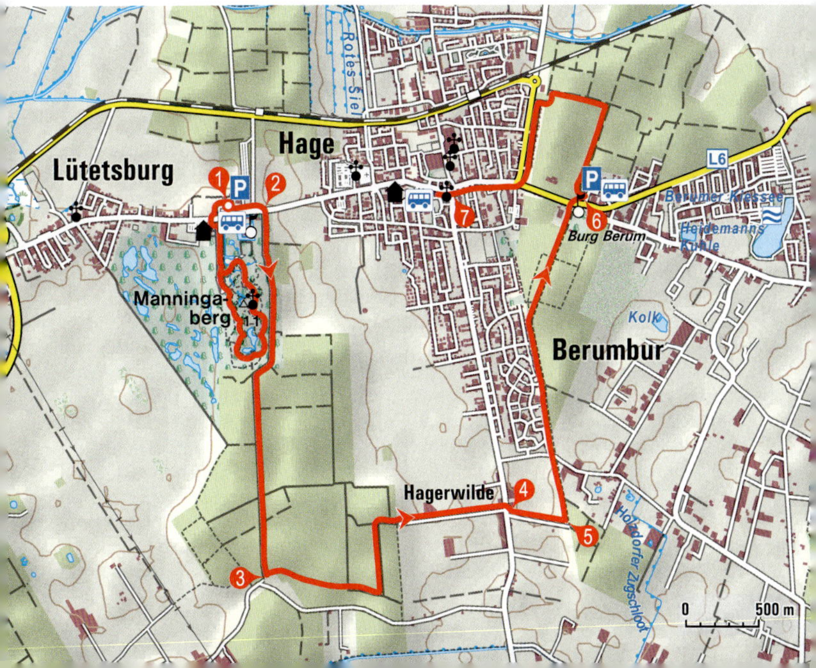

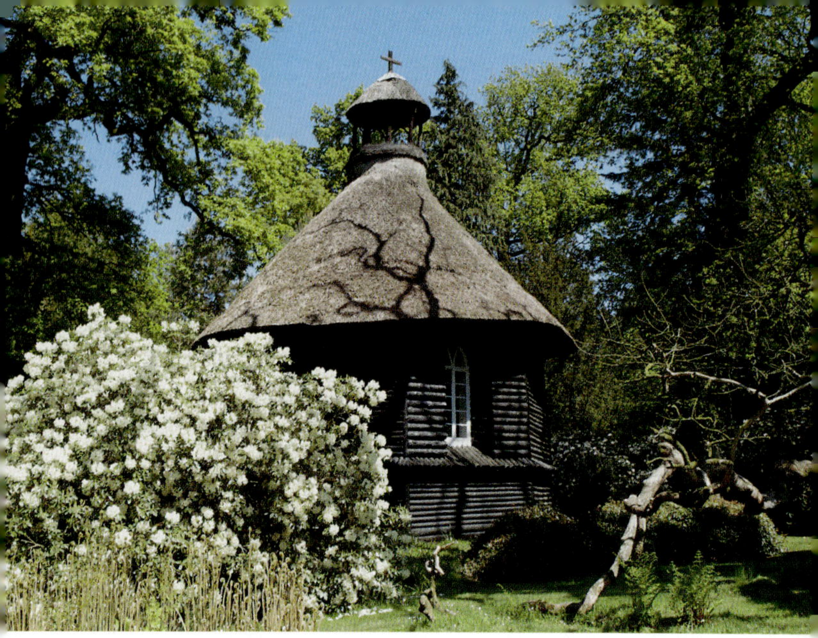

Nordische Kapelle (1802) im Park von Schloss Lütetsburg.

führt und in die gepflasterte Hauptallee mündet. Die Hauptallee führt in Verlängerung der historischen Hauptsichtachse des Parks durch das Große Holz zur Verzweigung am **Waldrand** 3 beim **Forsthaus Lütetsburg**. Links am ehemaligen Forsthaus vorbei (auf dem Weg südlich des Anwesens) und wieder in den Wald, in dem der Forstweg bald nach links schwingt und eine Wegekreuzung erreicht, von der aus rechts die Laubbäume am Waldrand zu sehen sind: Hier rechts zu den Häusern des Weilers **Hagerwilde** 4 und an der Halbemonder Straße rechts versetzt geradeaus auf dem alleeartigen Königsfelder Weg in der Feldflur.

Nach Passieren eines einsamen reetgedeckten Hauses endet der Weg am Waldrand vor einer Schranke. Hier zweigt links (Sitzbank) der Wanderweg ab, der wie ein lichter Tunnel von Bäumen überdeckt westlich des **Schlagbaumtiefs** 5 Richtung Hage führt. Es sind mehrere Wechsel auf die Ostseite des Tiefs möglich, spätestens an der Grünfläche am Beginn der ruhigen Wohnstraße Am Fürstenwald wechselt man rechts über den Steg auf die Buchenallee östlich des Tiefs. Von dieser Allee zweigt wenig später an einer Sitzbank ein schmaler Weg halb rechts ab (Schilder »Rauchverbot« und »Leinenzwang«). Er führt durch den Fürstenwald zur **Burg Berum** 6. Vom Schloss existiert seit der Schleifung unter Friedrich dem Großen noch die Vorburg mit Tor und Eckturm; der Garten ist Station der Gartenroute Krummhörn. Die Burgtordurchfahrt zeigt das württembergische Wappen. Auf der Straßenseite der Burg, an der Berumer Allee, geht es auf dem Fuß- und Radweg wenige Meter nach rechts zur Bushaltestelle, hier links auf dem gepflasterten Weg Am Alten Amt zum Schützenheim und dort links zum Wald, wo der Weg nach rechts schwingt und als Buchenallee durch das Juliusgehölz führt; links grenzt das Gelände von **Schloss Nordeck** an. Die Allee ist so eindrucksvoll, dass man an der Wegekreuzung vor einem Teich (Sitzbank) am liebsten geradeaus ginge, doch gibt es am Ende – vor der Trasse der Museumseisenbahn – keinen links abzweigenden Weg. Also an der Sitzbank-Wegekreuzung beim Teich links, erneut durch eine Allee, die bald darauf den Wald verlässt und auf die Hagermarscher Straße zuführt: Links geht es zur **Hager Windmühle**, einem fünfstöckigen Galerieholländer von 1871; die Galerie befindet sich in 16,70 m, die Kappenspitze in 30,20 m Höhe – damit ist sie die höchste Windmühle in Deutschland (nur Außenbesichtigung).

Von der Windmühle führt die verkehrsberuhigte Hauptstraße an Restaurants und Geschäften entlang zur Bushaltestelle an der **Ansgarikirche** in **Hage** 7, benannt nach Bischof Ansgar von Bremen, dem »Apostel das Nordens«.

Von der ehemaligen Burg Berum sind heute nur noch die Vorburg mit Tor und ein Eckturm erhalten.

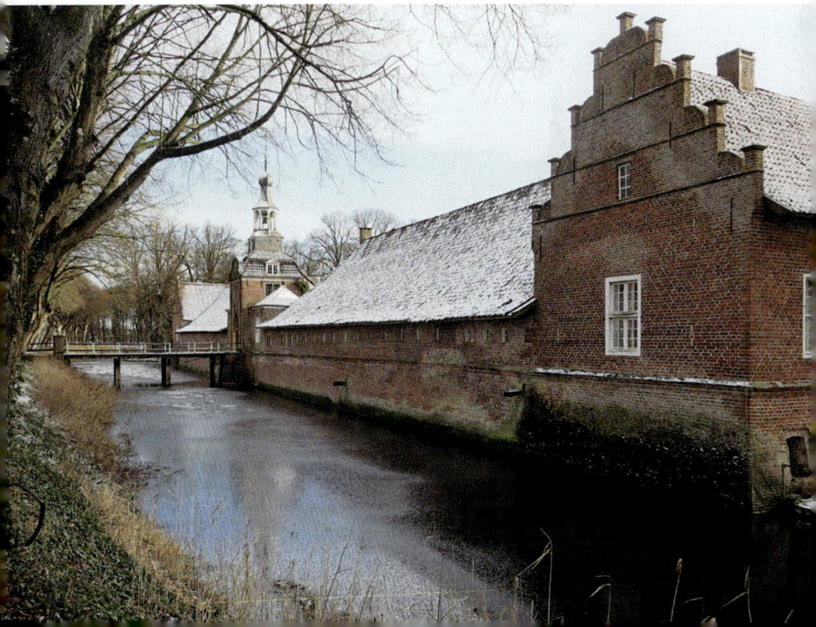

↗ 20 m | ↘ 20 m | 13.9 km

22 Berumerfehn – Berumerfehner Moor

3.30 h

Am Berumerfehnkanal ins Berumerfehner Moor

Die Wald- und Moorlandschaft zwischen der Fehnsiedlung Berumerfehn und dem Hochmoorkomplex Ewiges Meer besticht immer wieder durch eine faszinierende Naturnähe und Unberührtheit. Während der Weg am und durch den Berumerfehner Wald eine schöne Spazierrunde bildet, führt der Pfad am Rand der Hochmoore durch eine Wildnis. Einige auf Karten eingezeichnete Wege sind längst überwuchert und existieren nicht mehr.

Der Berumerfehnkanal diente früher dem Transport von Torf nach Norden und Dünger nach Süden.

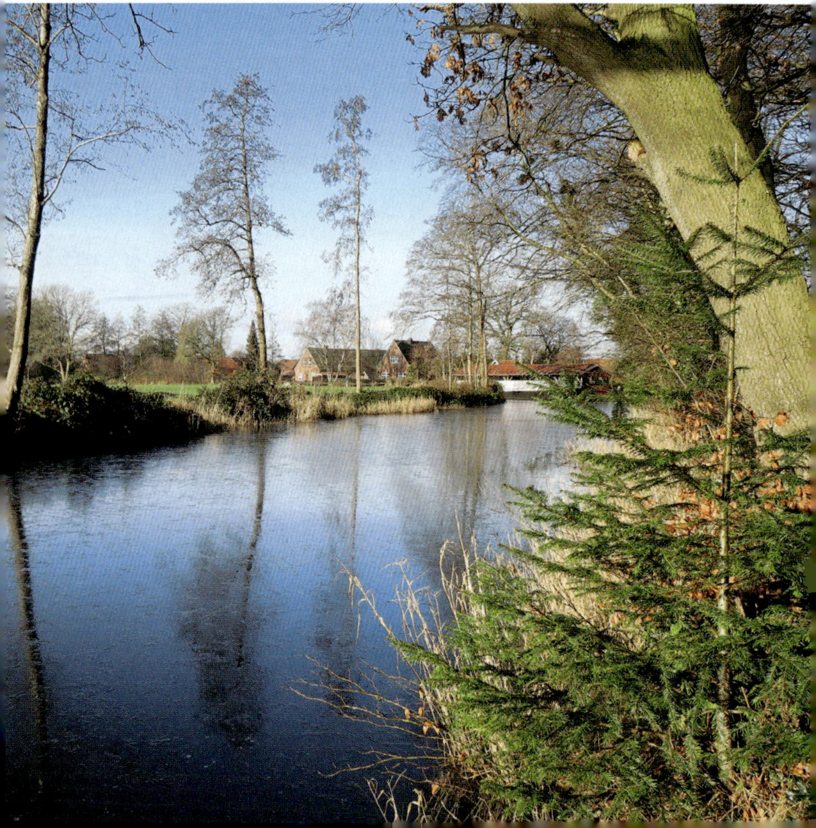

Ausgangspunkt: Hotel Kompaniehaus in Berumerfehn mit Parkplatz nördlich davon am Spielplatz.
ÖPNV: Bushaltestelle Berumerfehn-Dorfstraße/Verlaatsweg am Ausgangspunkt mit Verbindungen (Linie 445) Mo–Fr etwa alle 2 Stunden Richtung Norden und Aurich; www.dbregiobus-nord.de.
Anforderungen: Leichte Wald- und Wiesenwanderung überwiegend auf sandigen Wegen.
Einkehr: Am Ausgangspunkt Kompaniehaus und Fehntjer Coffje Stuv (Mo und Di Ruhetag).
Kombi-Tipp: Verlängerung möglich durch 1,2 km langen Zubringer zum Ausgangspunkt von Tour 23, damit ergibt sich eine insgesamt rund 19 km lange Tour. Dazu links vorbei am einsamen Haus 6, bei Gabelung rechts halten, nach 50 m rechts auf Grasweg links neben einem Wassergraben und immer geradeaus bis zum Startpunkt von Tour 23.
Karte: KV-Pläne kombi 1:25.000 Südbrookmerland, Holtriem, Hage, Aurich, Dornum oder Großheide; KV-Plan freizeit 1:60.000 Aurich.

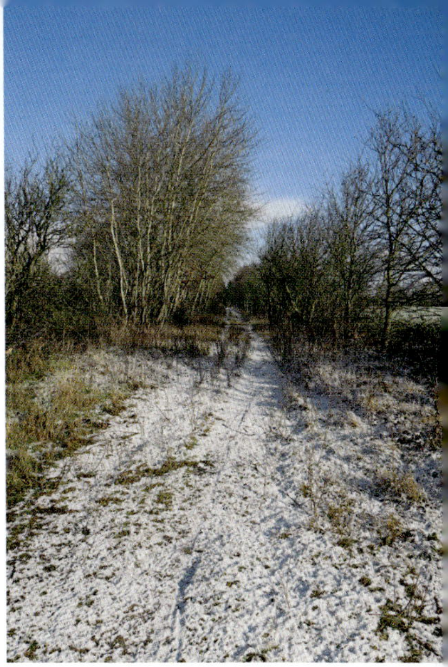

Winterliche Stimmung nahe dem Ewigen Meer beim Verbindungsweg zur Tour 23.

Der Name des Hotels **Kompaniehaus** am Berumerfehnkanal in **Berumerfehn** 1 erinnert an die Gründung des Ortes durch die Norder Fehn-Compagnie während der Napoleonischen Kriege. Diese Investitionsgesellschaft besaß das Monopol für die Versorgung der Stadt Norden mit Torf und ließ ab 1795 den Berumerfehnkanal zwischen den Hochmooren am Ewigen Meer und Norden anlegen; heute fungiert der Kanal als Wasserwanderweg, beim Kompaniehaus befindet sich ein Bootsverleih.

Der Weg folgt nach Passieren eines weißen Tors dem Kanal in südöstliche Richtung am Rand des **Berumerfehner Waldes** zwischen alten Buchen, Eichen, Birken und Kiefern sowie mit Ausblicken über das kultivierte Fehnland; Sitzbänke laden zur Rast. Die Eichen zeigen einen ausgepräg-

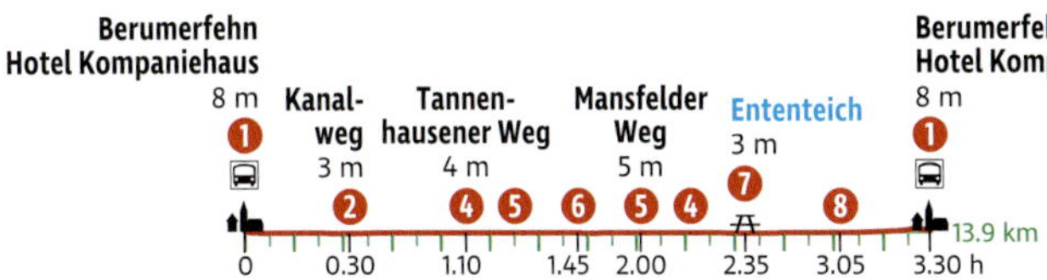

ten Wuchs Richtung Westen und strecken ihre Äste wie ein Dach über Weg und Wasser.

Kurz nach Verlassen des Berumerfehner Waldes führt vor einer Hofeinfahrt links der **Kanalweg** 2 weiter. Der sandige Weg folgt dem Kanal aussichtsreich ostwärts. An der **Verzweigung** 3 beim nächsten Gehöft (rechts Sandweg Lüttje Wieke) folgen wir einem Sandweg über den Kanal und treffen an der nächsten Kreuzung bei einem Hochsitz auf den **Tannenhausener Weg** 4. Dieser verläuft, wiederum als Sandweg, etwas langatmig rechts weiter, bis er sich hinter dem letzten Feld in einen grasigen Pfad verwandelt, der zwischen Buschwerk, Eichen und Birken durch das Berumerfehner Moor führt und vor dem **NSG Ewiges Meer** in den **Mansfelder Weg** 5 mündet. Dieser setzt sich als Pfad links zwischen Bruchwäldern, Birken, Eichen und Heideflächen fort, rechts fällt der Blick auf die Randgehänge des Hochmoors am Ewigen Meer.

Da eine Rundwanderung nicht möglich ist, kehren wir um, wenn das Dach des ersten **einsamen Hauses** 6 zwischen den Zweigen auftaucht (hier könnte man zum Bohlenweg am

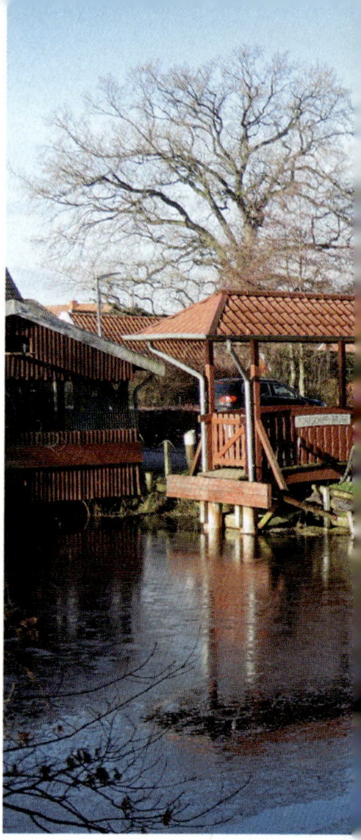

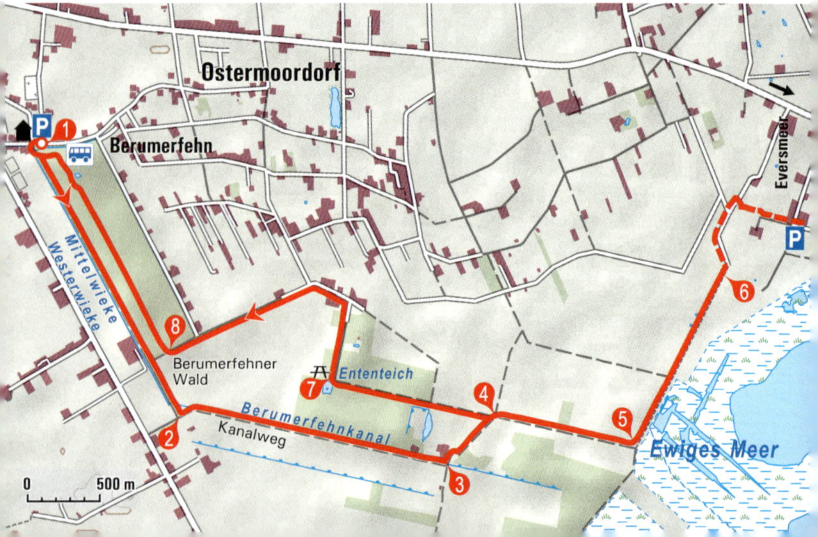

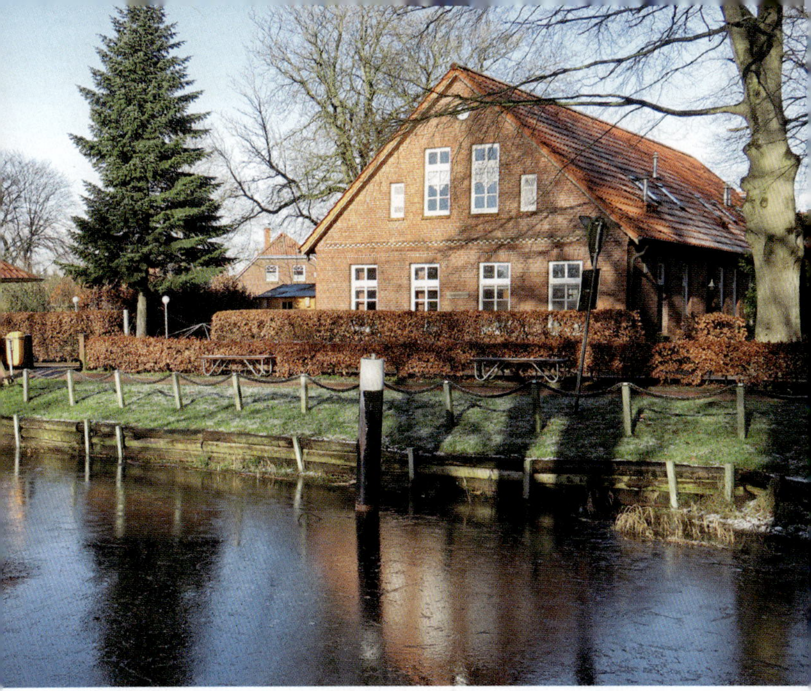

Berumerfehn wurde im 18. Jahrhundert als Moorkolonie zur Abtorfung gegründet.

Ewigen Meer weiterwandern, siehe »Kombi-Tipp«), und folgen dem Pfad durch die Moor-Wildnis über die Kreuzung 5 zurück zum **Tannenhausener Weg** und zur Hochsitz-Wegeverzweigung 4; dort geradeaus und bald in einen Birkenbruchwald. Am Ende des Bruchwaldgebiets erreicht der Weg den von Wald umgebenen **Ententeich** 7 (Sitzbänke).

Vom Ententeich führt ein Waldweg nordwärts, verlässt bald den Wald und trifft auf die schmale Straße Düwelsmeer, der wir nach links folgen. Wo die Straße als »Kuhweg« rechts abschwenkt, geht es aussichtsreich geradeaus weiter (Weg Düwelsmeer). Kurz nach Einmündung einer Stichstraße (Osterwieke) erreicht der Weg einen breiten Pfad, auf den wir rechts in den **Berumfehner Wald** 8 abzweigen. Er führt schnurgerade durch den Wald, in dessen Mitte vor einer Eiche eine Sitzbank zur Rast einlädt. Wenig später ist an einem Teich das Fehn-Denkmal (1894) erreicht (Sitzbänke). Am Westufer des Teichs befindet sich der Redbad-Gedenkstein, der an den letzten König der freien friesischen Lande erinnert.

Nach Verlassen der Gedenkstätte geht es nach links und zurück zum **Kompaniehaus** in **Berumerfehn** 1.

↗ 5 m | ↘ 5 m | 3.8 km

23 Ewiges Meer

1.00 h

Moorlehrpfad am größten Hochmoorsee Deutschlands

Der landschaftlich beeindruckende Moorlehrpfad am Ewigen Meer bildet die einzige Möglichkeit, auf einem Wanderweg an das Ufer des größten Hochmoorsees in Deutschland zu gelangen: Als Bohlenweg führt er durch das reich gegliederte Hochmoor und folgt dann dem Ufer des Sees im Nenndorfer Moor.

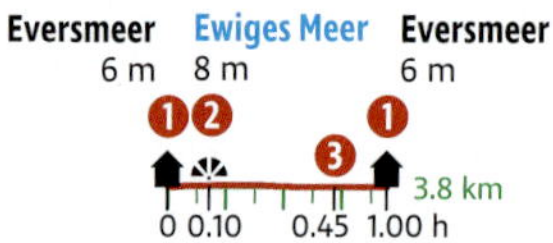

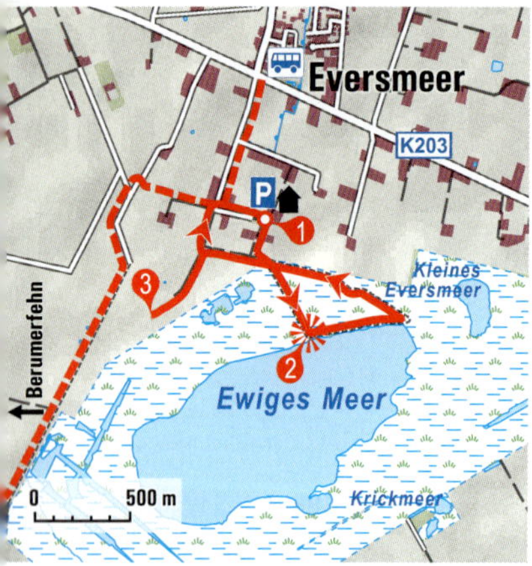

Ausgangspunkt: Eversmeer, Parkplatz mit Café nördlich vom Ewigen Meer.
ÖPNV: Bushaltestelle Eversmeer-Ewen 1 km nördlich vom Ausgangspunkt bei Abzweigung der Zufahrtsstraße Zum Ewigen Meer. Verbindungen u. a. mit Linie 445 Mo–Fr etwa alle 2 Stunden Richtung Norden und Aurich; www.dbregio-bus-nord.de.
Anforderungen: Der Bohlenweg kann bei Nässe rutschig sein; Hinweisschilder warnen vor Verletzungsgefahr bei Verlassen des Bohlenwegs.
Markierung: Stellenweise Wegweiser.
Einkehr: Café Zum Ewigen Meer am Ausgangspunkt (Di Ruhetag).
Kombi-Tipp: Verlängerung durch den 1,2 km langen Zubringer zu Tour 22, damit ergibt sich eine insg. ca. 19 km lange Tour. Dazu kurz vor Ende der Tour nicht rechts auf der Straße zurück zum Parkplatz, sondern links dem gepflasterten Weg folgen, der sich nach einem Schild »Rad- und Wanderweg Großheide« als Grasweg leicht rechts versetzt geradeaus rechts neben einem Wassergraben fortsetzt. Bei Einmündung in den Mansfelder Weg diesem links folgen bis zum Ende beim einsamen Haus (siehe Tour 22).
Karte: KV-Pläne kombi 1:25.000 Südbrookmerland, Holtriem, Hage, Aurich, Dornum oder Großheide; KV-Plan freizeit 1:60.000 Aurich.

Am Parkplatz in **Eversmeer** ❶ zeigt das Schild »Fußweg zum Ewigen Meer« die Richtung an. Vorbei an einer Wiese mit Ziegen und anderen Haustieren sowie Ställen führt der gepflasterte Weg südwärts, wendet sich am Ende nach links und erreicht eine Informationshütte am Beginn des Moorlehrpfads. Der Bohlenweg leitet durch die Hochmoorlandschaft mit

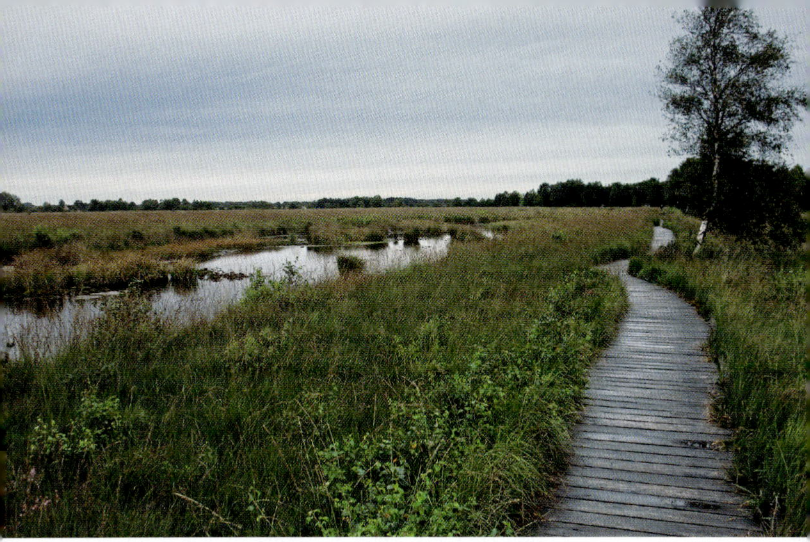

Dank des Holzbohlenweges kommt man trocken durch die Uferzone des Ewigen Meers.

wassergefüllten Kolken und knorrigen Einzelbirken auf schwankenden Torfmoospolstern mit Besen-, Glocken- und Rosmarinheide, Sumpfheidelbeeren, Rentierflechten und vielen anderen seltenen Pflanzen, ab dem Frühsommer flockt das Wollgras. Auch für seltene Vögel ist das Moor Rückzugs- und Rastgebiet geworden. Birkenwälder deuten darauf hin, dass dem Moor dort besonders viel Wasser entzogen wurde.

Schließlich erreicht der Bohlenweg das Ufer des **Ewigen Meeres** ❷ und folgt dem See ostwärts, Aussichtsplattformen ermöglichen Rundschau. Da West die vorherrschende Windrichtung ist, sind die Ufer im Ostbereich infolge von Wellenschlag und Eisdruck verhältnismäßig steil, während im Westuferbereich ein geringer Verlandungsprozess zu beobachten ist. Im Osten besteht der Grund aus pleistozänem Sand, im Westteil sind bis zu 1,6 m dicke Torfmudden verbreitet.

Im Ostbuchtbereich schwingt der Bohlenweg landeinwärts und führt zur Informationshütte zurück. Hier geradeaus, an der Parkplatz-Abzweigung vorbei und aussichtsreich zu einem Querweg, der in Verlängerung der Straße Zum Ewigen Meer links hinaus in die Randgebiete des Naturschutzgebiets führt. Bald verliert der aussichtsreiche Weg den Steinbelag, und wenn er sich am Ende ❸ zwischen Buschwerk zum Pfad verschmälert, müssen wir leider umkehren – dennoch ist es bis hierher eine schöne Ergänzung zum Moorlehrpfad.

Zurück geht es also auf dem gepflasterten Weg, 200 m weiter als beim Hinweg, dann rechts entlang der Zufahrt zurück zum Parkplatz in **Eversmeer** ❶.

↗ 5 m | ↘ 5 m | 8.2 km

24 Tannenhausen – Ewiges Meer

2.15 h

Badesee und Moore am Ewigen Meer

Die zuweilen alleeartigen Wege in den Moorwiesen zwischen Tannenhausen und dem Ewigen Meer faszinieren durch Aussichtsreichtum und landschaftliche Schönheit. Wer sich von den Wegen, die von der skizzierten Route abzweigen, inspirieren lässt, kann in diesem stillen, einsamen Land stundenlang wandernd unterwegs sein.

Ausgangspunkt: Parkplatz am Badesee im Auricher Ortsteil Tannenhausen.
ÖPNV: Bushaltestellen Tannenhausen-L7/Sandgasse an der Ostseite des Sees 1 km vom Ausgangspunkt sowie Tannenhausen-Am Stadion 0,4 km südwestlich mit folgenden Verbindungen: Linie 378 zweistündlich zwischen Aurich und Esens, www.edzards-reisen.de → Linienverkehr; sowie Linie zwischen 445 Aurich und Norden, www.dbregiobus-nord.de.
Anforderungen: Leichte Feld- und Wiesenwanderung auf teils sandigen Wegen.
Einkehr: Nur Strandcafé am Ausgangspunkt (in der Nebensaison Mo Ruhetag).
Variante: Um den Tannenhausen-See führt ein 2,6 km langer Rundweg mit Start am Ausgangspunkt dieser Tour.
Karte: KV-Pläne kombi 1:25.000 Südbrookmerland, Holtriem, Aurich oder Großheide; KV-Plan freizeit 1:60.000 Aurich.
Tipp: Rund 5000 Jahre alte Großsteingräber der steinzeitlichen Trichterbecherkultur in der Dorfmitte von Tannenhausen, 500 m südwestlich vom Startpunkt.

Vom Parkplatz am Stürenburgweg in **Tannenhausen** ❶ führt eine Promenade am Ufer des **Badesees** nordwärts Richtung Strandterrassen; der von Sandstränden eingefasste und von Wäldern umgebene Baggersee ist der beliebteste Badesee Ostfrieslands mit hervorragender Wasserqualität.
Von den Strandterrassen geht es links zurück auf den Stürenburgweg, an dessen Ende nach links (Stiekelriegweg) und gleich rechts auf den ersten ge-

Der Badesee Tannenhausen ist bekannt für seinen weißen Kiesstrand.

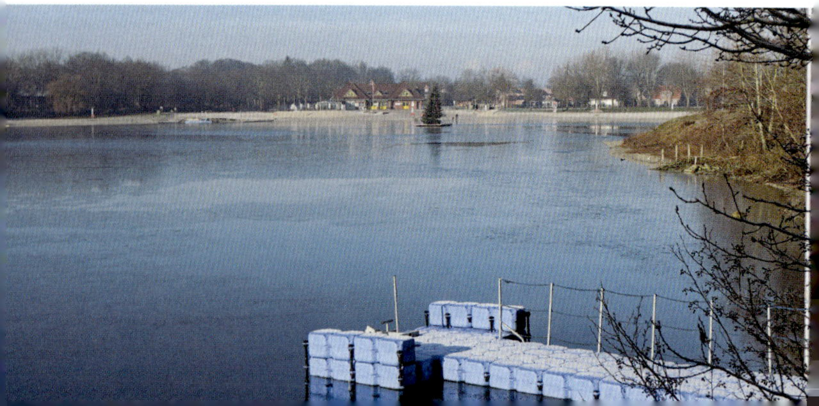

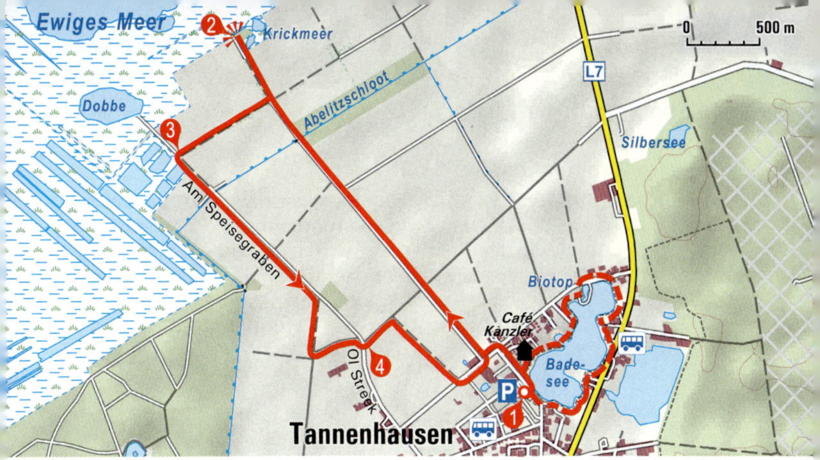

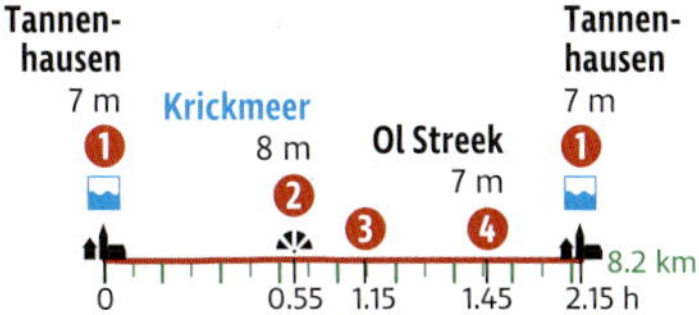

pflasterten Weg (Zum Ewigen Meer): Dieser führt aussichtsreich durch das Moorland und tritt zwischen Ginster, Buschwerk und Birken an der ersten Wegekreuzung in das Naturschutzgebiet ein. Ab der Holzbrücke über den Abelitzschloot setzt er sich als Sandweg fort und an der nächsten Sandwegekreuzung (Zündtorfweg) grasig geradeaus zum **Krickmeer** ❷, einem Moorsee im Bannkreis des Ewigen Meeres. Ab hier besteht ein Begehungsverbot, also zurück zum Zündtorfweg, der südwestwärts weiterführt. An der nächsten Kreuzung links ab in den Weg **Am Speisegraben** ❸ (wer hier auf dem dammartigen Grasweg rechts geht, würde zur Dobbe gelangen, einem weiteren See in den Hochmooren rund um das Ewige Meer); ab der Brücke über den Abelitzschloot ist der Weg gepflastert. Schließlich zweigt der alleeartige Schwarzesmeerweg halb rechts ab. Wo er den Alleecharakter verliert, führt der sandige Stickerspittsweg links zum gepflasterten Weg **Ol Streek** ❹. Vor mehr als 4300 Jahren legten Angehörige der Megalithkultur einen Pfahlweg durch die Hochmoore zum Ewigen Meer an. Der knapp 3–4 m breite Weg aus Erlen- und Birkenrundhölzern begann am Rand der Geest beim Großsteingrab von Tannenhausen, führte schnurgerade auf den Ostuferbereich des Ewigen Meeres zu und bis in die Gegend von Nenndorf, wo die Moore endeten; diesem Weg folgt vom Großsteingrab aus ein Stück der Ol Streek.

Nach Queren des Ol Streek leitet der Stickerspittsweg aussichtsreich geradeaus; an der ersten Wegekreuzung führt der Hundert-Diemat-Weg dann rechts zurück Richtung **Tannenhausen** ❶.

↗ 40 m | ↘ 40 m | 15.4 km

25 Großes Meer – Hieve – Bedekaspeler Marsch

4.00 h

Drei-Meere-Weg rund um das Große Meer

Der Drei-Meere-Weg führt Wanderer und Radwanderer durch das weitflächig unter Naturschutz stehende Grünland rund um das Große Meer, Ostfrieslands größten Binnensee. Als »Meere« werden im Nordwesten Deutschlands Moorseen bezeichnet, die größten sind Steinhuder Meer, Dümmer und Zwischenahner Meer. Das zweite Meer an der Route ist das »kleine Meer« Hieve, das dritte das Loppersumer Meer. Informationstafeln und Erlebnisstationen erläutern das Vogel-, Fisch- und Pflanzenleben am und im Wasser.

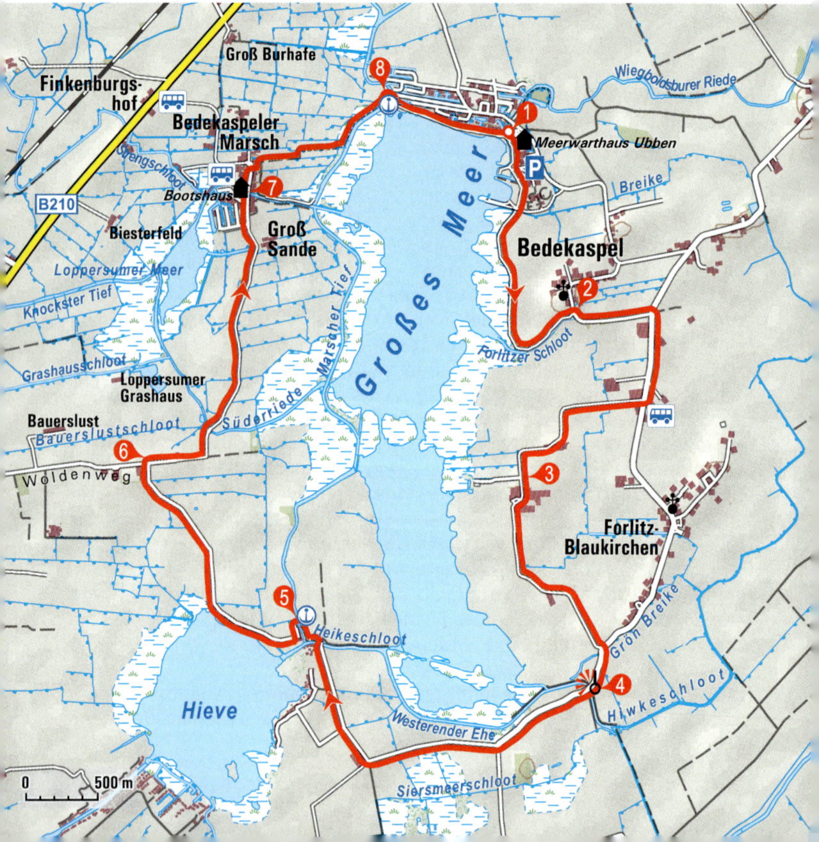

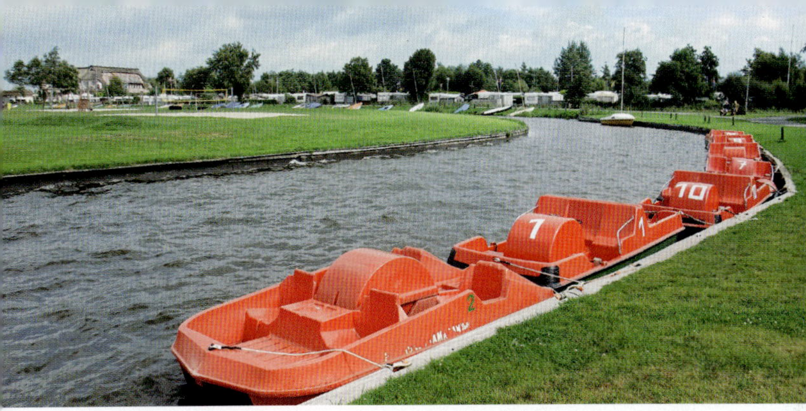

Das Große Meer – im Süden Naturschutzgebiet, im Norden Wassersport-Eldorado.

Ausgangspunkt: Parkplatz am Landhaus Großes Meer in Bedekaspel; alternativ Großparkplatz am Langen Weg (Verlängerung der Zufahrt Schöpfwerkstraße).
ÖPNV: Haltestelle Blaukirchener Straße in Forlitz-Blaukirchen an der Abzweigung der Blaukirchener Straße zwischen ② und ③ mit Verbindungen Mo–Sa wenige Male täglich von/nach Moordorf und Aurich. Die Haltestelle Bedekaspel-Marscher Weg bei ⑦ wird kaum bedient, dafür 10 Gehminuten westlich die Haltestelle Finkenburg-Südbrookmerland an der Emder Straße mit Linie 410 Mo–Sa stündlich, So seltener Richtung Aurich und Emden, www.dbregiobus-nord.de.
Anforderungen: Leichte Grünlandwanderung auf fahrradfähigen Wegen. An zwei Stellen muss das Marscher Tief auf Pünten überquert werden, etwa 4 x 4 m großen Handkurbelfähren.
Markierung: Wegweiser zu Radweg Drei-Meere-Weg.
Einkehr: Am Ausgangspunkt sowie Bootshaus in Bedekaspeler Marsch.
Variante: Wenn die Pünten nicht benutzt werden können (s. u.), lohnt die Begehung des Naturlehrpfads bis zur Schutzhütte bei Bedekaspel hin und zurück; aussichtsreich ist der schmale Weg auf dem Leitdamm vom Ausgangspunkt westwärts bis zum Anleger der Pünte.
Karte: KV-Pläne kombi 1:25.000 Ihlow, Südbrookmerland oder Emden; KV-Pläne freizeit 1:60.000 Aurich oder Leer.
Tipp: Bei Anfahrt mit dem Auto lohnt sich ein Stopp im Dorf Suurhusen mit einem der schiefsten Türme weltweit (5 km westlich vom Großen Meer an der B 210). Der Kirchturm hat einen Überhang von 2,47 m bei 27,37 m Höhe und damit eine Neigung von 5,19 Grad.
Hinweise: Von 15. Okt. bis 15. April können die Pünten bei ⑤ und ⑧ nicht benutzt werden. – Beliebt ist die Bedekaspeler Badestelle im Norden, allerdings verderben in heißen Sommern oft (giftige) Blaualgen den Badespaß.

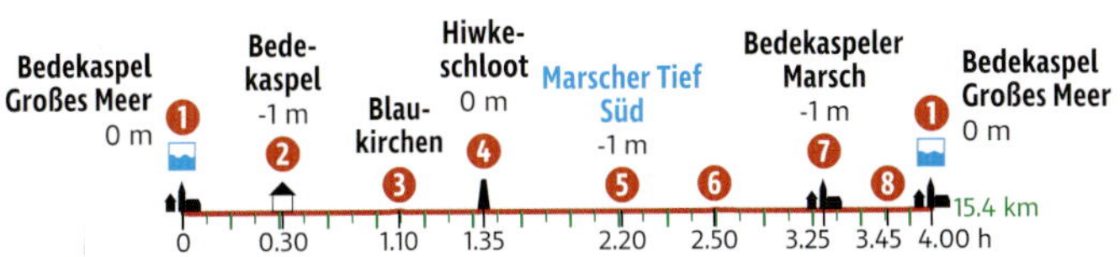

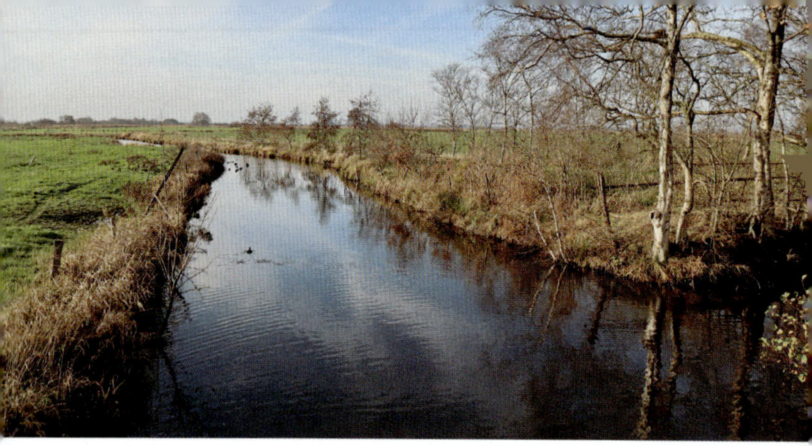

Der Schloot bei Blaukirchen führt das Wasser dem Großen Meer zu.

Vor dem Parkplatz beim Hotel Landhaus Großes Meer und dem Gasthaus Meerwarthaus Ubben beginnt an der Badebucht des **Großen Meeres** ❶ der Drei-Meere-Weg. Der fischreiche Flachmoorsee hat eine kinderfreundliche Wassertiefe von nur etwa 1 m; im Winter friert das Große Meer rasch zu und bildet dann die meistbesuchte Schlittschuhfläche zwischen Ems und Jade. Aussichtsreich führt die Promenade zwischen Campingplatz und Bootsanlegern südwärts, am ersten halbinselartigen Vorsprung befindet sich in etwa gegenüber der Tourist-Info eine Paddel- und Pedal-Station; hier besteht die Möglichkeit, ein Rad auszuleihen (auf dieser Tour empfehlenswert). Nach Überqueren des **Bedekaspeler Schloots** am letzten Zugang zum Segelboothafen schieben sich Schilfgürtel zwischen Weg und Ufer, hölzerne Aussichtsplattformen ermöglichen Rundschau. Schnittflächen zeigen an, dass am Großen Meer der natürliche Baustoff Reet geerntet wird, wenn die ersten Fröste und Winterstürme einsetzen. Vor dem Forlitzer Schloot, dem Bedekaspeler Schifffahrtskanal, schwingt der Weg links an den Ortsrand von **Bedekaspel** ❷. Die Backsteinkirche lugt zwischen hohen Bäumen hervor; der gotische Glockenturm stammt aus dem 13. Jahrhundert, das Kirchenschiff wurde im 18. Jahrhundert nach Flutkatastrophen mehrfach erneuert.

An der Schutzhütte folgt der Drei-Meere-Weg dem schmalen gepflasterten Warfsweg nach rechts, zweigt in die nächste Straße rechts (Forlitzer Straße: das einzige Stück Kreisstraße) und in die nächste wiederum rechts ab: Die schmale, gepflasterte Blaukirchener Straße führt an einer Schutzhütte vorbei an die Abzweigung zum Friedhof von **Blaukirchen** ❸: Die Kirche von Südwolde steht nicht mehr, erhalten ist der Kirchhof am Meer. Nach dem blau schimmernden Dach der ehemaligen Kirche trägt das Dorf den Namen »Blaukirchen«.

Die Blaukirchener Straße führt durch Grünland an einer weiteren Schutzhütte sowie an einsamen Gehöften vorbei zur Aussichtsplattform am Woldenweg. Diesem folgt der Drei-Meere-Weg rechts zum **Aussichtsturm** am **Hiwkeschloot** ❹, ab der nächsten Verzweigung vorübergehend im Gleichlauf mit dem Ems-Jade-Weg (Anker-Markierung), bis vor einer kleinen Gasanlage der asphaltierte Dreeskeweg rechts zur Brücke über den Heikeschloot bei den Ferienhäusern an der **Hieve** abzweigt. Hinter der Brücke links auf einen Schotterweg zur Schutzhütte mit Blick auf die Hieve, hier rechts und zur Pünte über das **Marscher Tief** ❺. Dahinter geht es an den »Meerbuden« genannten Wochenendhäusern an der Hieve entlang, bis die Zufahrt vom See wegschwingt und in den **Woldenweg** ❻ mündet; hier rechts und die nächste Straße (An der Süderriede) links, übergehend in den Marscher Weg, der in aussichtsreichem Grünland wiederum autofrei in den Ort **Bedekaspeler Marsch** ❼ führt; die Gaststätte Bootshaus lädt bei der Brücke über das Knockster Tief zur Einkehr ein.

Bald nach Queren des Knockster Tiefs, das einen Großteil des Brookmerlandes und der Krummhörn entwässert, verlässt der Drei-Meere-Weg die Bebauung rechts und folgt dann dem **Marscher Tief** zur **Pünte** ❽ an der Mündung der Wiegboldsburer Riede: Nach der Überfahrt über das Marscher Tief folgt ein Pfad dem Leitdamm zwischen Großem Meer und Wiegboldsburer Riede zurück zum Ausgangspunkt an der Nordostbucht des **Großen Meeres** ❶.

Der Aussichtsturm am Hiwkeschloot bietet einen guten Überblick.

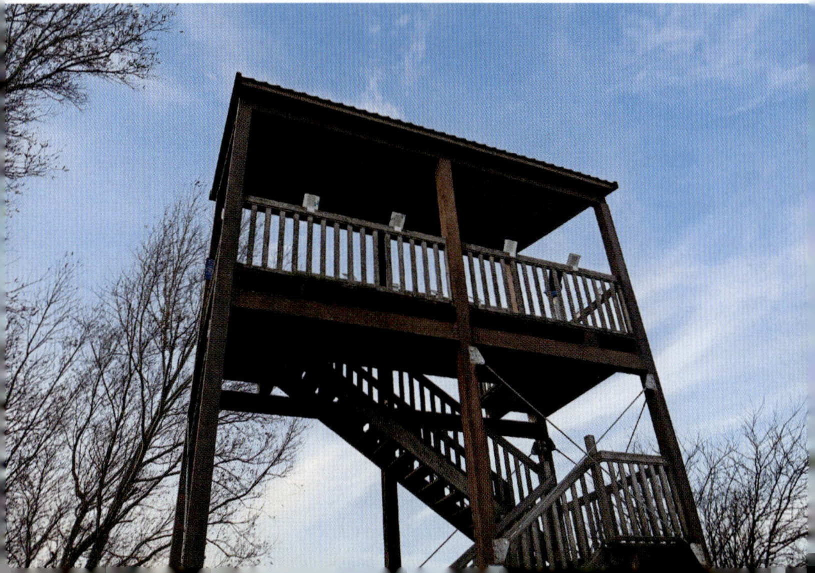

TOP

↗ 35 m | ↘ 35 m | 6.5 km

26 Ihlower Wald

2.00 h

Schola Dei: Klosterwald und archäologischer Park

Schönheit und Artenreichtum machen den stellenweise als Naturwald unter Schutz stehenden Ihlower Wald zu einem kleinen Paradies für naturorientierte Wanderer und Spaziergänger. In seiner Mitte befinden sich auf dem Gelände des ehemaligen Klosters Schola Dei eine modellhaft dem gotischen Bau nachempfundene Kirchenstätte – mit dem Ihlower Altar in der musealen Krypta und einem Aussichtsturm mit Glocke – sowie der Klosterkräutergarten. Die Stätte ist Ausgangspunkt des Pilgerwegs Schola Dei, lateinisch »Schule Gottes«.

Holz- und Metallstreben deuten den Umriss des ehemaligen Klosters Schola Dei an.

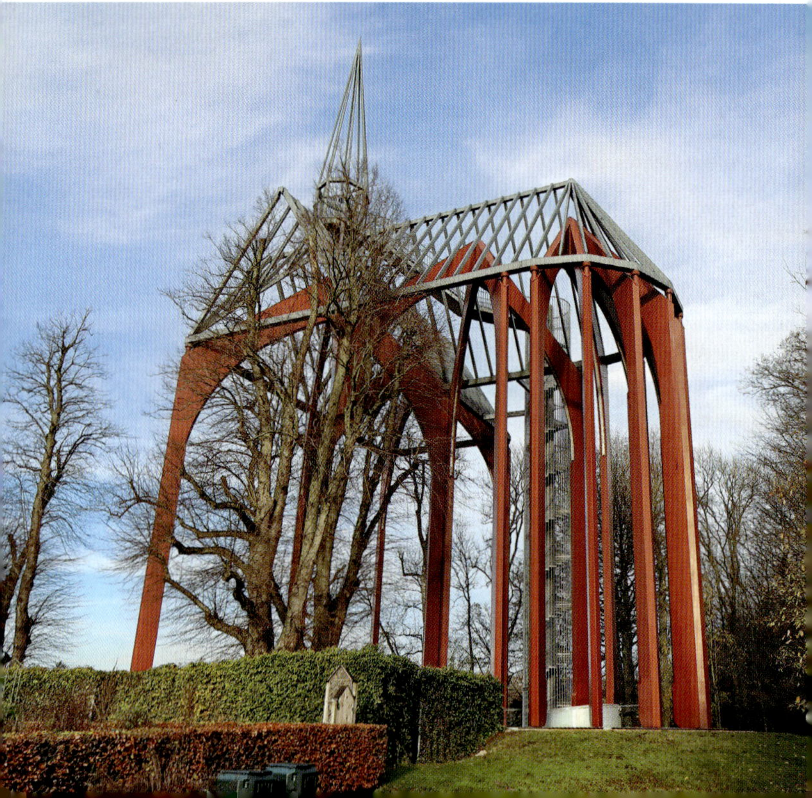

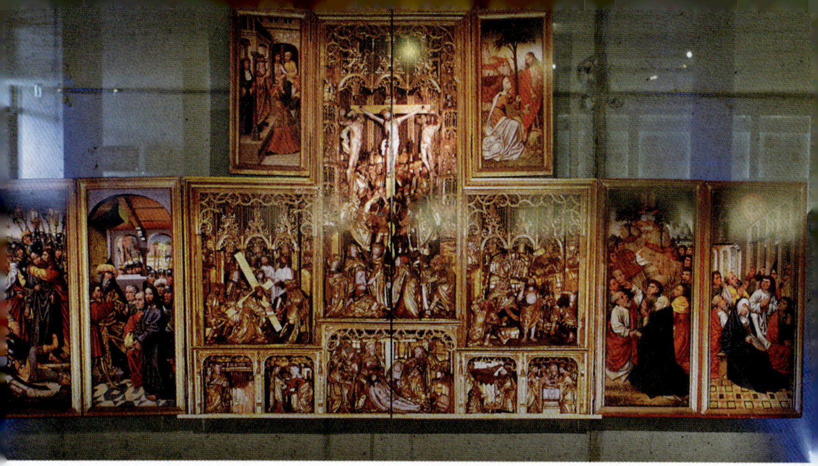

Der spätgotische Ihlower Altar (Nachbildung, das Original befindet sich in der Lambertikirche in Aurich) in der als Meditations- und Gebetsraum eingerichteten Krypta unter dem Aussichtsturm.

Ausgangspunkt: Parkplatz Klosterstätte in Ludwigsdorf östlich von Ihlowerfehn.
Anforderungen: Leichte Waldwanderung auf passagenweise sandigen Wegen.
ÖPNV: Bushaltestelle Ihlow-Kirche 0,4 km abseits vom Weg, u. a. mit Linie 452 Mo–Sa mehrmals täglich von/nach Aurich; www.edzards-reisen.de → Linienverkehr. Von der Haltestelle führt der autofreie Kirchweg in den Ihlower Wald und mündet nach wenigen Minuten beim Warnschild »Vorsicht Naturwald« in die Wanderroute.
Markierung: Stellenweise Symbole für Routen wie Rose, Lilie, Löwe, Hirsch.
Einkehr: Forsthaus Ihlow in historischem Gulfhof (Di–Sa 14–17, So 11.30–18 Uhr).
Karte: KV-Pläne kombi 1:25.000 Ihlow, Südbrookmerland oder Großefehn; KV-Pläne freizeit 1:60.000 Aurich oder Leer.
Tipp: Aussichtsturm und Ausstellung im Forsthaus Ihlow zur Geschichte und Archäologie des 1228 gegründeten Zisterziensterklosters, eines der bedeutendsten von einst 28 Klöstern Ostfrieslands (Öffnungszeiten wie Forsthaus).

Vom Parkplatz **Klosterstätte** ❶ am östlichen Ortsrand von **Ihlowerfehn** führen die Wanderwegmarkierungen »Lilie«, »Hirsch« und »Greif« auf dem ab hier für den öffentlichen Verkehr gesperrten Münkeweg (Pilgerweg Schola Dei) in den **Ihlower Wald** hinein. Der Fahrweg überquert den Reiherschloot, einen Moorentwässerungskanal, und erreicht eine Verzweigung: Hier wechseln die Markierungen auf einen naturbelassenen Weg halb links, der sich unter alten Buchen und Fichten durch den Wald schlängelt, begleitet von Naturerlebnis-Installationen.
Nach einigen Minuten mündet die Route in einen sandigen Querweg, an dem die Markierungen nach links und gleich nach rechts zeigen. Der Weg folgt einem alleeartig von alten Buchen flankierten Damm zwischen den Wiesen der Klosterrodung und einem Bruchwald, an dessen Ende sich die

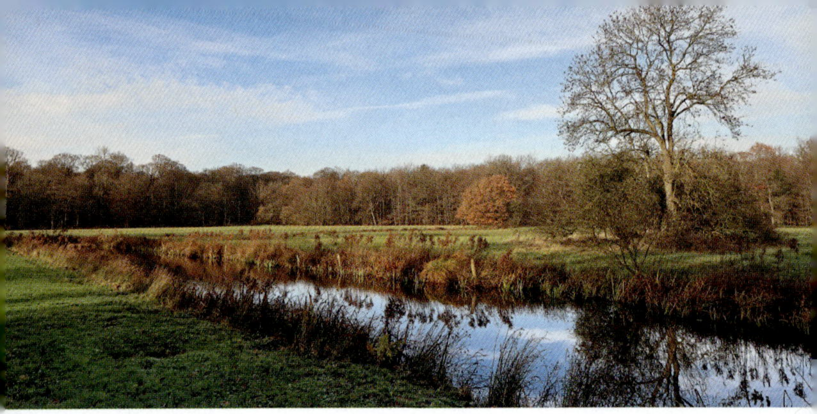

Wald- und Wiesenlandschaft beim Forsthaus Ihlow.

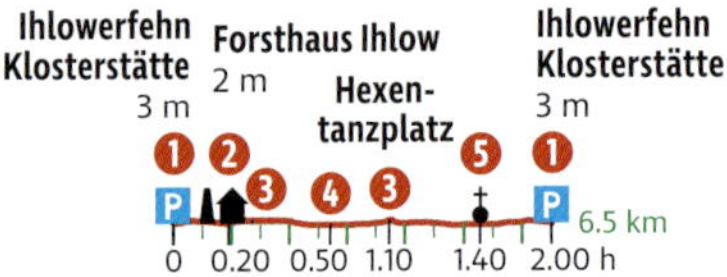

Zweige der Bäume im Spiegel des ehemaligen Klosterfischteichs spiegeln. Kurz nach Passieren des Fischteichs öffnet sich der Wald und der Weg erreicht den **Archäologischen Park** mit einer modernen Konstruktion aus Stahl und Holz, die eine Vorstellung von der ehemaligen gotischen Klosterkirche beim **Forsthaus Ihlow** ❷ vermittelt; der Turm bietet in 30 m Höhe eine weite Aussicht bis nach Emden. Vom Forsthaus geht es kurz auf demselben Weg zurück und beim Teich rechts auf dem abzweigenden Pfad in den Wald. Der Waldweg führt an dem ehemaligen **Fischteich** vorbei und verwandelt sich dahinter in einen Pfad, der sich an der ersten Verzweigung nach halb rechts wendet und sich in buschwerkreichem Wald zur großen Wegekreuzung am **Hexentanzplatz** ❸ schlängelt.

Hier wandern wir links weiter auf dem breiten Forstweg mit Rosenmarkierung, den wir nach 5 Min. verlassen, um dem Hauptweg immer geradeaus durch den naturbelassenen Wald zu folgen. Nach weiteren 5 Min. wird der **Waldrand** ❹ sowie eine T-Kreuzung erreicht, wo von links eine Allee einmündet; hier folgen wir dem Weg in den Wald und zurück zur Wegekreuzung am **Hexentanzplatz** ❸. Jetzt geht es links auf den breiten Forstweg, markiert mit Rose und Löwe. Sobald links der Wald endet und sich eine weite Aussicht bietet, zweigen die Markierungen rechts ab, folgen einem pfadartigen Weg zum alten **Klosterteich**, an dem der Sage nach in klaren Nächten die »weiße Frau« steht und weint, und passieren gleich darauf die historische **Lindenallee**, durch die der Blick zurück zum Forsthaus Ihlow schweift.

Wenn die D-Markierung bald darauf rechts abbiegt, lohnt ein kurzer Abstecher halb links zum Waldrand: Über Wiesen hinweg fällt der Blick auf

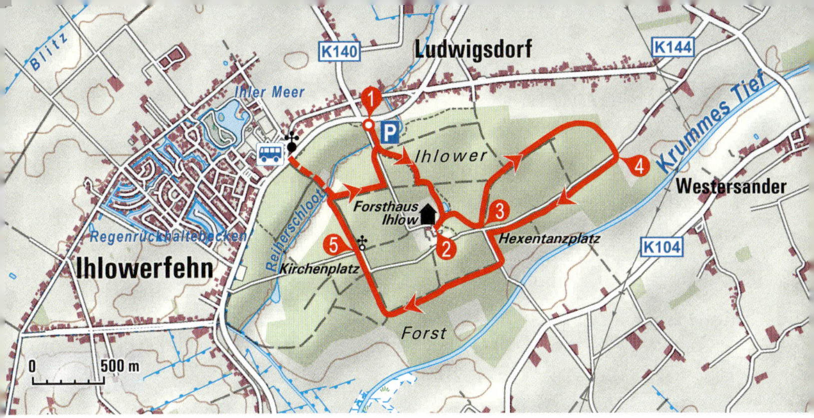

die Windmühle Ihlowerfehn, einen Galerieholländer von 1870, weiter links ist der Bootshafen am Krummen Tief zu erkennen. Zurück zum Weg mit der D-Markierung: Durch den artenreichen Wald führt er zur Wegekreuzung am **Kirchenplatz** 5, einer Freilichtkirche mit Sitzbänken. Hier geht es geradeaus weiter im Wald, mit Greif markiert, und vor der großen Wiese rechts auf einen schmaleren, nicht markierten Waldweg. Er führt durch hallenartige Buchenbestände und mündet schließlich auf den Münkeweg, dem auch der Pilgerweg Schola Dei folgt: Links bringt er uns zurück zum Ausgangspunkt, dem Parkplatz **Klosterstätte** 1.

Weg zum Kloster im Ihlower Wald.

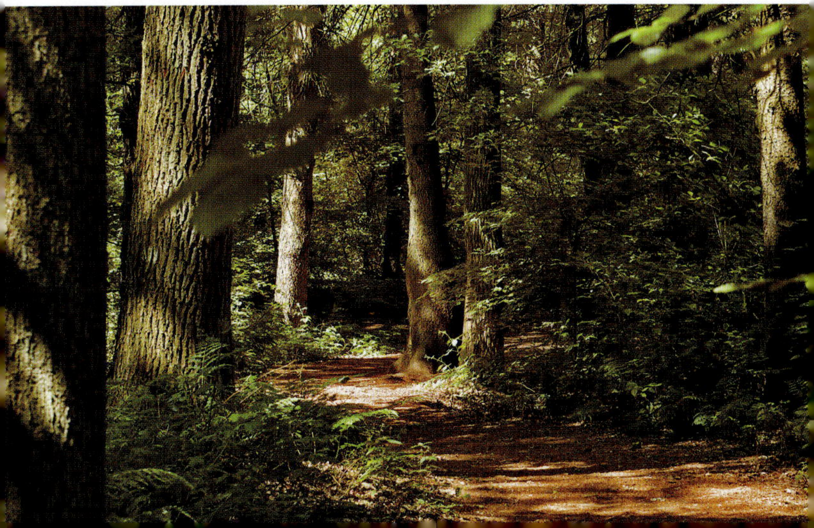

↗ 35 m | ↘ 35 m | 12.0 km

27 Hesel – Stikelkamp – Bagband

3.00 h

Ostfriesland-Wanderweg, Wallhecken, Windmühle

In landschaftlich beeindruckender Routenführung leitet der auf diesem Abschnitt auch per Rad befahrbare Ostfriesland-Wanderweg vom alten Geestrandort Hesel zwischen Wallhecken und Wiesen zum Park von Gut Stikelkamp und zur Bagbander Windmühle.

Ausgangspunkt: Parkplatz an der Kirchstraße bei der Kirche von Hesel direkt am Ostfriesland-Wanderweg.

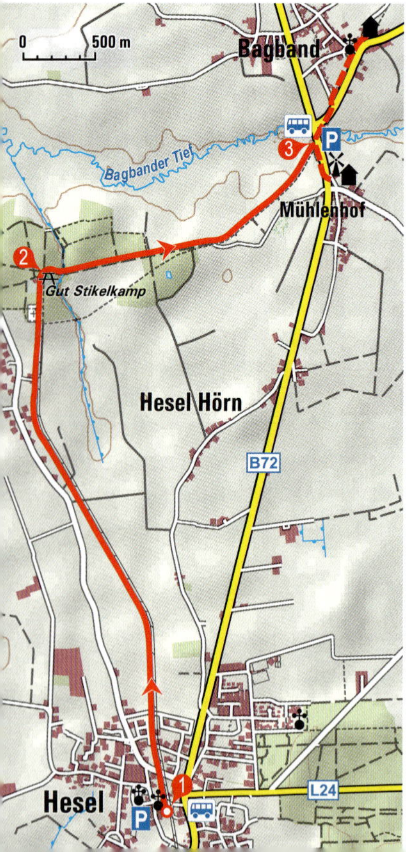

ÖPNV: Bushaltestelle Leeraner Straße/Am Timmersberg an der B436 150 m vom Ausgangspunkt, von der Haltestelle westwärts in Kirchenstraße; sowie Haltestelle Bagband B72/Mühle kurz vor dem Wendepunkt. Beide mit Mo–Fr stündlichen, Sa/So teilweise zweistündlichen Verbindungen der Linien 460 und 467 Richtung Aurich, Leer und Wiesmoor; www.dbregiobus-nord.de.
Anforderungen: Leichte Wiesen- und Waldwanderung auf naturbelassenen und gepflasterten, fahrradfähigen Wegen.
Markierung: Großteils Ostfriesland-Wanderweg (weißes O).
Einkehr: In Bagband Mühlenhof (Mi–Sa ab 17, So ab 12 Uhr) und mit Abstecher Landbrauhaus (täglich außer So).
Kombi-Tipp: Verlängerung mit Tour 16 zu 26 km langer Wanderung zwischen Aurich und Hesel, zurück mit Bus 460.
Karte: KV-Plan kombi 1:25.000 Hesel, KV-Plan freizeit 1:60.000 Leer.
Tipps: In Bagband Bierbrauereimuseum im Landbrauhaus (täglich außer So) sowie die Mühle. Die Website www.bagbander-mühle.de informiert unter »Termine« über besondere Back-/Aktionstage.

Nach Queren der Kirchstraße vor dem Parkplatz bei der Backsteinkirche in **Hesel** ❶ verläuft der Ostfriesland-Wanderweg (Kaarkpad) als autofreier Klinkerweg nordwärts; rechts befand sich früher der Bahnhof der Kleinbahn, deren Trasse der

Wanderweg folgt. Bei den letzten Häusern endet der Klinkerbelag, und zwischen Eichen, Birken und Ebereschen führt der Weg in aussichtsreicher Feld- und Wiesenflur Richtung Gut Stikelkamp. 30 Gehminuten nach dem Start endet bei Bänken der Belag mit Betonsteinen; wir folgen geradeaus dem als Radroute Friesischer Heerweg ausgewiesenen Schotterweg (Radschild »Aurich 26 km«). An der Schutzhütte vor dem Wald zweigt der Ostfriesland-Wanderweg rechts ab, während wir geradeaus wandern: Eine autofreie Allee führt zum Rast- und Grillplatz vor dem Haupthaus von **Gut Stikelkamp** ❷ (um 1600), das eine Sammlung mit Exponaten hochbäuerlicher Wohnkultur vom 18. bis 20. Jahrhundert beherbergt. Gut Stikelkamp war ursprünglich ein Vorwerk des Johanniterklosters Hasselt.

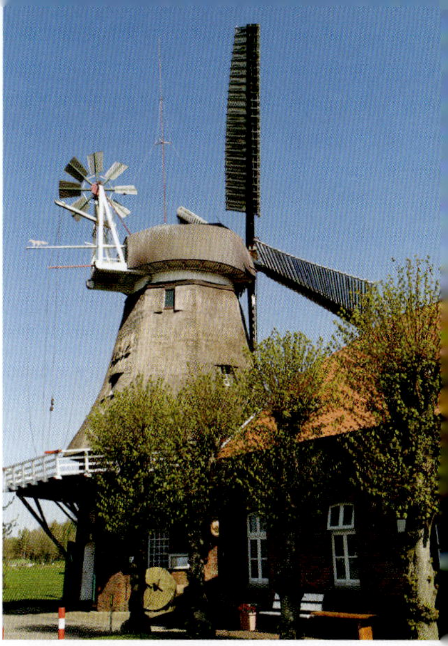

Die Bagbander Windmühle ist ein zweistöckiger Galerieholländer.

Vom Grillhüttenplatz führt der für den öffentlichen Verkehr gesperrte, sandige Gutsweg rechts weiter durch den Wald, während sich die Radroute Friesischer Heerweg nach links verabschiedet. Bei der Einmündung des Ostfriesland-Wanderwegs von rechts folgen wir in einer Rechtskurve dem gepflasterten Wanderweg halb links entlang der alten Bahntrasse (Radschild »Aurich 23 km«) mit Blick zum Spitzhelm der Bagbander Kirche zwischen Baumreihen und Buschwerk zur B72 kurz vor **Bagband** ❸.

Jenseits der B72 sind es nach rechts 250 m zum zweistöckigen Galerieholländer (1812), der an Back- und Aktionstagen besichtigt werden kann. Geradeaus führt der Radweg 700 m in die Dorfmitte von Bagband mit Landbrauhaus und Museum. An der B72 befindet sich die Bushaltestelle Bagband Mühle, sodass man die Wahl hat, entweder auf dem Ostfriesland-Wanderweg zurückzuwandern oder alternativ den Bus nach **Hesel** ❶ zu nehmen.

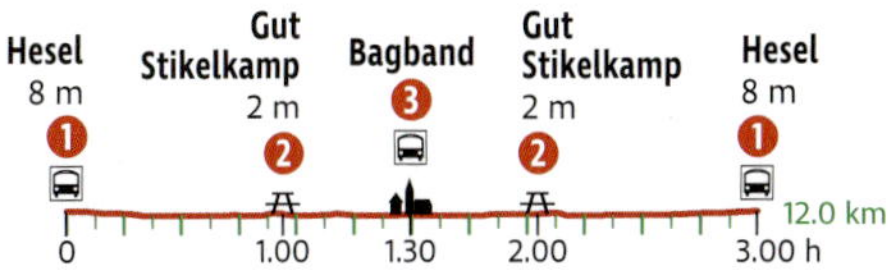

↗ 30 m | ↘ 30 m | 3.8 km

28 Hollesand – Kugelberg

1.15 h

Ostfrieslands höchster Berg

Das Naturschutzgebiet Hollesand auf der Geest bei Remels ist das größte zusammenhängende Binnendünengebiet zwischen Ems und Jade. Seine höchste Erhebung, der Kugelberg, bildet mit 18,5 m die höchste Landmarke des ostfriesischen Festlands. Nacheiszeitliche Stürme haben die Sande zu sanft gerundeten Kuppen, steilflankigen Kämmen und Graten, zu Pässen und von der Außenwelt völlig abgeschirmten ebenen Flächen zusammengeblasen. Der Mensch hat all dies mit Bäumen bepflanzt, damit die Sande durchwurzelt werden und der Wind die Berge nicht fortweht.

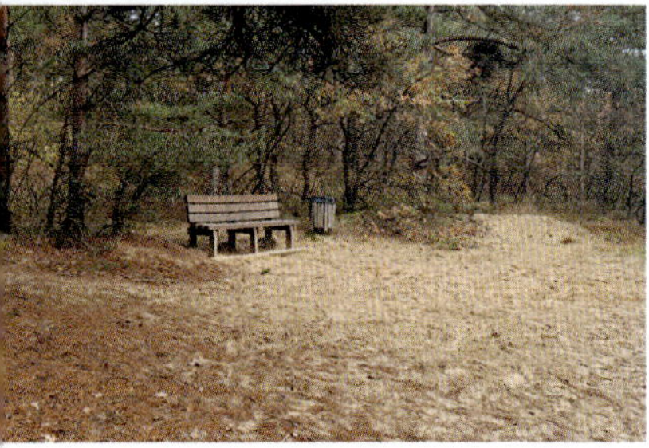

Sitzbank kurz hinter dem Kugelberg.

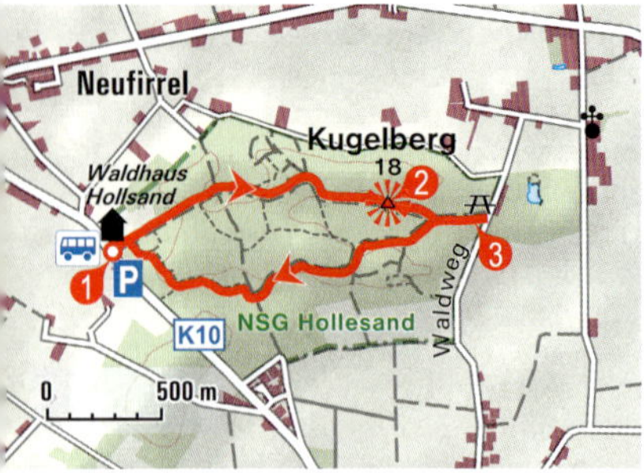

Ausgangspunkt: Gasthaus Waldhaus Hollsand mit kleinem Wanderparkplatz beim Waldeingang nahe Großoldendorf.
ÖPNV: Bushaltestelle Hollesand-Barz mit sehr wenigen Schulbusverbindungen; www.dbregiobus-nord.de.
Anforderungen: Leichte Waldwanderung auf passagenweise sandigen Pfaden.
Markierung: Das Gebiet ist mit einem Knotenpunktnetz für Wanderer erschlossen, sodass man bei dieser Tour von Nummer zu Nummer wandert: 60–79–62–69–75–64-71–73–88–63–67–61–76–79–60.
Einkehr: Keine außer Waldhaus Hollsand (nur Wochenende).
Karte: KV-Pläne kombi 1:25.000 Uplengen, Wiesmoor, Hesel oder Großefehn; KV-Pläne freizeit 1:60.000 Aurich, Leer oder Friesland-Wittmund.

Neben dem **Waldhaus Hollsand** ❶ führt ein Weg in die Wälder des Naturschutzgebiets **Hollesand**. Als Orientierungshilfe sehr nützlich ist ein Knotenpunkt-System; am Waldanfang finden wir Schilder mit einer übersichtlichen Darstellung. Der erste Knotenpunkt, 60, befindet sich bei der Bushaltestelle auf der anderen Seite der Straße gegenüber vom Waldhaus. Weiter folgen wir den Schildern zu den Nummern 79, 62, 75 und 64. Kurz darauf wandern wir bei Punkt 71 in Richtung 73 und erreichen den **Ku-**

gelberg ❷, die höchste Erhebung des ostfriesischen Festlandes. Die wilden Pfade und Mountainbike-Spuren auf dem steil abfallenden Dünenrücken verdeutlichen, wie sehr die Erosion diesen nur von einer dünnen Krautschicht bedeckten Dünen schadet. Wer bei Knotenpunkt 73 weiterwandert in Richtung 68, gelangt zu einer kleinen Heide-Dünen-Fläche und erreicht den Waldrand bei Haus Waldweg 38 mit **Picknicktisch** ❸ (alternativer Einstieg in die Wanderung).

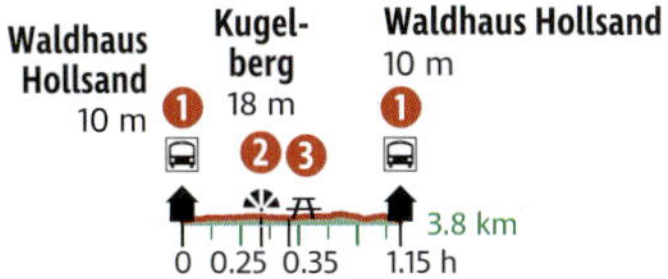

Bei Knotenpunkt 73 geht es halb rechts weiter über 88, 63 nach 67. In diesem Teil des Hollesands erfreuen wildwüchsige, buschige, über den Boden kriechende, sich üppig verjüngende Stieleichen, dazu Birken, Ahorne und Tannen, Faulbaumgebüsch und Ginster. Den Boden decken Teppiche aus Gräsern, Kräutern und Blaubeerbüschen, an feuchten Stellen wächst der Sumpfbärlapp, auch Glockenheide und viele Pilzarten sind zu sehen; viele Kiefern sind zu weit über Hundert Jahre alten Charakterindividuen ausgewachsen. Wer diese urtümliche und zuweilen irrgartenartige Dünen- und Waldlandschaft im Spätsommer durchwandert, sieht an verschiedenen Stellen die Heide blühen.

Von 67 geht es vorbei an den Knotenpunkten 61, 76 und 79 zurück zum Ausgangspunkt 60, dem **Waldhaus Hollsand** ❶.

Heideblüte in den Wäldern des Hollesands.

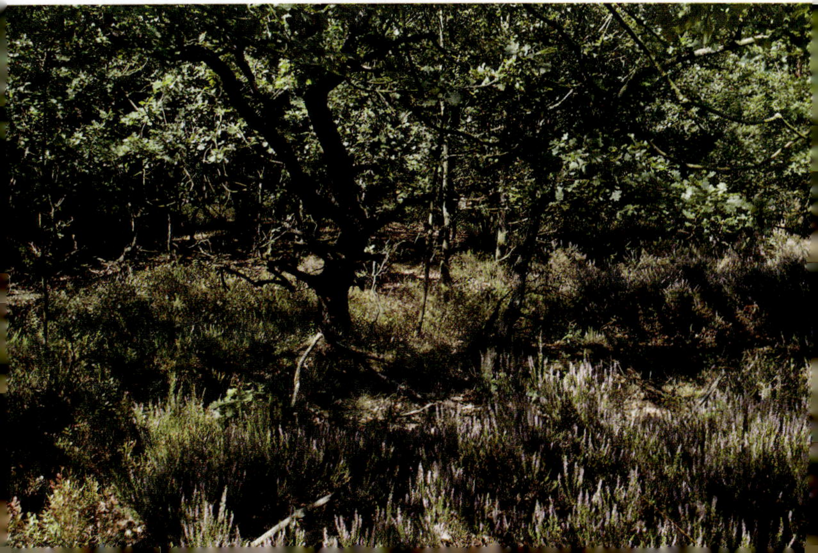

↗ 25 m | ↘ 25 m | 9.5 km

29 Stickhausen – Detern

2.30 h

Von den Jümmewiesen zum Nordgeorgsfehnkanal

Blumenreiche Wiesen führen längs des Leda-Nebenflusses Jümme nach Detern. Am Nordgeorgsfehnkanal entlang geht es zurück in das Burgdorf Stickhausen, bei dem der Jümmesee zum Bad einlädt.

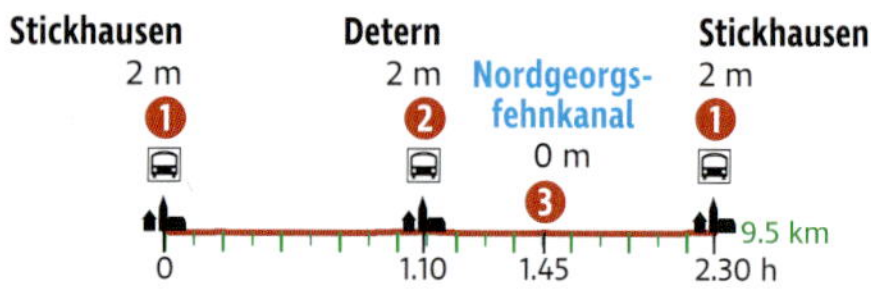

Ausgangspunkt: Parkplatz an der Tourist-Information in Stickhausen, dahinter größerer Wohnmobil-Stell- und Parkplatz.
ÖPNV: Hst. Stickhausen-Alte Heerstraße nahe am Ausgangspunkt und Detern-Apotheke bei 2, u.a. mit Linie 623 Mo–Sa mehrmals täglich Richtung Leer und Augustfehn; www.dbregiobus-nord.de.
Anforderungen: Leichte, aussichtsreiche Grünlandwanderung.

Einkehr: Detern (tagsüber nur Fr–So 11.30–14.00 Uhr) sowie Burg-Café in Stickhausen in altem Zollhaus (Sa/So 11–19 Uhr).
Karte: KV-Pläne kombi 1:25.000 Leer oder Jümme; KV-Plan freizeit 1:60.000 Leer.
Tipp: Kanu- und Radverleih bei der Paddel- und Pedal-Station Stickhausen in der Nähe des Ausgangspunktes an der Jümme.

Am Jümmesee bei Stickhausen.

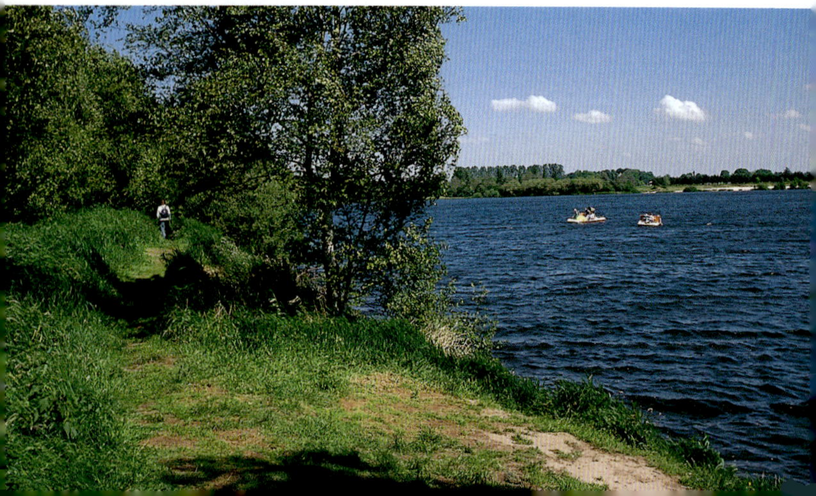

Von der Tourist-Information **Stickhausen** ❶ an der Alten Heerstraße führt die Anliegerstraße Jümmestraße zwischen Ferienhäusern südwestwärts zum **Jümmedeich**, der die Route links vorgibt, entweder auf dem begrasten Deich oder dem autofreien Teerweg am Deichfuß. Links weitet sich Wiesenland, beim Blick zurück ist die weiße Klappbrücke von Stickhausen zu sehen, bald zeigt sich am gegenüberliegenden Ufer der Campingplatz am Jümmesee. Zahlreich sind die Stellen, die am Deich zur Rast und zum Sonnenbad einladen.

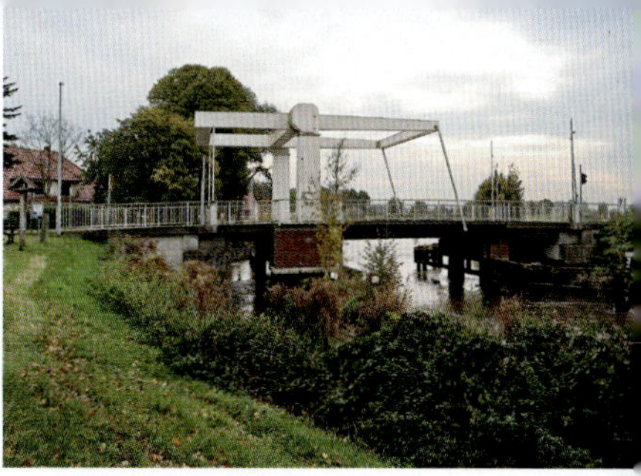

Zugbrücke in Stickhausen.

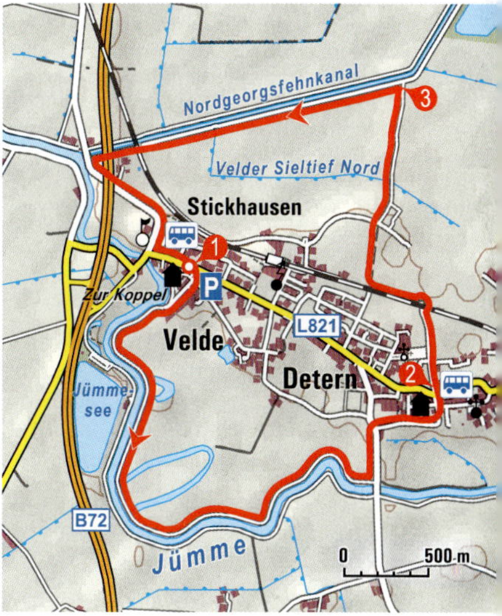

Von der autofreien Jümmestraße zweigt an der ersten Jümmebrücke links die Mühlenstraße in den Flecken Detern an der Alten Heerstraße ab. In **Detern** folgen wir beim Kindergarten der Kampstraße nach rechts Richtung Augustfehn (»6,7 km«). Kurz darauf erreichen wir die **Ortsmitte** ❷ mit dem mittelalterlichen Glockenstuhl der Kirche, der Zeuge mehrerer Schlachten war.

Von hier geht es auf der Friedhofstraße am neuen Friedhof vorbei in die Wiesen hinaus, nach Queren der Bahngleise nach links (Schienenweg) und beim nächsten Bahnübergang rechts auf einen Feldweg, der durch kultiviertes Moorland zum **Nordgeorgsfehnkanal** ❸ führt; der Kanal verbindet die Jümme bei Stickhausen mit dem Ems-Jade-Kanal in Marcardsmoor.

Dem Kanal nach links folgend führen die Krone des von Schafen beweideten Deichs sowie ein autofreier Weg am Deichfuß zurück nach **Stickhausen:** Nach Unterqueren der Bundesstraße ist an der Burgstraße die Abzweigung des Nordgeorgsfehnkanals von der Jümme erreicht. Die Burgstraße führt links zur **Burg Stickhausen** aus dem 15. Jahrhundert; wenig später geht es vor der weißen Klappbrücke links zurück zum Ausgangspunkt in **Stickhausen** ❶.

↗ 20 m | ↘ 20 m | 7.1 km

30 Holter Hammrich

2.00 h

Vogelpolder an der Leda

Der Holter Hammrich an der Leda ist ein als Hochwasserpuffer neu bedeichtes Feuchtgebiet, in dem mehr als 60 Vogelarten brüten. Die reiche Vogelwelt zieht insbesondere im Winterhalbjahr viele ornithologisch Interessierte an, wenn der Polder Tausenden Zugvögeln als Rasthabitat dient. Auch ohne Vögel eine beeindruckende Runde, großteils auf asphaltierten und betonierten Wegen und daher auch per Rad machbar.

Ausgangspunkt: Aussichtspunkt Heuweg nördlich von Holte in der Gemeinde Rhauderfehn, alternativ am Ein- und Auslassbauwerk ❷.
ÖPNV: Bushaltestelle Ostrhauderfehn-Holterbarge Rabenbrücke 0,6 km entfernt von der Route zwischen ❶ und ❷ am Hauptfehnkanal, mit mehreren Verbindungen Mo–Fr von/nach Westrhauderfehn; www.dbregiobus-nord.de.
Anforderungen: Der beliebte Wanderweg folgt fahrradfähigen, gepflasterten und asphaltierten Wegen, die etwa zur Hälfte unverständlicherweise auch von Autos befahren werden dürfen; da diese einspurigen Wegpassagen aus Pkw-Perspektive aber eng und schlecht sind, sind kaum Autos unterwegs.
Einkehr: Keine.
Karte: KV-Pläne kombi 1:25.000 Leer, Rhauderfehn oder Jümme; KV-Plan freizeit 1:60.000 Leer.

Wir starten am Ende des öffentlich befahrbaren Abschnitts des von Holte kommenden **Heuwegs** ❶. Hier gewährt eine Vogelbeobachtungswand durch Sehschlitze einen verdeckten Blick in den unbewirtschafteten östlichen Bereich des Holter Hammrichs, das **Alte Tief**, wo auf 80 ha Flachwasserzonen, Gehölze, Röhricht und Nassgrünland sowie der 1,4 km lange Polderkanal angelegt wurden.

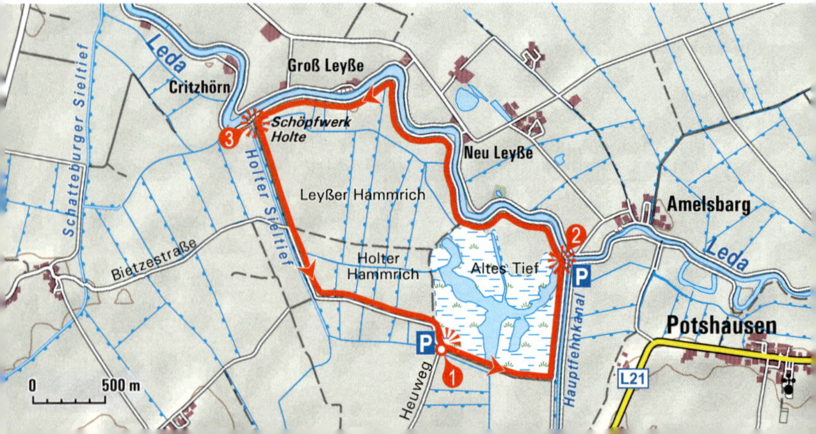

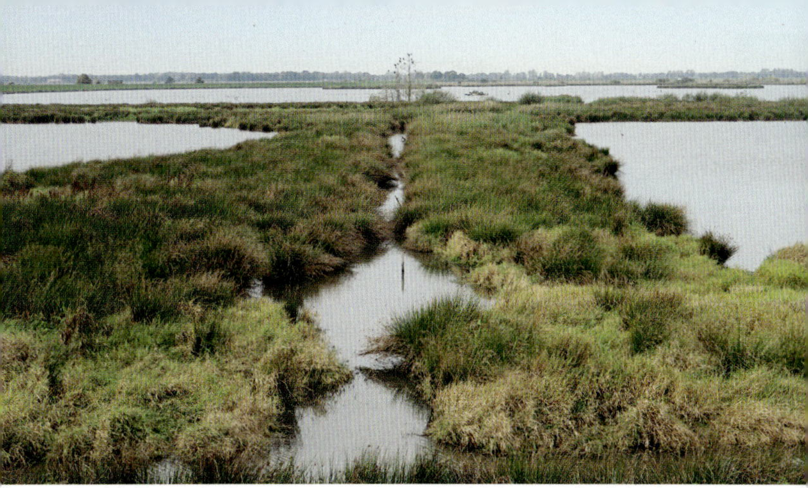

Holter Hammrich – Hochwasserpuffer und Vogel-Eldorado mit mehr als 60 Arten.

Der Rundweg folgt zunächst am Fuß des Polderdeichs einem zweispurigen Weg autofrei ostwärts zum Hauptfehnkanal und führt auf dem gepflasterten Wittbargsweg (hier Autos) zwischen Kanal und Hammrich aussichtsreich nordwärts zum Rastplatz mit einer Aussichtsplattform zur Vogelbeobachtung am **Ein- und Auslassbauwerk** ❷ an der Leda. Das Bauwerk ermöglicht im Hammrich Wasserstandsschwankungen wie in natürlichen Auen mit dem Ziel, dass sich vermehrt Brutvögel und Amphibien ansiedeln; zugleich erlaubt es die Flutung des Polders bei Hochwasser im Leda-Jümme-Gebiet.

Vom Bauwerk folgt der Asphaltweg dem linken Ledadeich flussabwärts zur Informationstafel am Beginn des westlichen Polderteils, des als Grünland extensiv bewirtschafteten **Leyßer Hammrichs**; der ehemalige Heuweg zwischen den beiden Polderbereichen darf aus Naturschutzgründen nicht begangen werden. Zwischen Hammrich und Ledadeich führt der Asphaltweg weiter flussabwärts zum **Schöpfwerk Holte** ❸, wo eine auf einer Wendeltreppe erreichbare Metallgitter-Aussichtsplattform, die aufgrund ihres durchsichtigen Bodens Höhenangst auszulösen geeignet ist, einen weiten Blick in den Hammrich gewährt. Vor dem Schöpfwerk zweigt der Rundweg südwärts auf den autofreien Weg Am Entlastungspolder zwischen Hammrich und Holter Sieltief ab. An der ersten Brücke über das Sieltief (Bietzestraße) bietet sich erneut ein weiter Blick in den Hammrich, und an der nächsten Brücke kurvt der Weg links zurück zur Vogelbeobachtungswand am **Heuweg** ❶.

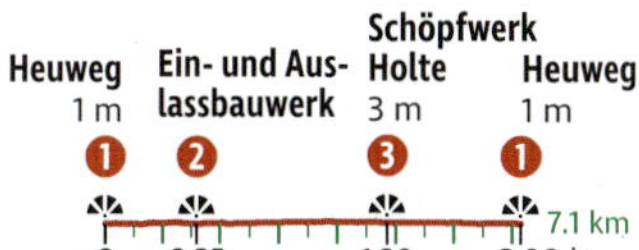

TOP

↗ 70 m | ↘ 70 m | 14.9 km

31 Leer – Loga

4.00 h

Ökologischer Lehrpfad durch die Stadt der Parks

Der Evenburg-Landschaftspark in Loga zählt zu den stimmungsvollsten englischen Gärten zwischen Ems und Jade. Er, der Philippsburger und der Julianenpark sowie die historische Altstadt von Leer werden auf dieser abwechslungsreichen Wanderung über meist kleinere Pfade und Straßen sowie auf dem Ostfriesland-Wanderweg erkundet. Die Tour folgt weitgehend dem stadtökologischen »LEER-Pfad« mit einem inneren und äußeren Ring.

Ausgangspunkt: Bahnhof Leer mit Parkhaus (3 € pro Tag). Freies Parken an der Evenburg 3 in Loga oder auf der Großen Bleiche in der Altstadt von Leer.
ÖPNV: Bahnhof Leer mit jeweils stündlichen Regionalbahnverbindungen Richtung Münster, Hannover und Norddeich sowie mehreren ICs.
Anforderungen: Leichte Park- und Stadtwanderung.
Markierung: Gelegentlich blaue Markierungen des stadtökologischen »LEER-Pfads«.
Einkehr: Zahlreich unterwegs.
Karte: KV-Pläne kombi 1:25.000 Leer oder Jümme.
Tipps: Besichtigung der Evenburg (Führungen So 11.30 und 14.30 sowie Do 15 Uhr) in Loga, Heimatmuseum in der Neuen Straße 12 sowie Teemuseum – Museum über ostfriesische Teekultur in der Brunnenstraße 33 in Leer.

Die Evenburg in Loga erhielt im 19. Jahrhundert ihre neugotischen Formen.

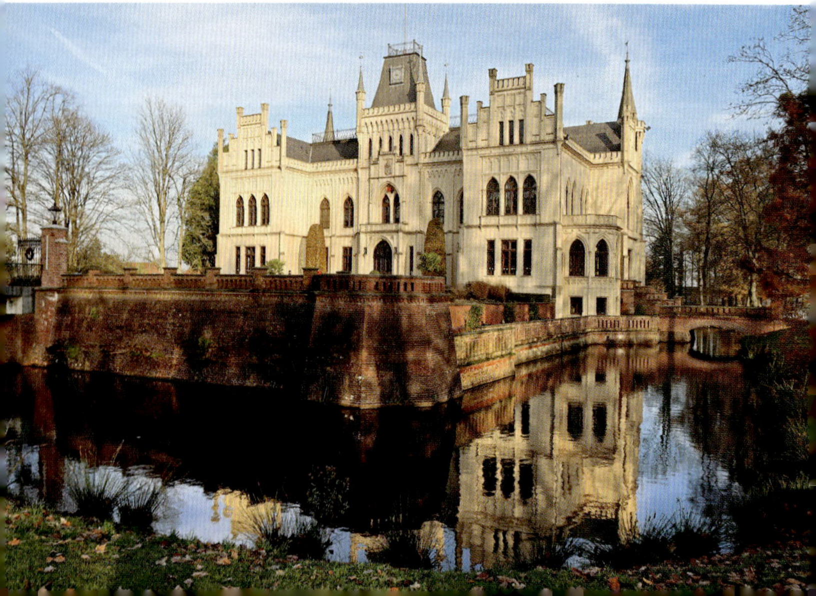

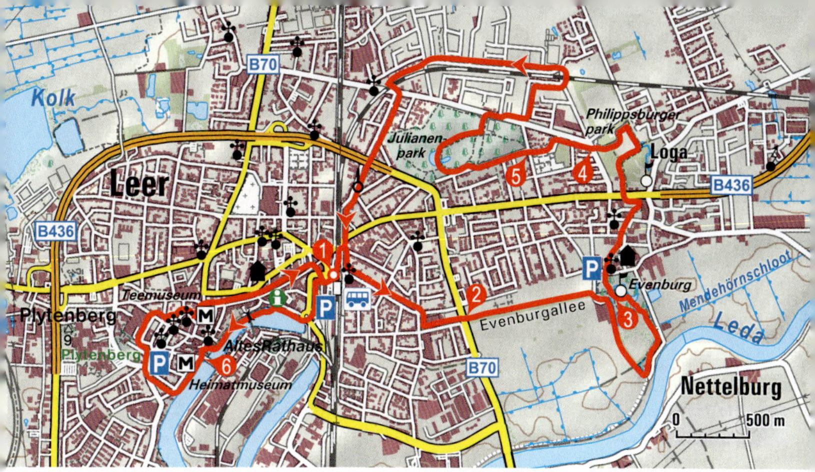

Vor dem **Bahnhof Leer** ❶ halten wir uns entsprechend dem Hinweisschild »Ostfriesland-Wanderweg« nordwärts. Nach Queren der Gleise an der ersten Straße folgen wir auf der Reimersstraße dem Bahnkörper nach rechts, vor der Christuskirche zweigt der Hoheellernweg halb links zum Hoheellern-Stadion ab (Spielstätte des VfL Germania Leer) und vor dem Stadion der Osseweg rechts zur verkehrsberuhigten Evenburgallee. Nach Queren der Papenburger Straße leitet die nun gänzlich autofreie **Evenburgallee** ❷ zwischen Feldern und Kleingärten auf die Evenburg zu.

Kurz vor der Burg zweigt rechts die Mühlenallee zum Gelände des Wassersportclubs Loga an der Logaer Fähre an der von Reet eingefassten Leda ab. Hier links flussaufwärts, bis am Anleger der Paddel- und Pedal-Station die Zufahrt links in das Gehölz abzweigt. 100 m nach Verlassen des Leda-Ufers gehen wir links auf das Gebäude der Paddel- und Pedalstation zu und wenden uns sogleich nach rechts (nach dem Bach bzw. vor dem Haus). Der Pfad führt rechts neben einer Wiese zum Park, den wir 30 m weiter links durch ein Gatter betreten. Wir halten auf das an der Stelle eines barocken Vorgängerbaus im 19. Jh. errichtete neugotische **Wasserschloss Evenburg** ❸ zu und umgehen es schließlich links.

Am Schlossportal der Evenburg geradeaus zum Café in der barocken Vorburg, durch die Toreinfahrt zur Straße Am Schlosspark und rechts an der im

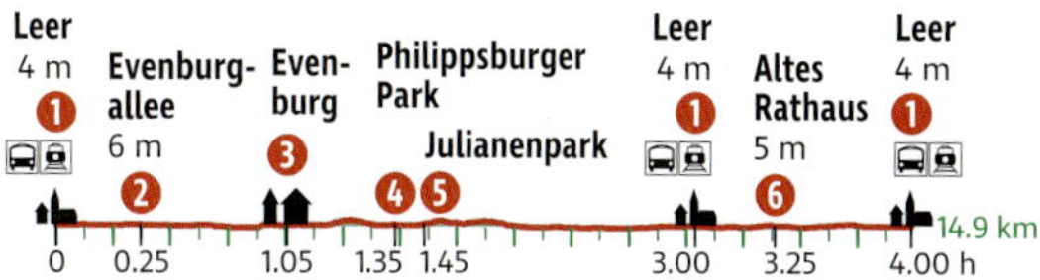

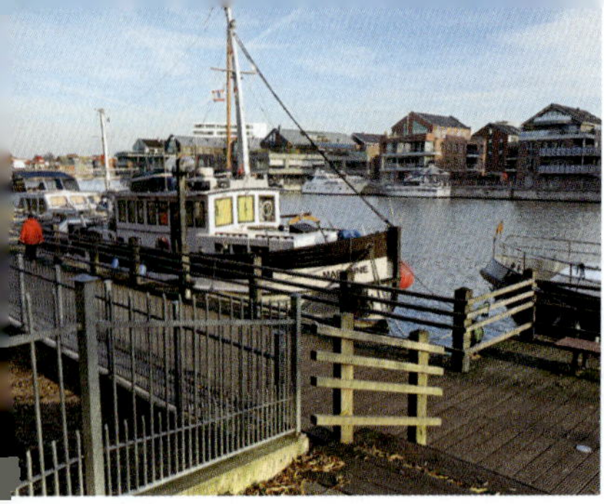

Hafenpromenade in Leer.

Kern romanischen **Kirche** von **Loga** vorbei, vor der bis zu 200 Jahre alte Grabsteine stehen. Am Chor beginnt dann der pfadartige »Heckenweg«, der uns zur Durchgangsstraße (Daalerstraße) bringt, dort links und gleich danach an der Kreuzung Am Kaak wieder links. 150 m weiter führt rechts ein Weg in den **Philippsburger Park**. Die barocke Dreiflügelanlage des Schlosses ist in Privatbesitz. Im Park an Abzweigungen rechts halten und nach 200 m dem Rand der Wiese folgen und zur **Kreuzung Logaer Weg** ❹.

Auf dem Logaer Weg geht es kurz westwärts, bis nach Passieren des Kapellenwegs links ein Pfad (Schild: »Fußweg«) zum 1889 angelegten **Julianenpark** ❺ abzweigt, dem Startpunkt des Ossiloop, des alljährlich auf dem Ostfriesland-Wanderweg durchgeführten größten Volkslaufs zwischen Ems und Jade. Durch Alleen und zuweilen waldartig wirkende Baumbestände des Parks führen die veralteten und nur sporadisch vorhandenen blauen Markierungen zu den Stegbrücken am Teich, wenden sich dahinter nach rechts, verlassen den weitläufigen Park in der Nordostecke an der Friedhofstraße, folgen ihr nordwärts, am Ende rechts (Eisenbahnweg) und in die erste Straße links (Eichendorffstraße) zum Ostfriesland-Wanderweg hinter der Bahnlinie. Der mit dem Buchstaben O markierte Wanderweg führt links (westwärts) zu einem **Torbogen**, der den Beginn dieses Weges in Leer markiert. Dahinter wenden wir uns nach links (Logaer Weg) und gehen in die nächste Straße rechts, die Parkstraße – die in die ruhige Fabriciusstraße übergeht – und in die Kleine Roßbergstraße: Hinter dem ersten Bahnübergang halten wir uns links und erreichen den 1856 errichteten **Bahnhof Leer** ❶, wo wir die Runde durch die Altstadt anhängen können.

Die **historische Altstadt** westlich der Bahnlinie erschließt der »innere Ring« des »LEER-Pfads«: Vom neugotischen Zollhaus (Veranstaltungszentrum) am Bahnhofsring führt er rechts vorbei an der Post und durch die Linkskurve entlang der Georgstraße südwärts zum Hafen. Beim Kreisverkehr wechselt er rechts in die Ledastraße, rechts entlang der an dieser Stelle verfallenen Uferpromenade. Nach 250 m geht es links hinunter zur Leda und weiter entlang der Uferpromenade. Die Becken von Handels- und Industriehafen entstanden durch Abtrennen einer Ledaschleife; die Seeschleuse macht den Hafen tideunabhängig. Die **Nessebrücke** (Fußgängerbrücke) überspannt auf 82 m aussichtsreich den Hafen.

300 m nach der Nessebrücke gehen wir rechts die Stufen hinauf zur Fußgängergasse, auf dieser rechts vorbei am Kulturspeicher, am Ende bei der klassizistischen Mennonitenkirche links auf den kopfsteingepflasterten

Wilhelminengang und nach einer Linkskurve links in die Rathausstraße zum Neurenaissancebau des **Alten Rathauses** 6.
Dahinter passieren wir der Neuen Straße geradeaus folgend die als Gasthof fungierende barocke ehemalige Waage und den klassizistischen Backsteinbau des Heimatmuseums mit Sammlungen zur Vorgeschichte, Wohnkultur, Seefahrt, Fischerei und zur Geschichte der Stadt Leer.
Durch die Kampstraße geht es 200 m nach dem Museum rechts entlang der Pferdemarktstraße zum Marktplatz auf der Bleiche. Vor der Lutherkirche (1675) links in die Süderkreuzstraße, nach 30 m wieder links in den Steinburgsgang und nach 50 m vor dem Parkhaus rechts (weiterhin Steinburgsgang) zum Gemeindehaus Martin-Luther-Haus im ehemaligen Armenhaus (1790) an der Kirchstraße.
Dieser folgen wir nach rechts, bis links der geklinkerte Reformierte Schulgang zur Reformierten Kirche (1787) abzweigt, am Ende links in den Reformierten Kirchgang und kurz darauf rechts. Wenn der Reformierte Kirchgang an der Brunnenstraße endet, führt der »LEER-Pfad« links entlang dieser Fußgängerzone, nach 100 m vorbei am Teemuseum der Firma Bünting, die auf einen Kolonialwarenladen Johann Büntings im 19. Jh. in der Brunnenstraße 37 zurückgeht.
Die Fußgängerzone führt uns kurz darauf leicht nach rechts durch die Mühlenstraße und vorbei am Denkmalplatz zum Mühlenplatz, dort rechts zur Post, an der wir links vorbei wieder zum **Bahnhof Leer** 1 kommen.

Mühlenallee von der Evenburg nach Logaerfähre an der Leda.

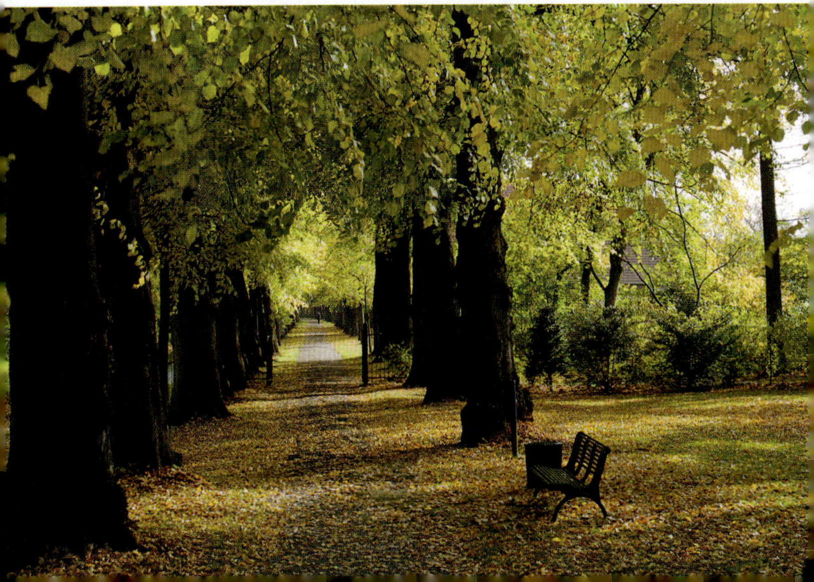

↗ 50 m | ↘ 50 m | 6.4 km

32 Bad Nieuweschans

1.45 h

Rundwanderung in niederländischem Kurort jenseits der Grenze

Bad Nieuweschans – auf Deutsch »Bad Neuschanz« – liegt zwar jenseits der deutschen Grenze. Der erste Kurort des östlichen Nachbarlandes ist als ehemaliger Festungsort jedoch geschichtlich und wirtschaftlich eng mit Ostfriesland verknüpft. Die Tour führt durch den Ort mit den alten Wallanlagen und das von Wasserkanälen geprägte Umland.

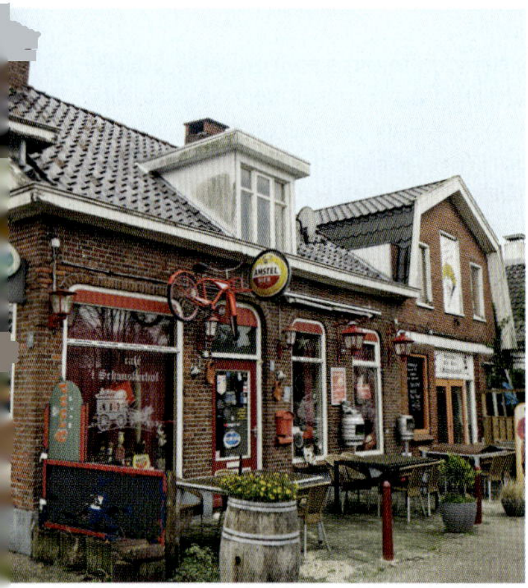

Urige Einkehrgelegenheit in Bad Nieuweschans.

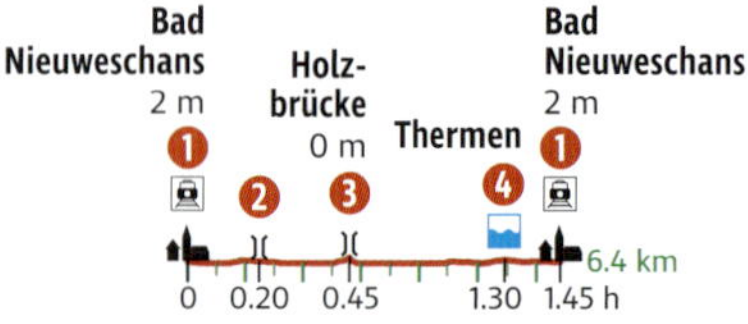

Ausgangspunkt: Bahnhof Bad Nieuweschans mit Parkmöglichkeiten vor dem Bahnübergang, alternativ Parkplätze bei der Therme.

ÖPNV: Bahnhof Bad Nieuweschans mit stündlicher Anbindung an Groningen und Weener, nach Neubau der Friesenbrücke auch wieder nach Leer (siehe »Hinweis«).

Anforderungen: Leichte Wanderung über kleine Wege mit meistens Grasuntergrund entlang von Wasserläufen und Wald sowie auf kleinen asphaltierte und gepflasterten Straßen und Radwegen.

Markierung: Stellenweise rot-weiß für den Noaberpad, einen 415 km langen Wanderweg entlang der niederländischen Grenze zwischen Nordsee und Niederrheingebiet.

Einkehr: Voorstraat und Hoofdstraat in Bad Nieuweschans.

Karte: KV-Plan kombi 1:25.000 Rheiderland, KV-Plan freizeit 1:50.000 Dollard-Route.

Tipps: Festungsmuseum Bad Nieuweschans im Ortszentrum, 1e Kanonnierstraat 2. – Am Dollart 4 km nordwärts an der Mündung der Westerwoldsche Aa Kiekkaaste (»Beobachtungskiste«), eine per Holzbohlenweg erreichbare Vogelbeobachtungshütte außerhalb des Seedeichs an der deutsch-niederländischen Grenze.

Hinweis: Seit ein Frachter die Friesenbrücke über die Ems gerammt hat, ist der Zugverkehr nach Deutschland ist nur noch bis Weener möglich. Der Neubau der Brücke soll offiziell im Jahr 2024 – nach einem internen Bericht des Bundesrechnungshofes eher 2030 – die Bahnpassage nach Leer wieder ermöglichen.

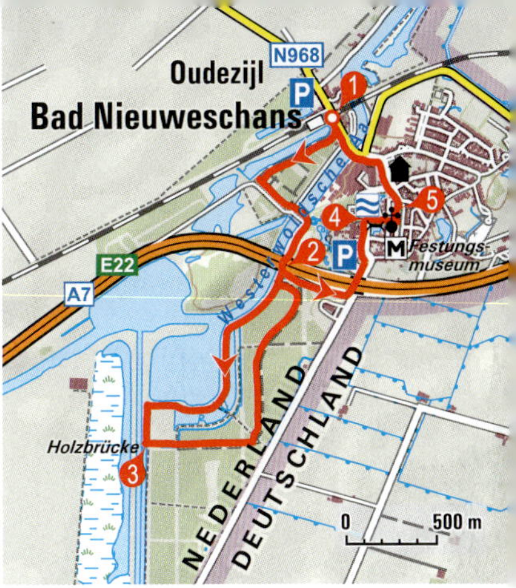

Am **Bahnhof** ❶ von **Bad Nieuweschans** erinnern eine Skulptur und eine Infotafel an die traurige Vergangenheit im Zweiten Weltkrieg, als zwischen 1942 und 1944 Deportationszüge mehr als 100.000 Juden aus dem Durchgangslager Westerbork im niederländischen Drenthe über die Grenze transportierten.

Vom Bahnübergang folgen wir kurz der Straße Verlengde Hoofdweg südostwärts Richtung Zentrum und biegen nach 30 m vor dem Haus Nr. 18, einem Friseur, rechts in den Privatweg (»Eigen Weg«) ein, der zum Deich führt; diesem folgen wir links neben dem Gewässer. Nach 0,5 km schwenken wir am Gewässerende nach links und kommen auf dem gepflasterten Radweg nach wenigen Minuten über die Westerwolder Aa (niederländisch »Westerwoldsche Aa«).

Nach der Brücke führt uns rechts der Weg unter der **Autobahn** ❷ hindurch und weiter auf dem Deich entlang (rot-weiß markiert). Nach insgesamt 1,6 km und 200 m nach einer Bank verabschiedet sich der Weg vom Kanal und führt über eine **Rad- und Fußgängerbrücke** ❸, hinter der wir dem Betonweg durch den Auwald von Houwingaham folgen, benannt nach einer mittelalterlichen Moorsiedlung, die vor rund fünf Jahrhunderten den Fluten beim Dollart-Durchbruch zum Opfer fiel.

Nieuweschans erhielt erst im Jahr 2009 den Namenszusatz »Bad«.

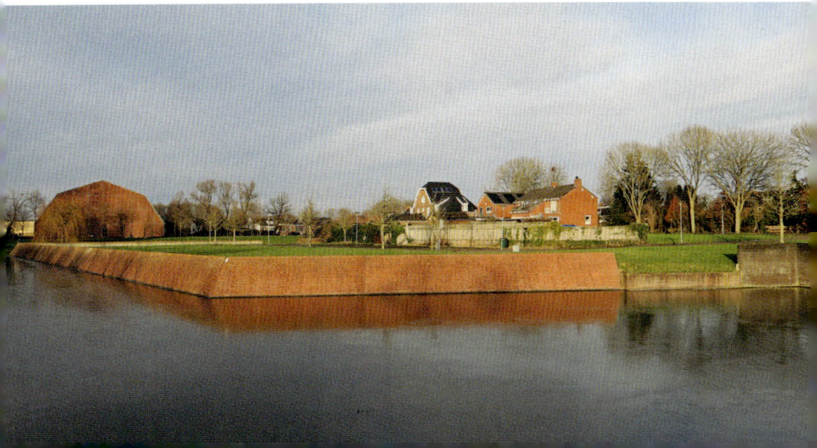

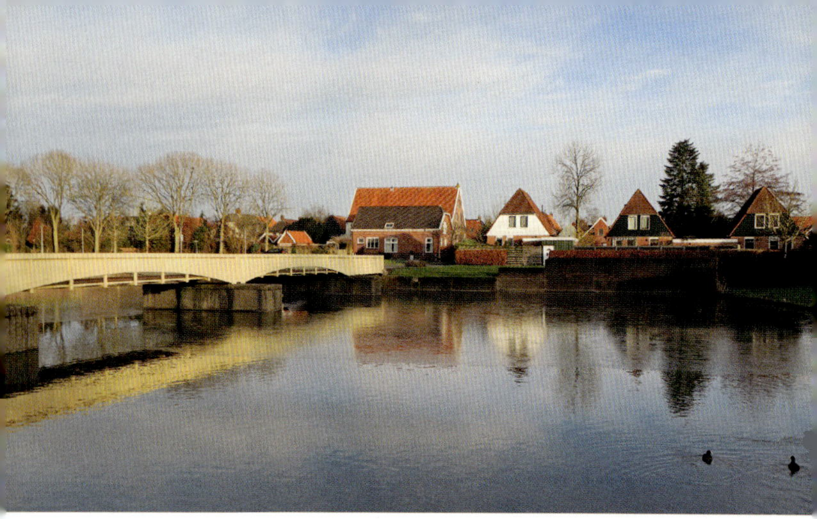

Eine Fußgängerbrücke verbindet die Therme mit der Ortsmitte.

In einer Rechtskurve des Radweges nehmen wir links den Grasweg an einer Holzschranke vorbei, biegen bei der folgenden Kreuzung mit einer Betonplatte rechts in den Wald und gehen bei der nächsten Kreuzung mit einer Betonplatte geradeaus. Beim Pegelanzeiger – ein kurzes Stück vor der **Autobahnbrücke 2** – verlassen wir den Deichweg nach leicht rechts und folgen der gepflasterten Straße rechts neben der Autobahn, die wir nach 5 Gehminuten bei der nächsten Auffahrt links unterqueren.

100 m nach der Autobahn orientieren wir uns bei einer Straßengabelung links in Richtung der eher schmucklosen **Therme 4** aus den 1980er-Jahren, mit eisen- und jodhaltigem Wasser aus 600 m Tiefe. Beim Eingang zur Therme queren wir rechts auf der gelben Fußgängerbrücke den Teich, einen ehemaligen (rekonstruierten) Festungsgraben.

Nieuweschans (»Neuschanz«) wurde im Jahr 1628, während des Achzigjährigen Krieges zwischen den katholischen spanisch-habsburgischen Besatzern und den niederländischen Freiheitskämpfern, planmäßig als damals noch direkt am Dollart liegender Festungsort angelegt. Die Festung mit der symmetrischen fünfeckigen Form wurde im 17. und 18. Jh. mehrfach verstärkt und schließlich 1882 geschleift. Die heutige Anlage ist eine Rekonstruktion aus den 1970er-Jahren.

100 m nach der Brücke über den Festungsgraben führt uns links der schmale Grünstreifen zwischen zwei Straßen auf einen **Pavillon 5** zu, den wir passieren. Die Hoofdstraat führt uns geradeaus durch den Ort, nach einem Supermarkt durch eine Linkskurve und weiter zum kleinen **Bahnhof 1**.

↗ 15 m | ↘ 15 m | 6.5 km

1.45 h

Ditzumerverlaat – Wynhamster Kolk

33

Mühlenwanderweg im Rheiderland

Vom Freizeitgelände in Ditzumerverlaat führt der Mühlenwanderweg durch das idyllische Vogelschutz-Wiesenland zwischen dem Ditzum-Bunder Sieltief und dem Wynhamster Kolk zur Wasserschöpfmühle, die eine der tiefsten Niederungen Deutschlands (–2,6 m unter NN) seit mehr als 200 Jahren entwässert.

Ausgangspunkt: Ditzumerverlaat, Freizeitgelände an der Denkmalstraße in der Gemeinde Bunde.
ÖPNV: Bushaltestelle Ditzumerverlaat-Landschaftspolder im Startort, mit wenigen Verbindungen an Schultagen Richtung Leer (Linie 624); außerdem Haltestelle Ditzum-Aaltukerei/Ditzumerhammrich bei 3, Mo–Fr mehrmals täglich Richtung Leer und Ditzum (Linie 605); www.dbregiobus-nord.de.

Anforderungen: Der Weg verläuft überwiegend als Grasweg.
Einkehr: Keine.
Karte: KV-Plan kombi 1:25.000 Rheiderland, KV-Plan freizeit 1:50.000 Dollard-Route oder 1:60.000 Leer.
Hinweis: Die Tour ist zur Brutzeit zwischen dem 15.3. und dem 31.5. nicht möglich, da der erste Teil als Wiesenschutzgebiet zu diesem Zeitpunkt gesperrt ist.

Wanderweg am fischreichen Ditzum-Bunder Sieltief, rechts fällt das Gelände zum Wynhamster Kolk bis auf mehr als 2 m unter Normalnull ab.

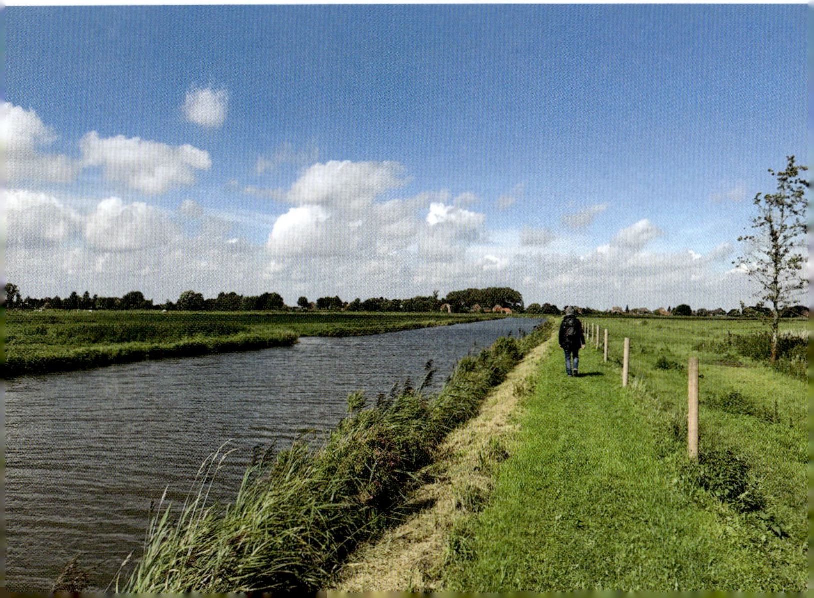

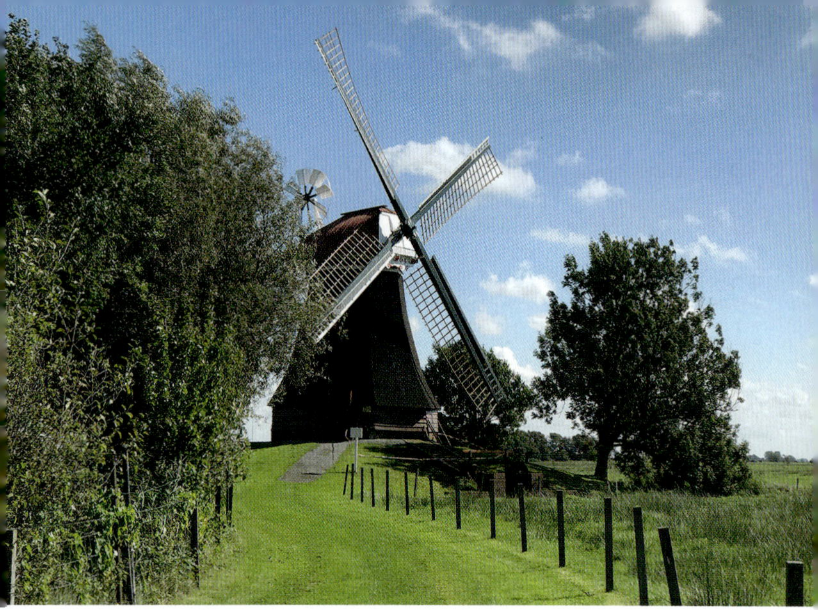

Foto oben: Ein Erdholländer schöpft seit 1804 das Wasser aus dem Wynhamster Kolk ins Ditzum-Bunder Sieltief. – Unten: Insektenparadies bei Ditzumerverlaat.

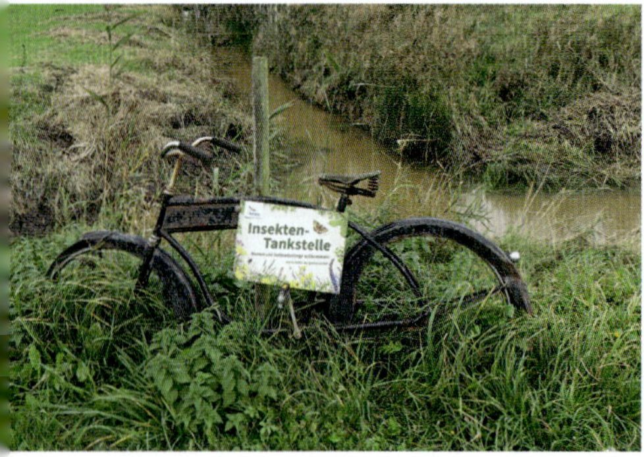

Die Reihensiedlung **Ditzumerverlaat** ❶ liegt auf einem bis zu 2 m hohen Schlafdeich am Ditzum-Bunder Sieltief, das am Wynhamster Kolk entlangfließt, mit 2,5 m unter NN eine der tiefsten Stellen Deutschlands. Ein »Verlaat« ist eine Kastenschleuse. Der Name des 1825 erstmals erwähnten Orts könnte also mit »Ditzumer Schleuse« übersetzt werden.

Vom Freizeitgelände am Rand der Siedlung führt die Denkmalstraße nordwärts, an der ersten Verzweigung wechselt der Mühlenwanderweg geradeaus auf die Zufahrt zum Haus **Up Hannes Warft**. Hier endet die Befahrbarkeit des Wegs, der sich als Grasweg im Grünland fortsetzt. Der Wind rauscht in alten Pappeln rund um das nächste Haus, von dem nur noch die malerische Ruine steht. Nach Überqueren eines Wassergrabens bei den letzten Pappeln wendet sich der Mühlenwanderweg nach links und erreicht eine aussichtsreiche Sitzbank am Sieltief.

Dem fischreichen Fließgewässer folgt der Grasweg mit weitem Blick auf den im Mittelalter von der Nordsee überfluteten, wahrscheinlich 1509 eingedeichten und ab 1804 entwässerten Wynhamster Kolk. Deutlich zu erkennen ist, dass der von der Nordsee ausgestrudelte Kolk niedriger liegt als das Sieltief. Nach und nach rückt das Flügelkreuz der Wasserschöpfmühle ins Blickfeld. Wenn das Tief vor den Häusern der Deichreihensiedlung Ditzumerhammrich nach rechts schwingt, ist es nicht mehr weit bis zur Holzbrücke, über die die Zufahrt von der Landstraße zum Parkplatz vor der Wasserschöpfmühle **Wynhamster Kolk** ❷ erfolgt; ein Schild behauptet: »Tiefste Stelle Niedersachsens«.

Von der Wasserschöpfmühle geht es zurück zur Hütte am Parkplatz, wo sich der Mühlenwanderweg in Linkskurve der Zufahrt am Sieltief fortsetzt. Auf einer Stegbrücke überquert er den Wassergraben, durch den das von der Mühle geschöpfte Wasser zum Sieltief fließt. Auf der nächsten Brücke wechselt er auf die Siedlungsseite des Sieltiefs und folgt ihm unter Bäumen am Rand der Bebauung und der Gärten nordwärts. Die Landstraßenbrücke über das Sieltief an der **Aaltukerei** ❸ bei der gleichnamigen Bushaltestelle markiert das nördliche Ende des Mühlenwanderwegs. Zu sehen gibt es Reusen im Wasser; benannt ist die 1787 erstmals genannte Siedlung nach der Aaltuke, einer mit Widerhaken versehenen Gabel zum Aalfang.

Wir machen kehrt und folgen dem Mühlenwanderweg auf derselben Route zurück, an der Wasserschöpfmühle und an den rauschenden Pappeln vorbei bis nach **Ditzumerverlaat** ❶.

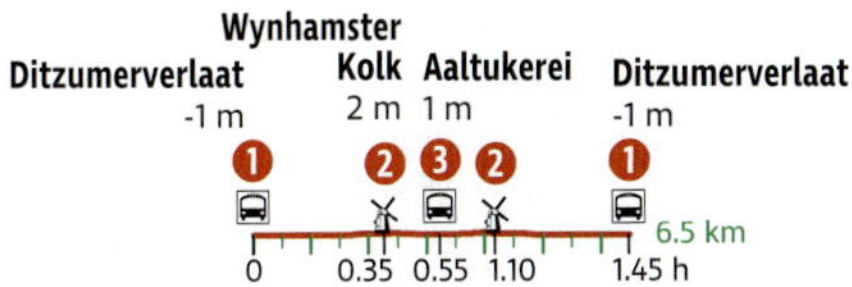

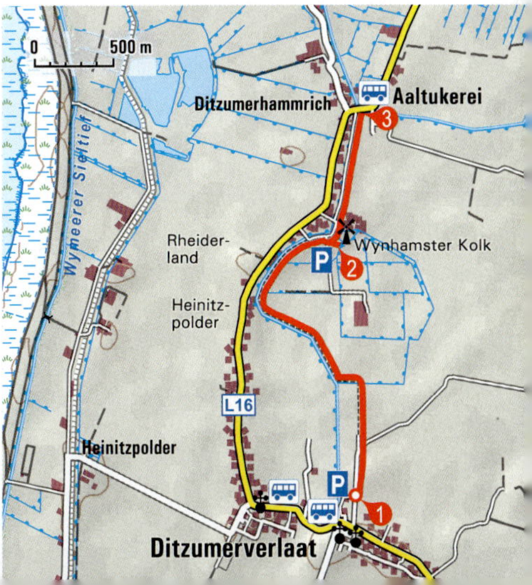

↗ 30 m | ↘ 30 m | 9.6 km

2.30 h

34 Deiche und Dollart bei Ditzum

Rundwanderung an der Mündung der Ems

Gegenüber von Emden liegt an der Mündung der Ems das Dorf Ditzum. Die Wanderung führt entlang der Küste mit Blick auf den Dollart, eine große Bucht südlich von Emden im Mündungsästuar der Ems, die durch Meereseinbrüche im Mittelalter entstand. Zurück nach Ditzum wandern wir über kleine Straßen entlang dem Wymeerer Sieltief und durch Grünland.

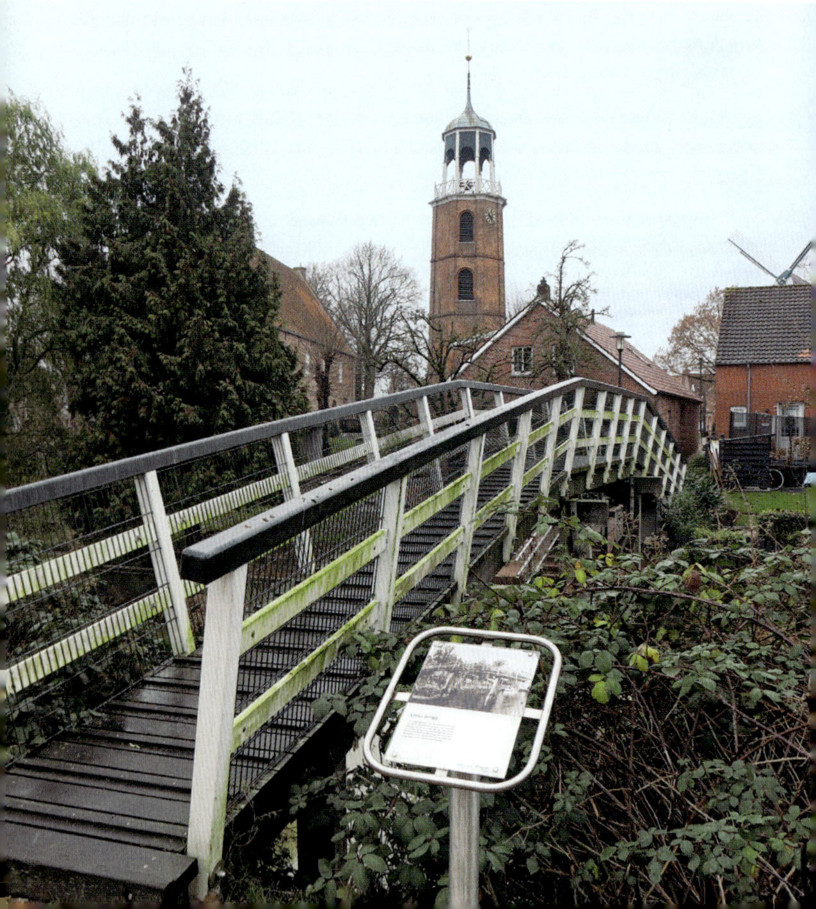

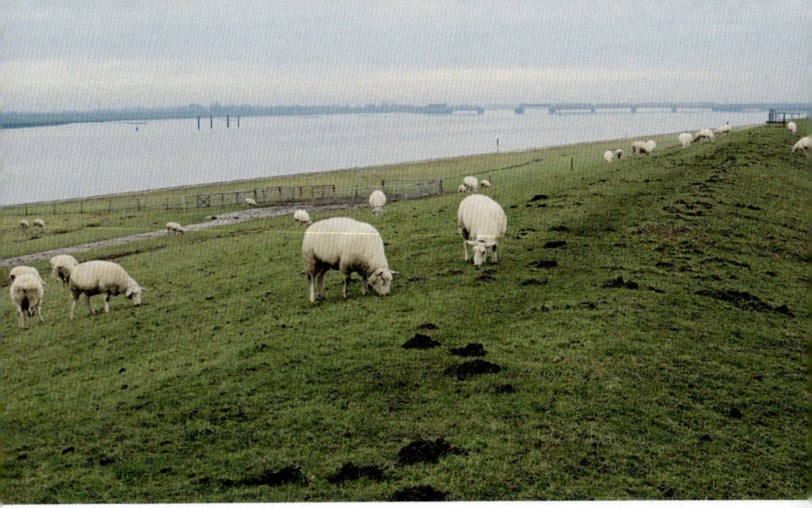

Deichidylle mit Schafen vor dem Emssperrwerk.

Ausgangspunkt: Parkplatz am Ortsanfang von Ditzum.
ÖPNV: Bushaltestelle Ditzum Molkereistraße/Sielstraße zwischen Parkplatz und Ortsmitte, die zu Beginn über die Gasse Am Tief auch direkt erreicht werden kann. Verbindungen mit Linie 605 Mo–Sa mehrmals täglich von/nach Leer; www.dbregiobus-nord.de. Alternativ mit der kleinen Emsfähre mehrmals täglich von/nach Petkum bei Emden (Überfahrt 20 Min.); www.landkreis-leer.de → Leben & Lernen → Tourismus → Fähre Ditzum-Petkum.
Anforderungen: Leichte Wanderung über kleine verkehrsarme Straßen auf und neben dem Deich.
Einkehr: Nur in Ditzum.
Varianten: Abkürzung möglich nach 3,1 km: Kurz hinter Pogum in der Linkskurve des Deichs durch linken Abstieg beim Deich, dann auf Schafweg ostwärts und weiter auf der Route nach Ditzum (gesamt 6,1 km). – Wer am Ende

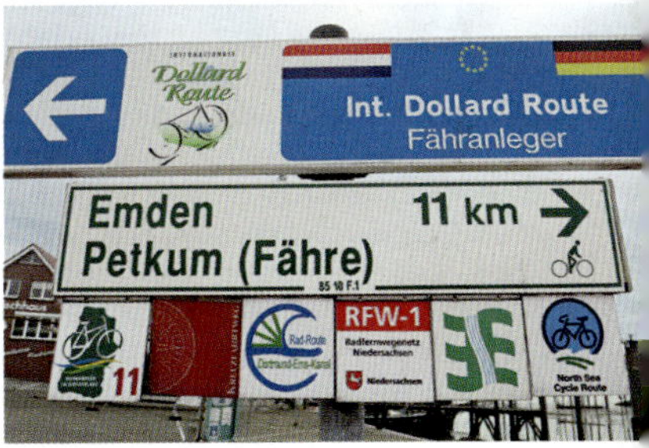

Schilderwald für Radfahrer am Hafen Ditzum.

der Wanderung noch nicht genug hat, kann die Tour auf dem Emsdeich ab Ditzum-Hafen zum Emssperrwerk verlängern (einfach 1,8 km).
Karte: KV-Pläne kombi 1:25.000 Rheiderland oder Emden; KV-Plan freizeit 1:50.000 Dollard-Route oder 1:60.000 Leer.

Die Lüttje Brügg verdankt ihre gebogene Form den hoch beladenen Torfschiffen, die einst hier verkehrten.

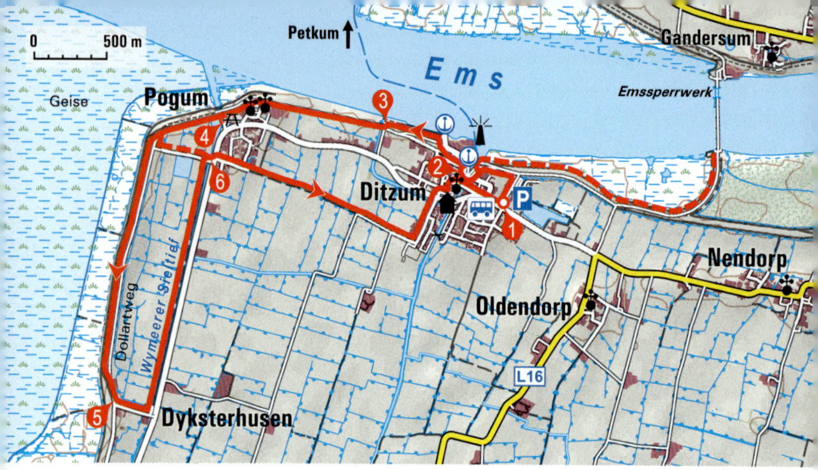

Vom Parkplatz in **Ditzum** ❶ gehen wir nordwärts Richtung Deich, dort halb links auf die Deichkrone und auf dieser zum **Hafen** ❷ von **Ditzum**. Beim backsteingemauerten Wehr queren wir die Durchfahrt, steigen hinter der Statue einer Fischersfrau (»Tant Dientje«) aufwärts und genießen auf geklinkertem Weg die Aussicht auf den Hafen, von dem seit dem 15 Jh. eine Fährverbindung nach Petkum auf der nördlichen Ems-Seite besteht; bis 1897 wurde hier gerudert oder gesegelt.

In einer Linkskurve geht es kurz abwärts und auf der anderen Seite entlang dem Deichkronenweg aus Ditzum hinaus. Nach 100 m nähern wir uns der Ems, indem wir rechts die Treppen zum Ufer hinuntergehen und vor dem Außenanleger links dem Uferweg durch das Gatter folgen. Beim **Ditzumer Schöpfwerk** ❸ steigen wir wieder links auf den Deich und wandern flussabwärts entlang der Deichkrone oder links davon auf dem Radweg.

Bei **Pogum** ❹ passieren wir das Wymeerer Sieltief mit Aussichtsplattform rechts vom Schöpfwerk und Rastplatz links vom Deich. Nach Querung des Wymeerer Sieltiefs knickt der Deich vor dem Dollart nach links, mit weitem Ausblick auf die Bucht. Der **Dollart** war seit dem späten Mittelalter ein leichtes Spiel der Fluten, nachdem die Bewohner der damals rund 30 Dörfer in dem moorigen Gebiet Torf abgebaut und damit das Landniveau gesenkt hatten. Heute präsentiert sich hier mit den Salzwiesen ein Was-

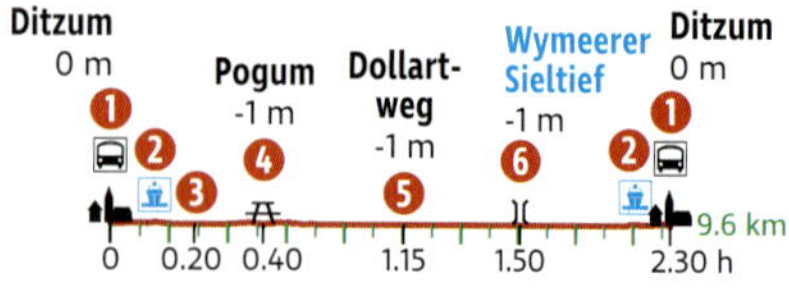

servogel-Eldorado mit 70.000 arktischen Wildgänsen im Winter.
Nach der Linkskurve empfiehlt sich die Fortsetzung des Weges auf dem Deich oder außendeichs mit den vorgelagerten Salzwiesen zur Rechten. Nach 1,5 km geht es beim Tor (unten) oder Zaun (Deich) nach links zur Landseite und dort bei der Kreuzung geradeaus auf dem gepflasterten **Dollartweg** 5 an Häusern vorbei.
In Dyksterhusen halten wir uns kurz vor der Brücke links und folgen der Straße und später dem Feldweg links am **Wymeerer Sieltief** entlang, das wir am Wegende rechts über die **Brücke** 6 queren. Danach halten wir uns kurz links und biegen dann rechts in den Jansumer Weg, einer Sackgasse durch Weideland. Kurz nach einer Gasstation erreichen wir auf gepflastertem Weg wieder Ditzum, wo wir der Straße nach einer Linkskurve geradeaus folgen.
Nach der wegen der früheren Durchfahrt von torfbeladenen Schiffen hoch geschwungenen **Lüttje Brügg** queren wir die Hauptstraße (Molkereistraße) und biegen nach 20 m rechts in die Straße mit Sackgassenschild ein. Vor dem Gemeindehaus links, über den Friedhof links an der Kirche vorbei und dahinter rechts in die Gasse. In der Linkskurve führt uns ein Pfad zwischen den Häusern Nr. 13 und 15 hindurch und auf einer Fußgängerbrücke über den Siel. Links würde man wieder zum Hafen gelangen, geradeaus geht es zur Molkereistraße und auf dieser an der Bushaltestelle vorbei in 150 m zum Parkplatz von **Ditzum** 1.

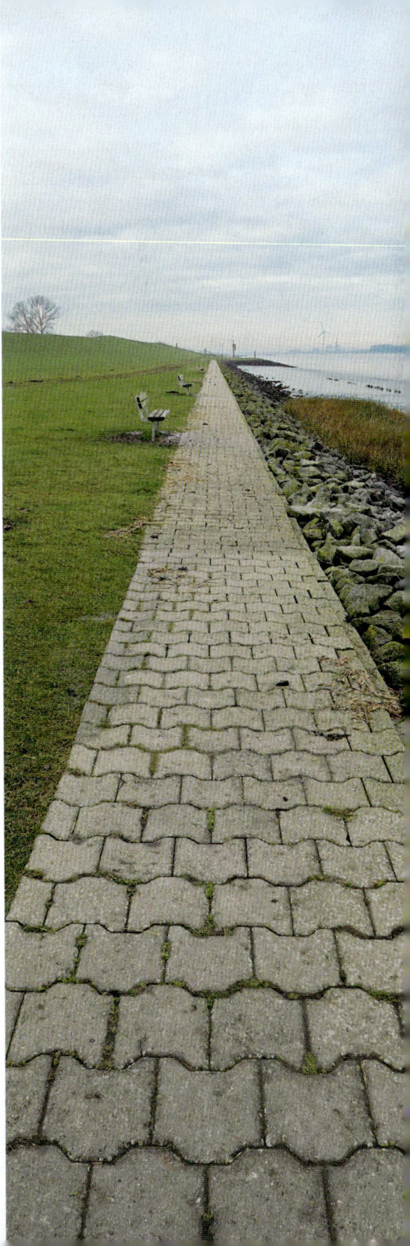

Ems-Uferweg am Außenanleger Ditzum.

↗ 25 m | ↘ 25 m | 18.3 km

35 Borssum – Petkum – Emssperrwerk

4.45 h

Petkumer Vogelschutzgebiet, Sperrwerk, grüner Kanalweg

An der Meeresbucht Dollart und am vogelreichen Petkumer Deichvorland leitet der Störtebekerweg aussichtsreich emsaufwärts zum Sielhafen Petkum und zum Emssperrwerk; ein idyllischer Weg unter Pappeln längs des Ems-Seitenkanals führt zurück nach Borssum.

Ausgangspunkt: Emden, Freibad Borssum mit Parkplatz.
ÖPNV: Bushaltestellen Emden-Borssum Freibad sowie Petkum-Fährstraße (mit Abstecher; Endhaltestelle), Mo–Fr halbstündliche, Sa/So stündliche Stadtbusverbindungen nach Emden Hbf/ZOB mit Linien 6 und 16; www.stadtwerke-emden.de/stadtverkehr.
Anforderungen: Leichte Deichwanderung auf Graspfaden und gepflasterten Wegen.
Markierung: Stellenweise Störtebekerweg (weißes S).
Einkehr: Borssum und Petkum.
Variante: Abkürzung zurück nach Petkum statt bis Oldersum (gesamt 10,4 statt 18,5 km). In Petkum kann die Tour auch mit dem Stadtbus beendet werden. Dazu bei Petkum ❸ vom Siel links in den Ort mit der Bushaltestelle. Bei Abkürzung dort kurz rechts, am Ortsende links in den Klappweg und auf diesem zur Petkumer Brücke ❻.
Kombi-Tipp: Die Tour lässt sich (via Petkum) mit Tour 34 ab Ditzum auf der anderen Emsseite kombinieren; Überfahrt mit der Emsfähre (Info siehe Tour 34).
Karte: KV-Plan kombi 1:25.000 Emden, KV-Plan freizeit 1:50.000 Dollard-Route, 1:60.000 Leer oder Aurich.
Hinweis: Der Teekabfuhrweg (außendeichs) westlich von Petkum darf aus Naturschutzgründen nur vom 1.7. bis 30.9. begangen werden, für die Deichkrone gelten keine Einschränkungen.

Im Hafen von Petkum legen die Emsfähren aus Ditzum an.

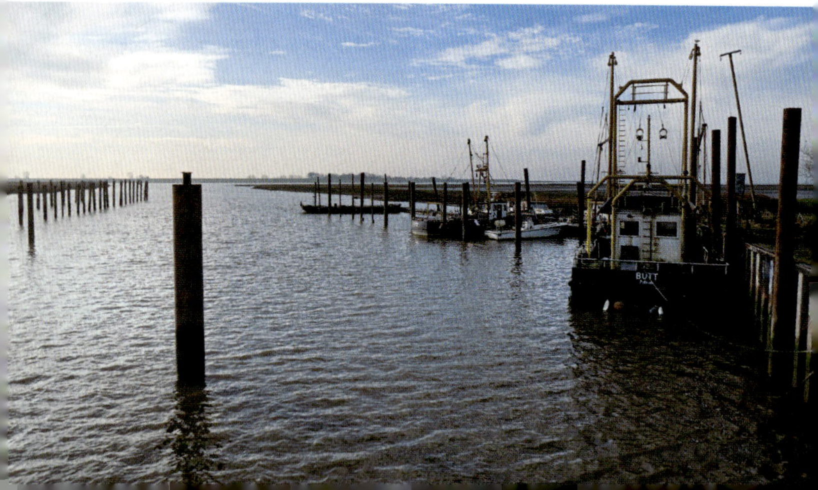

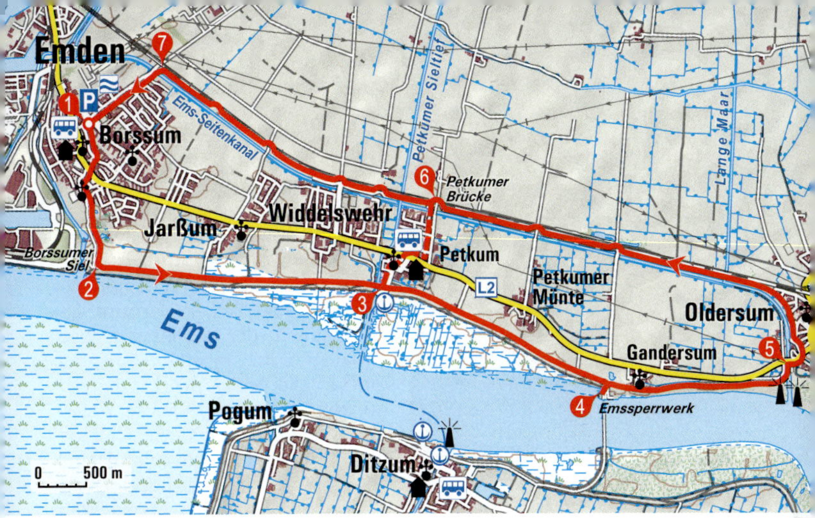

Bei der Bushaltestelle **Borssum-Freibad** ❶ folgen wir der Straße ab Wykhoffweg kurz in südwestliche Richtung, links vorbei am Supermarkt, dann biegen wir links in die Kiefernstraße ein und nach 5 Gehminuten vor Parkflächen rechts in den Föhrenweg, der in die Petkumer Straße einmündet. Dort kurz nach links, dann rechts vor einer Autowerkstatt in den Kleinen Weg, übergehend in den Westerburger Weg, benannt nach der Borssumer Westerburg, die auf der Warf nahe der Alten Kirche stand. Die im Kern romanische **Alte Kirche** ist einer der frühesten Backsteinbauten in Ostfriesland und das älteste erhaltene Gebäude auf Emder Stadtgebiet.

Wir folgen dem von rechts einmündenden, mit dem Buchstaben S markierten Störtebekerweg auf der Schöpfwerkstraße rechts an der Backsteinkirche und danach am regionalen Umweltzentrum Ökowerk Emden vorbei zum **Borssumer Siel** ❷ am Emsdeich, wo sich der Blick auf die Meeresbucht Dollart und die Ems öffnet. Eine Tafel informiert über die MS Solstice als Teil des für Radfahrer konzipierten Kreuzfahrtweges entlang der Ems, der an die in Papenburg gebauten Ozeanriesen erinnert, deren Überführungsfahrten durch die Ems jedes Mal einen großen logistischen Aufwand bedeuten inklusive Aufstauung des Flusses. Die Silhouetten aus

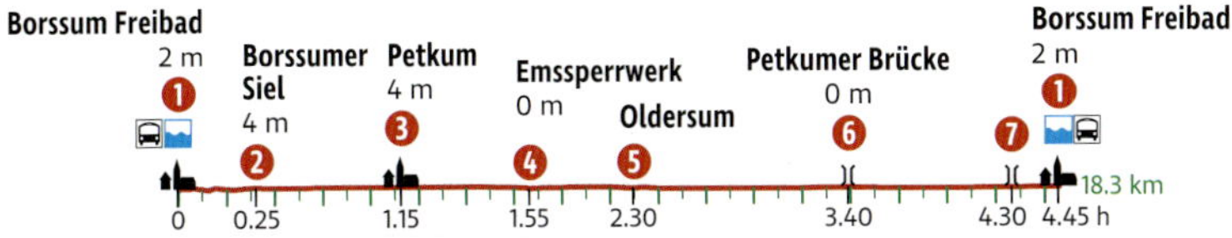

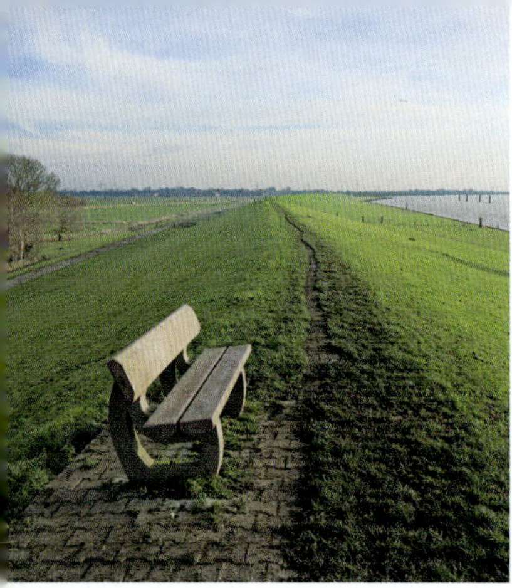

Emsdeich bei Gandersum.

Schiffsstahlplatten stammen aus der Lehrwerkstatt der Papenburger Meyer-Werft.

Auf der gepflasterten Deichkrone führt der Wanderweg flussaufwärts, jenseits der Ems zeigen sich die Windmühle und der Kirchturm von Ditzum, parallel zur Deichkrone führt am Wasser ein Weg entlang. Auf Höhe des Weilers **Jarßum** verwandelt sich der gepflasterte Weg auf dem Deich in einen Graspfad, und an die Stelle der Uferbefestigungen treten abgezäunte Anlandungsbereiche: Im Naturschutzgebiet **Petkumer Deichvorland** sind ab September Schwärme von Watvögeln und Enten zu beobachten, ab dem Frühjahr Rotschenkel, Uferschnepfen, Kiebitze, Austernfischer und Säbelschnäbler. Vor dem Naturschutzgebiet verläuft der Teekabfuhrweg (»Teekabfuhr« ist die Abfuhr von Treibgut).

Von der Aussichtsplattform auf dem Sielwärterhaus am Hafen von **Petkum** ❸ an der Mündung des Petkumer Sieltiefs schweift der Blick über die Ems nach Ditzum, dorthin fährt von Petkum aus ein Fährschiff. Störtebekerweg und Teekabfuhrweg führen weiter durch das Vogelschutzgebiet, in dem 2002 das 476 m lange **Emssperrwerk** ❹ eröffnet wurde. Vom Sperrwerk folgt der Störtebekerweg dem Pfad auf dem Deich zu Sitzbänken am Anleger vor dem Kirchdorf Gandersum und zur Einmündung des Ems-Seitenkanals am Rand des Hafenorts **Oldersum** ❺. Vor der Schleuse geht es links die Treppe hinunter und auf der Straße rechts über den Ems-Seitenkanal. Nach Überqueren des nächsten Kanals – Alde Maar – zweigt links der Heereweg ab und verläuft zunächst als gepflasterter Weg entlang dem Kanal, dem wir bis zur sechsten Brücke folgen.

Ab dem **Bootshafen Gandersum** verwandelt er sich in einen Feld- und Wiesenweg längs des Ems-Seitenkanals, der heute überwiegend als Wasserwanderweg genutzt wird. Die erste Brücke überspannt den Kanal an der Einmündung der Langen Maar (Schutzhütte), die zweite auf der Höhe von Gandersum; zuweilen rauscht unvermittelt ein Zug vorbei. Dann überquert der Kanal die Emder Stadtgrenze, passiert die Brücke auf Höhe der Petkumer Münte und erreicht die **Petkumer Brücke** ❻, weiterhin von Pappelreihen und Wiesen begleitet.

Nach Überqueren des Kanals auf der der sechsten Brücke, der **Wykhoffweg-Brücke** ❼ am Ortsrand von **Borssum**, geht es geradeaus zum Ausgangspunkt, der Bushaltestelle **Borssum-Freibad** ❶.

↗ 45 m | ↘ 45 m | 9.0 km

2.30 h

Emder Wall – Wolthusen – Ratsdelft

36

Grüne Wege durch die Seehafenstadt

Der Emder Wall ist die in eine Grünanlage mit alten Baumbeständen umgewandelte ehemalige Stadtbefestigung aus der Zeit vor dem Dreißigjährigen Krieg. 1819 wurden die Befestigungen geschleift. Heute ist der Wall ein Paradies für Spaziergänge unter alten Linden, Ahornen und Buchen zwischen dem Jugendstil-Wasserturm nahe der Emder Kunsthalle und dem Gebiet der Kesselschleuse am Anfang des Ems-Jade-Kanals.

Ausgangspunkt: Emden Hauptbahnhof am Bahnhofsplatz mit gebührenpflichtigem Parkplatz und -haus.
ÖPNV: Ab Emden Hbf. stündlich Verbindungen Richtung Hannover, Münster, Norddeich sowie mehrmals täglich ICs.
Anforderungen: Parkwanderung großteils auf gepflegten Promenaden.
Einkehr: Viele Einkehrmöglichkeiten.
Karte: KV-Pläne kombi 1:25.000 Emden oder Krummhörn.
Tipps: Kulturelle Einrichtungen wie die von Henri Nannen gestiftete Kunsthalle sowie Ostfriesisches Landesmuseum oder Otto Huus am Hafen.

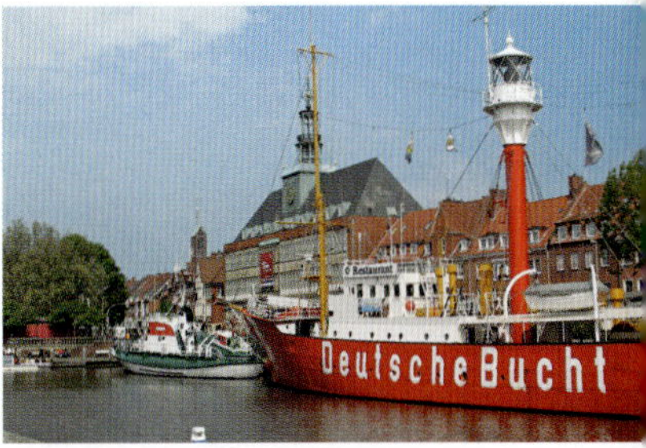

Museums-Feuerschiff Amrumbank Deutsche Bucht im Emder Hafen.

Vom **Hauptbahnhof Emden** ❶ geht es über den Bahnhofsplatz zum 42 m hohen Jugendstil-Wasserturm, erbaut 1912 auf einem Fundament von 260 jeweils 15 m langen Pfählen. Wenige Meter nach Passieren des Wasserturms führt eine Stegbrücke links über den Stadtgraben in die Parkanlagen des

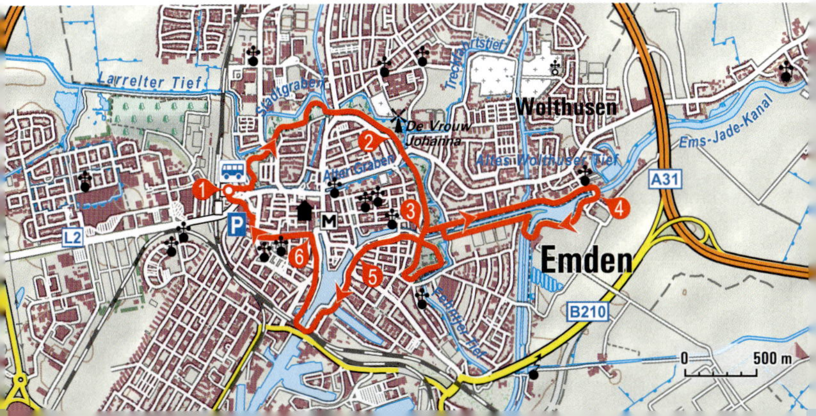

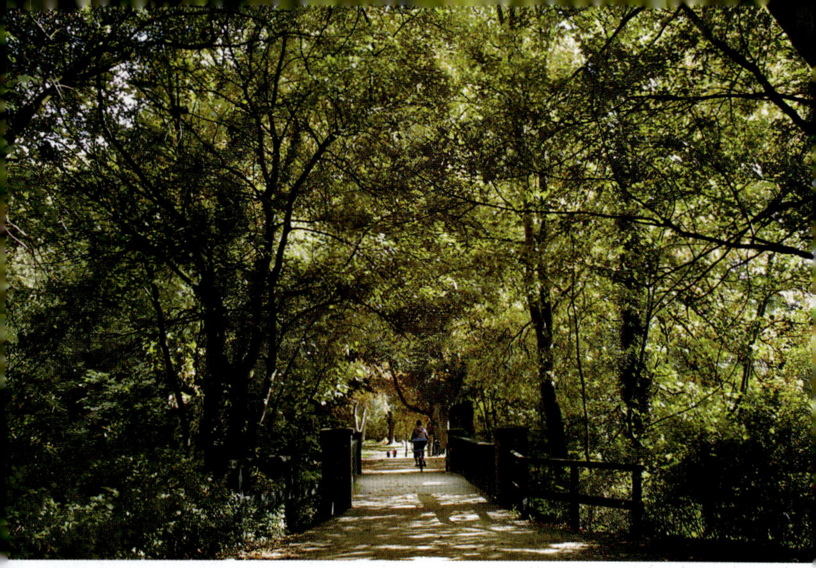

Der Emder Wall ist die in einen Parkgürtel umgewandelte ehemalige Befestigungsanlage der Seehafenstadt, angelegt 1606–20 als Schutz vor dem Dreißigjährigen Krieg.

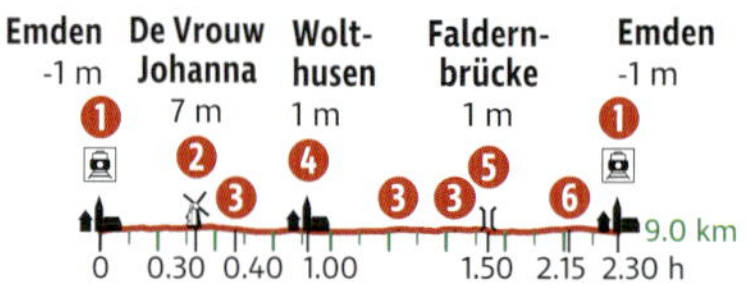

Walls. Autofrei folgt der Weg der Krone der ehemaligen Stadtbefestigung, hinter die vor allem während des Dreißigjährigen Kriegs Zehntausende Menschen aus dem Umland flüchteten. Der von Laubbäumen bestandene **Meister-Geerds-Zwinger** ist der erste Zwinger; von seiner Spitze fällt der Blick hinaus auf den Stadtgraben und das Larrelter Tief; beide Wasserstraßen werden von Booten, Jachten und Kanus befahren.

Nach Verlassen des Zwingers kreuzt der Wallwanderweg den Steinweg, der in der altstadtseitigen Verlängerung Boltentorsgang heißt: Hier war früher das Boltentor, eines der Stadttore, in den Wall eingefügt. Wenig später führt der Wallwanderweg am Heuzwinger vorbei und erreicht am Ende eines alleeartigen Wegstücks den **Albringswehrster Zwinger**; hier ist rechts über die Straße Am Hinter Tief der Abstecher zur nahen Kunsthalle Emden möglich.

Hinter dem Albringswehrster Zwinger unterquert der Wallwanderweg die Auricher Straße, deren altstadtseitige Fortsetzung Neutorstraße heißt: An dieser Stelle befand sich in der Stadtbefestigung das Neutor. Da bis weit ins 19. Jahrhundert die Kanäle die Hauptverkehrsadern bildeten, war jedem

Stadttor mindestens ein »Verlaat« zum Umladen der Waren vorgelagert. Die Verlaate hatten zugleich Schleusenfunktionen: Das Schließen bzw. Öffnen der Verlaate und der innerstädtischen Sieltore diente der innerstädtischen Wasserstandsregulierung (z. B. als Hochwasserschutz) ebenso wie der gezielten Überflutung des Umlandes bei Angriffen.

Der erste Zwinger nach Queren der Auricher Straße ist der **Vogelsangzwinger.** Davor gabelt sich bei einer Infotafel der Weg; wir können entweder links über die Festung oder rechts (etwas kürzer) auf dem Radweg durch die Wallanlage gehen. Hinter der Mühle **De Vrouw Johanna** 2 auf dem Marienwehrster Zwinger, einem dreistöckigen Galerieholländer (1804), kommen die Varianten wieder zusammen.

Nach Kreuzen der Wolthuser Straße überquert der Wallwanderweg den Alten Graben, der bis zum Bau des Walls die nördliche Stadtgrenze markierte und südlich von einer Mauer (»Bollwerk«) flankiert war. Wenn der Weg die Tennisplätze hinter dem Gelbe-Mühlen-Zwinger passiert hat, öffnet sich beim Rote-Mühlen-Zwinger – seit 1916 Flammen aus dem Mühlendach schlugen, ist die Rote Mühle ein Torso – der Blick durch die Brückstraße auf die Türme der Neuen Kirche und des Rathauses. Gleich darauf stößt der Wallwanderweg auf das **Verbindungstief** 3 zwischen Falderndelft (rechts) und Ems-Jade-Kanal. Hier führt eine Klinkerpromenade links zum technischen Denkmal **Kesselschleuse**, einer Vier-Kammer-Schleuse (1887) am Beginn des Ems-Jade-Kanals.

Von der Schleuse folgt eine Klinkerpromenade dem Nordufer des Kanals stadtauswärts, passiert die Ruinen zweier Brückenpfeiler, die für eine geplante Eisenbahnlinie gedacht waren, und überquert den **Borssumer Kanal**, der als Düker (»Taucher«) unter dem Ems-Jade-Kanal hindurchgeführt wird. Gleich darauf zweigt vom Ems-Jade-Kanal der Verbindungskanal südwärts ab (verbindet den Ems-Jade-Kanal mit dem Fehntjer Tief und dem Ems-Seitenkanal). Wenig später erreicht

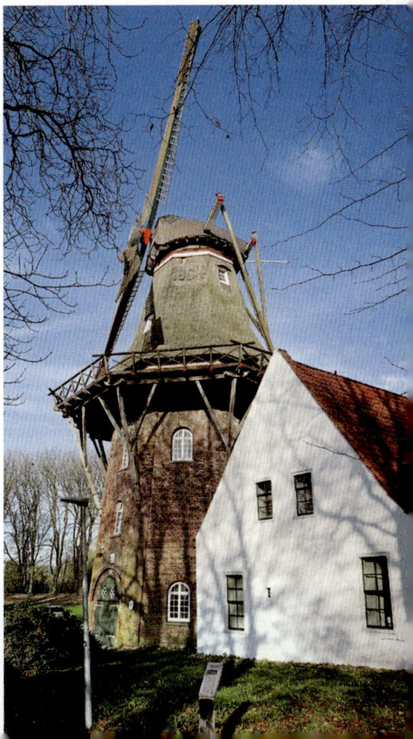

Windmühle De Vrouw Johanna auf dem Marienwehrster Zwinger des Emder Walls.

der Weg das Kirchdorf Wolthusen. Die Backstein-Saalkirche wurde 1784 als Nachfolgerin eines mittelalterlichen Baus errichtet.

Nach Überqueren des Ems-Jade-Kanals auf der **Klappbrücke** ❹ von **Wolthusen** geht es am Südufer zurück Richtung Emden. Der Weg, neben dem oft Angler im Gras sitzen, überquert den Verbindungskanal auf einer hölzernen Stegbrücke, dahinter geht es vor dem Borssumer Kanal rechts zum dreifachen Schützenwehr an der Schnittstelle von Borssumer und Ems-Jade-Kanal. Vom Schützenwehr führt der pfadartige Weg längs des Ems-Jade-Kanals aussichtsreich zurück zur Kesselschleuse, vor der links das Van-Ameren-Freibad liegt.

Von der Kesselschleuse gelangt man wieder zum Wallwanderweg, der auf einer Fußgängerbrücke das **Verbindungstief** ❸ überquert und als letzten Wallzwinger den **Weiße-Mühlen-Zwinger** mit der Weizenmühle erreicht. Kurz nach Passieren dieses Zwingers endet der Wall an der Straße Am Herrentor: kurz links und dann wieder links in die außerhalb des Walls gelegenen Parkanlagen mit dem Schwanenteich und zurück zum **Verbindungstief** ❸, dem ein autofreier Klinkerweg links zur Klappbrücke am ehemaligen Roten Siel folgt; hier öffnet sich der Blick ostwärts Richtung Ems-Jade-Kanal, westwärts auf die Boote im Falderndelft und nordwärts zur Neuen Kirche (1644–48, Architekt: Martin Faber); gleich rechts steht das

Der nächtliche Emder Hafen mit dem alten Seenotkreuzer Georg Breusing.

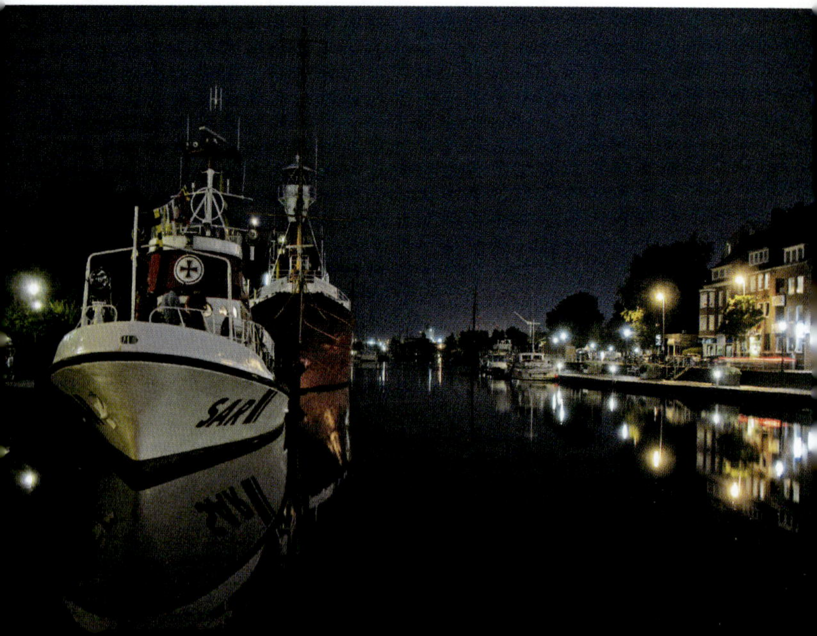

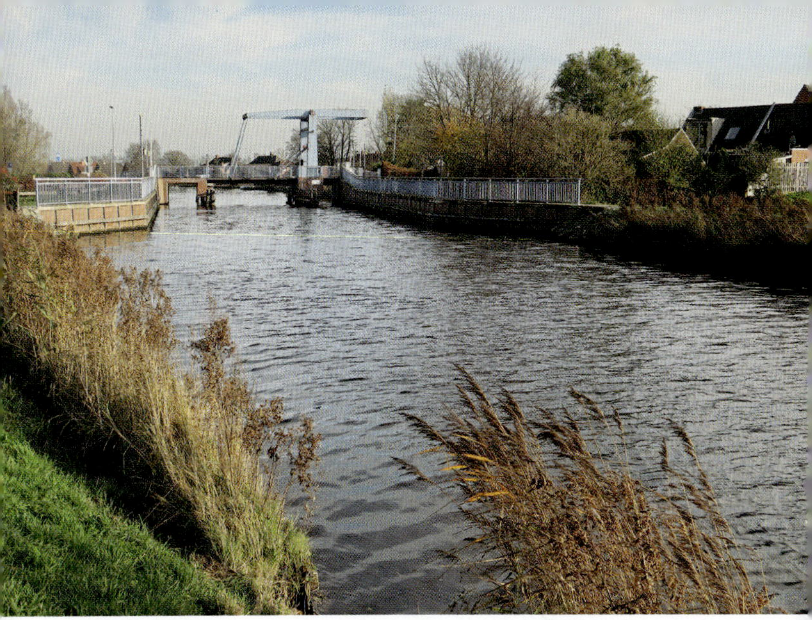

Bei Wolthusen wird der Ems-Jade-Kanal über eine Zugbrücke gequert.

Gödenser Haus, eines der wenigen erhaltenen Renaissancehäuser Emdens (1551).

Vom Roten Siel verläuft eine Promenade am Falderndelft entlang zur **Faldernbrücke 5**, einer Klappbrücke, und nach Queren der Straße geradeaus am Freizeitufer des Alten Binnenhafens entlang. Der Uferweg führt zur Eisenbahnbrücke, am Westufer lädt das Hafenhaus zu aussichtsreicher Einkehr ein, dann erreicht die Promenade das in Formen der Spätrenaissance errichtete Hafentor (1635), das einzige erhaltene Stadttor Alt-Emdens.

Nach Durchqueren des Hafentors führt die Promenade am Ratsdelft entlang. Der Ratsdelft vor dem Rathaus bildet einschließlich seiner Umgebung den Mittelpunkt der Stadt. Im Delft ankern Museums- und Restaurantschiffe, an der **Delfttreppe 6** legen die Hafenrundfahrtschiffe ab. Im Rathaus sind das Ostfriesische Landesmuseum und die Rüstkammer untergebracht. Bei klarer Sicht lohnt die Besteigung des Rathausturms: Hier bietet sich ein eindrucksvoller Blick auf die Emder Stadt- und Hafenlandschaft, auf die Krummhörn und das Brookmerland.

Von der Delfttreppe geht es am Otto Huus vorbei durch die Große Straße (Fußgängerzone) zum Burgplatz (Grünanlage), dort an der Ampel rechts durch die Ringstraße und nach 100 m links auf dem Radweg zum **Hauptbahnhof Emden 1**.

↗ 70 m | ↘ 70 m | 13.4 km

37 Borkum: Bahnhof – Sturmeck – Ostland

3.30 h

Bäderarchitektur, Dünen, Strände

Vom Neuen Leuchtturm folgt diese abwechslungsreiche Inselwanderung den Dünen und Stränden vom Borkumer Westland ins Ostland: Bis ins 19. Jahrhundert war die größte Ostfriesische Insel nach Sturmfluten im Mittelalter in West- und Ostland geteilt.

Ausgangspunkt: Bhf. Borkum neben der Tourist-Info am Georg-Schütte-Platz mit kostenlosem Parkplatz 200 m südlich.
ÖPNV: Bahnverbindung zu Häfen im Rhythmus der Fähren. Der Inselbus hält am Bahnhof sowie unterwegs bei Ostland ❻, beim Emmich-Denkmal und beim Flugplatz ❼, je nach Jahreszeit 6–10 Verbindungen täglich nach Ostland; www.borkumer-kleinbahn.de.
Anforderungen: Dünen- und Strandwanderung auf Klinker- und Feldwegen, zum Teil sandig, sowie am Spülsaum mit zahlreichen Bademöglichkeiten.
Einkehr: Café Sturmeck am Jugendbad (Mo Ruhetag); Café Seeblick (Di Ruhetag); Café-Restaurant Ostland; Dünenhotel am Flugplatz.
Variante: Wer an der Verzweigung vor den Olde Dünen am Spülsaum weiterwandert, gelangt zur Ostspitze Hoge Hörn (Tour 38).
Kombi-Tipp: Zusammen mit Tour 38 große Runde zwischen Borkum-Ort und Hoge Hörn (gesamt 25,5 km).
Karte: Kompass-Karte Borkum 15.000.

Weiße Seebäderarchitektur und Neuer Leuchtturm am Nordbad von Borkum.

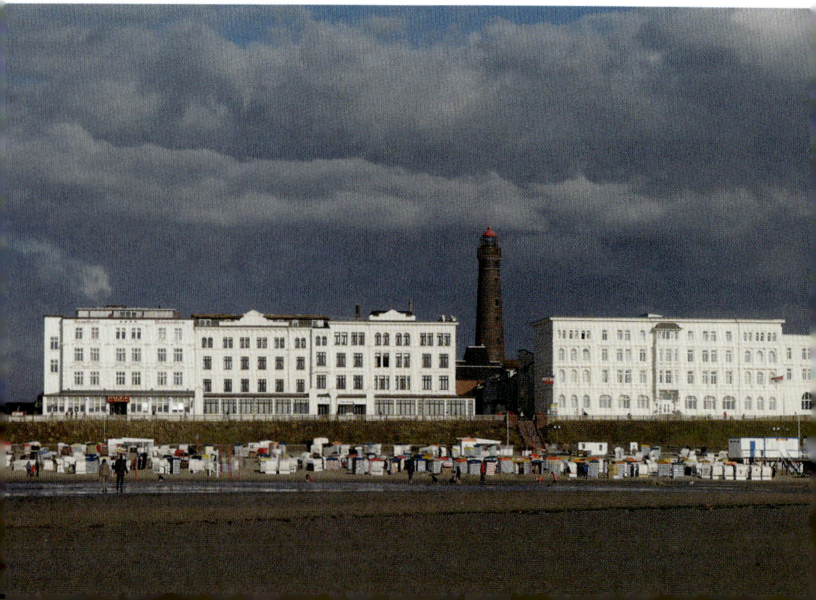

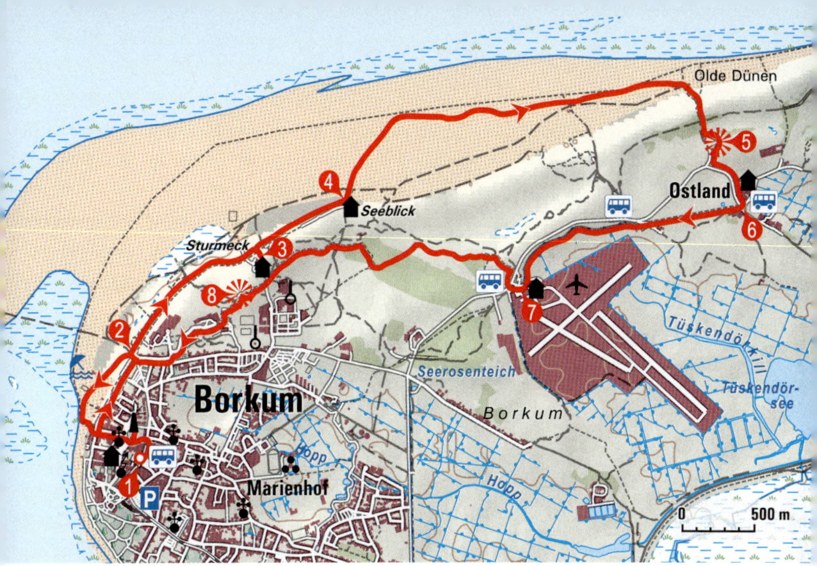

Beim **Bahnhof Borkum** ❶ am Georg-Schütte-Platz zweigt am Ende der Gleisanlage die autofreie Strandstraße links zum 65 m hohen **Neuen Leuchtturm** (1879) ab, dem Wahrzeichen der Insel mit hervorragendem Blick von der Aussichtsgalerie.

Von der Grünanlage am Leuchtturm führt die Strandstraße weiter zur Strandpromenade vor der Wandelhalle, dem Musikpavillon und anderen historischen Kuranlagen beim Nordbad. Die Strandpromenade verläuft rechts weiter, während der Blick über den Sandstrand und das Wasser hinweg zur Robbenlandzunge Hohes Riff schweift. Beim Kleinen Kaap (historisches Seezeichen) verlässt die **Strandpromenade** die Bebauung und taucht an der Abzweigung **Kaapdelle** ❷ am Großen Kaap als schmaler Klinkerweg in die Vordünen ein.

Oberhalb vom Jugendbad lädt das **Café Sturmeck** ❸ mit Blick auf Dünen, Strände und Meer zur Rast ein. Wo sich die Wasserlinie und die Norddünen fast berühren, steht das **Café Seeblick** ❹. Dahinter beginnt das Gebiet, in dem Borkum nach mittelalterlichen Sturmfluten in West- und Ostland ge-

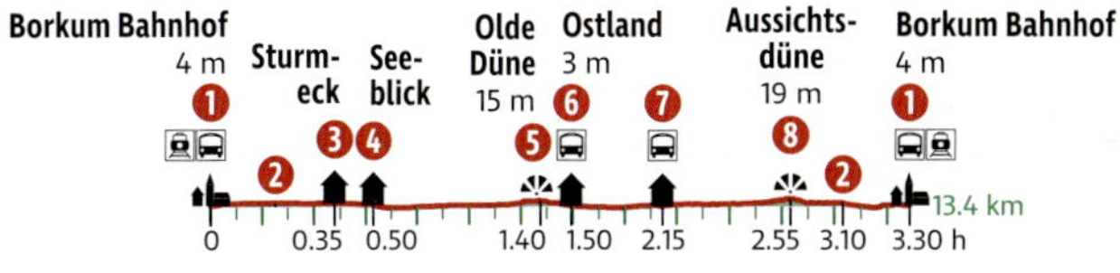

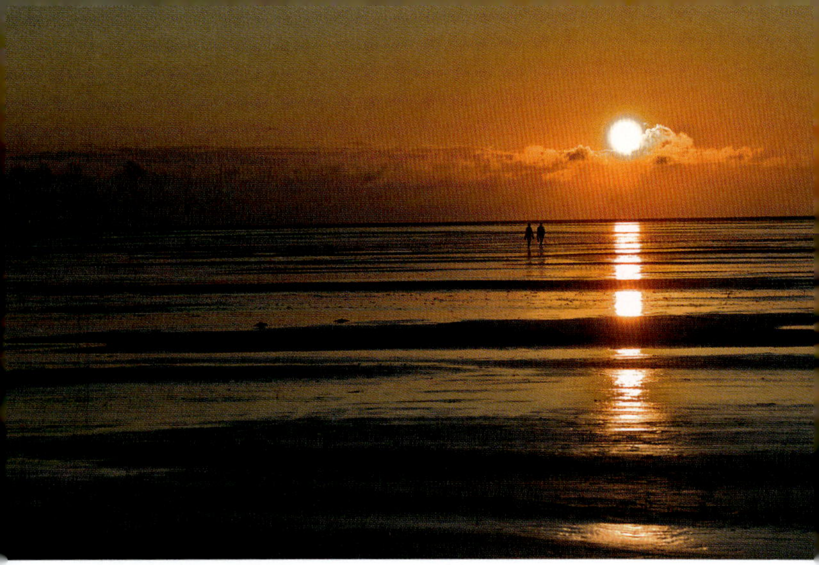

Abend im Watt vor den Vordünen.

teilt war: Dieser »Tüskendör« genannte Bereich wurde in den 1930er-Jahren zwischen den Norddünen und den Olde Dünen durch den Hindenburgdamm von der See abgeriegelt, landseitig entstand das heute weitgehend trockene Muschelfeld.

Nach Passieren des FKK-Strandes nähern sich die Olde Dünen der Wasserlinie. Hier zweigt ein Weg landeinwärts über die Olde Dünen ab. Borkums zweithöchste Aussichtsdüne **Olde Düne** 5 (15 m) bietet Rundschau, dann führt die Straße links zum **Café-Restaurant Ostland** 6 (Bushaltestelle).

Von Ostland führt ein mit der Ziffer 2 markierter Klinkerweg durch die Dünen zurück Richtung Stadt. Vom Emmich-Denkmal (Bushaltestelle) bis zum Flugplatz verläuft er zwischen der Straße und den Tüskendör-Wiesen und wechselt am **Flugplatz** 7 (Bushaltestelle, Hotel) rechts in den Wald zwischen dem ehemaligen Muschelfeld und der bewaldeten Waterdelle. Schließlich durchquert er die Wälder der Waterdelle und führt dann landseitig der Cafés Seeblick und Sturmeck durch die Dünen, wobei zuletzt noch einmal der Blick von der heckenrosenbewachsenen **Aussichtsdüne** 8 am Dünenweg lohnt; mit 18,7 m die höchste Aussichtsdüne der Insel.

Wenig später erreicht der Weg beim Großen Kaap wieder die Bebauung: kurz nach links (Boedinghausstraße) und sofort rechts (Kaapdelle), hier ist die **Strandpromenade** 2 oberhalb des Nordbads beim **Neuen Leuchtturm** wieder erreicht. Nach einem letzten Schlenker über den Strand geht es zurück zum **Bahnhof Borkum** 1.

↗ 20 m | ↘ 20 m | 13.9 km

3.30 h

Borkum: Ostland – Hoge Hörn – Steernklippdünen

38

Strände und Dünen: zur Ostspitze der Insel Borkum

Borkums Ostland wartet mit heckenrosenbewachsenen Aussichtsdünen, weiten Strandflieder-Salzwiesen und kilometerweiten Sandstränden auf. In diesem Naturparadies geht es zur Hoge Hörn, der aussichtsreichen Ostspitze der größten Ostfriesischen Insel.

Ausgangspunkt: Borkum, Restaurant Ostland (mit Parkgelegenheit).
ÖPNV: Endstation der Inselbuslinie vom Fährhafen, je nach Jahreszeit 6–10 Verbindungen täglich; www.borkumer-kleinbahn.de.
Anforderungen: Dünen- und Strandwanderung auf Klinker- und Feldwegen, zum Teil sandig, sowie am Spülsaum mit zahlreichen Bademöglichkeiten.
Markierung: Grüne Markierungspflöcke zwischen 3 und 4.
Einkehr: Nur am Ausgangspunkt.
Variante: Wer von Ostland zur Stadt zurückwandern möchte – eine attraktive Strandwanderung –, geht wie zu Beginn der Wanderung an der Aussichtsdüne vorbei zur Küste, dort gibt der Spülsaum links die Route zur Stadt vor.
Kombi-Tipp: Zusammen mit Tour 37 ergibt sich eine große Runde zwischen Borkum-Ort und Hoge Hörn (insgesamt 25,5 km).
Karte: Kompass-Karte Borkum 15.000.

Blick von der Aussichtsplattform auf die Dünenlandschaft der Olde Dünen, ganz hinten schimmert die Nordsee.

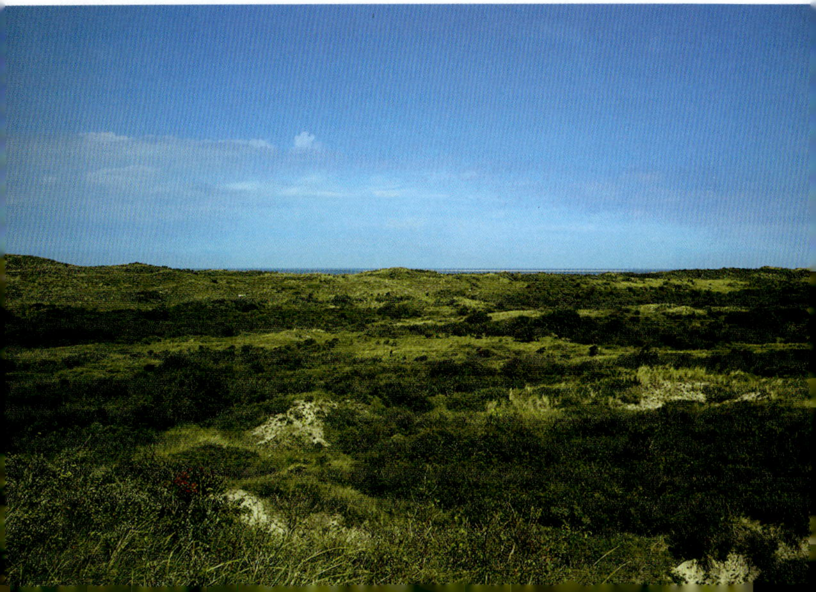

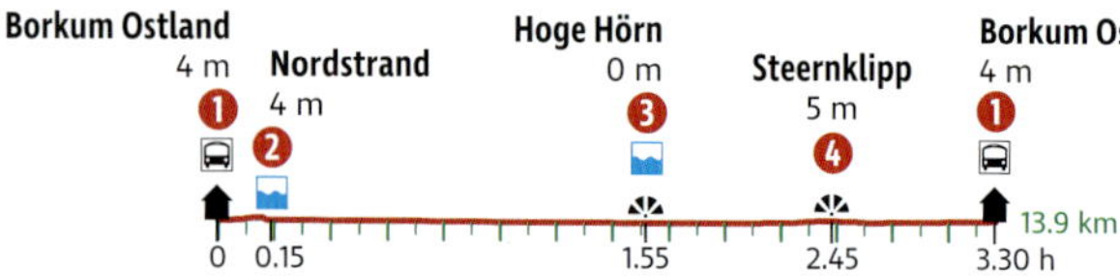

Von der Bushaltestelle **Ostland** ❶ gegenüber vom gleichnamigen Restaurant geht es auf der Zufahrtsstraße kurz zurück, bis in der ersten Linkskurve ein gepflasterter Weg rechts zur 15 m hohen Aussichtsdüne abzweigt. Sie markiert eine der höchsten Erhebungen der Insel und bietet ein eindrucksvolles Panorama der Dünenlandschaft im Wattenmeer-Nationalpark.
Von der Abzweigung zur Aussichtsdüne führt der später sandige Weg durch die Olde Dünen zur Küste. Dort gibt der Spülsaum an der Wasserlinie die Route ostwärts zu den bei Niedrigwasser fast endlos weiten Sandflächen am **Nordstrand** ❷ vor den Kobbedünen vor. Rechts erheben sich die Oldmanns Olde Dünen mit der Ostbake, einem Seezeichen.
Schließlich ziehen Dünen und Strand nach rechts; das nächste Zwischenziel **Hoge Hörn** ❸ ist noch weiter entfernt, als es scheint. Auch an der Ostspitze kann gebadet werden, der Blick schweift auf die inselartige Sandbank Kachelotplate, die gern von Kegelrobben aufgesucht wird, zu den Nachbarinseln Memmert (Vogelschutzinsel) und Juist, hinter Juist ist ein Teil von Norderney zu sehen.
Von der Hoge Hörn leiten grüne Markierungspflöcke zwischen Möwenbrutgebieten landeinwärts auf die **Steernklippdünen** zu. Zwischen diesen leuchtenden Weißdünen (rechts) und der niedrigeren Braundünengruppe De Hahlingtjes (links) führt der Weg in ein weites, aussichtsreiches Wiesenland, dann zwischen Heckenrosen und Reetbeständen zu der von

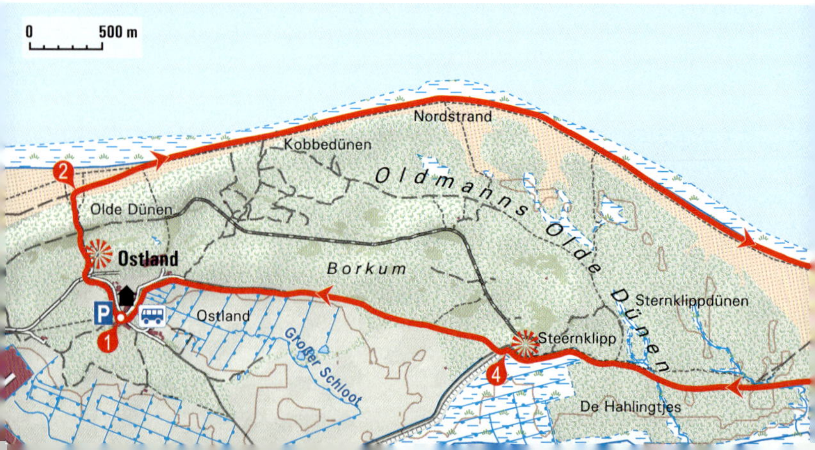

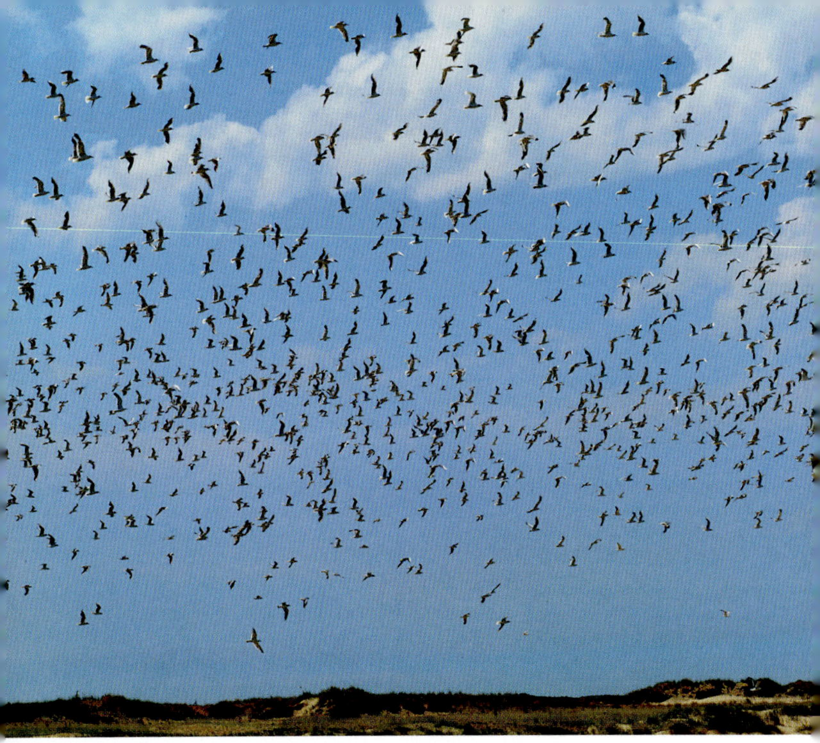

Möwenschwarm an Borkums vogelreicher Ostspitze Hoge Hörn.

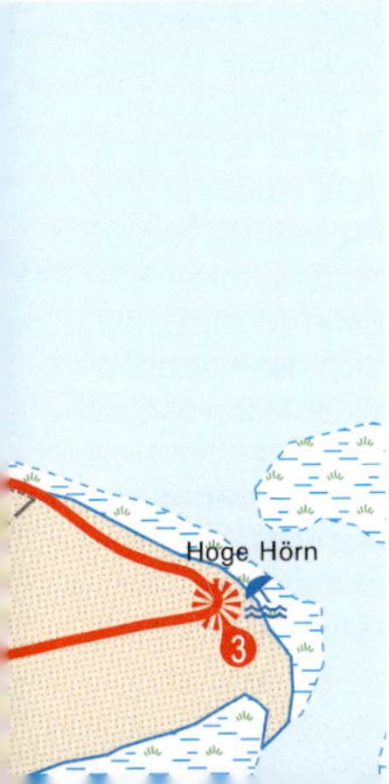

Heckenrosen bewachsenen Aussichtsdüne **Steernklipp** ❹ beim Fahrradparkplatz. Von der gleich darauf erreichten Verzweigung am Deich führt der mit der Ziffer 2 markierte, geklinkerte Dünenweg am Rand des Dünengürtels rechts zurück Richtung Ausgangspunkt. Dabei schweift der Blick immer wieder auf die »Außenweide« genannten Wiesen; sie entstanden, als Borkums Ost- und Westland nach jahrzehntelangen Küstenschutzmaßnahmen wieder vereinigt wurden. Sturmfluten teilten im Hochmittelalter Borkum durch einen Priel. 1864 wurde mit der Schließung des Glop bzw. Tüskendör (»Zwischendurch«) genannten Niederungsgebiets begonnen.

Der Dünenweg führt uns zurück zu den Restaurants an der Bushaltestelle **Ostland** ❶.

TOP

39 Juist: Hafen – Loog – Bill

↗ 50 m | ↘ 50 m | 17.8 km

4.45 h

Schönste Sandbank der Welt

Der Westen der autofreien Insel Juist wartet mit urtümlichen Wäldern, dem Hammersee, Aussichtsdünen und kilometerlangen Sandstränden auf. Das Billriff an der Westspitze vermittelt bei Niedrigwasser den Eindruck einer Sand- und Muschelwüste.

Ausgangspunkt: Juist Fährhafen.
ÖPNV: Tideabhängige Fährverbindung bis zu 2 x täglich ab Norddeich Mole (ca. 90 Min.; dort Parkplätze und Bahnhof); www.reederei-frisia.de.
Anforderungen: Leichte, wegen der Länge Kondition erfordernde Strand- und Dünenwanderung; Tagesgäste wählen besser einen der unter »Varianten« genannten kürzeren Rundwanderwege.
Einkehr: Juist Ort, Loogster Stuv (Mo Ruhetag), Domäne Loog (Do Ruhetag), Domäne Bill (Mi Ruhetag).
Varianten: Schöne kürzere Rundwanderungen, auch mit Kindern, sind die Hammerseerunde und die Haakdünenrunde; dazu mietet man ein Fahrrad und fährt parallel zum Deich zu den Fahrradparkplätzen an der Domäne Loog 6 oder der Domäne Bill 4.
Karte: Kompass-Karte Juist 1:20.000.
Tipps: Küstenmuseum Juist in Loog (Sa Ruhetag, im Winter nur Di und Sa), Nationalpark-Haus in Hafennähe (März bis Ende Oktober Di–Fr 10–18 Uhr, Sa/So 15–18 Uhr).

Das architektonisch einem Segel nachempfundene **Seezeichen** am **Hafen** von **Juist** 1 ist eine 17 m hohe, begehbare Skulptur auf der 350 m langen Seebrücke, die den Sportboothafen einfasst. Von der Seebrücke fällt der Blick zum Ort mit dem glaskuppelüberwölbten weißen Schloss (Hotel, historisches Kurhaus) und dem Wasserturm auf der höchsten Erhebung der Insel.
Vom Hafen führt die autofreie Zufahrt auf den Ort zu. Kurz nach Passieren des **Memmertfeuers** (ehemaliger Leuchtturm von Memmert) geht es links ab auf die geklinkerte Deichpromenade, die aussichtsreich westwärts führt. Der 8,50 m hohe Deich schützt den Süden der Insel zwischen dem Ostdorf und dem Ortsteil Loog. Die Deichpromenade mündet schließlich in die Billstraße, und am Beginn von **Loog** führt die Hammerseestraße rechts weiter zum Veranstaltungszentrum Loogster Huus neben dem Kurgarten. Wenige Dutzend Meter weiter kreuzt der Piratenpad, dem wir rechts auf die Aussichtsdüne **Dree Water Utkiek** 2 folgen: Hier lassen sich das Loogbad an der Nordsee, das Wattenmeer im Süden der Insel und der Hammersee überblicken.
Von den Sanitäranlagen unterhalb der Aussichtsdüne führt der Strandübergang zum Loogbad, wo der Wellenauslauf die Wanderroute westwärts vor-

Seezeichen am Hafen von Juist.

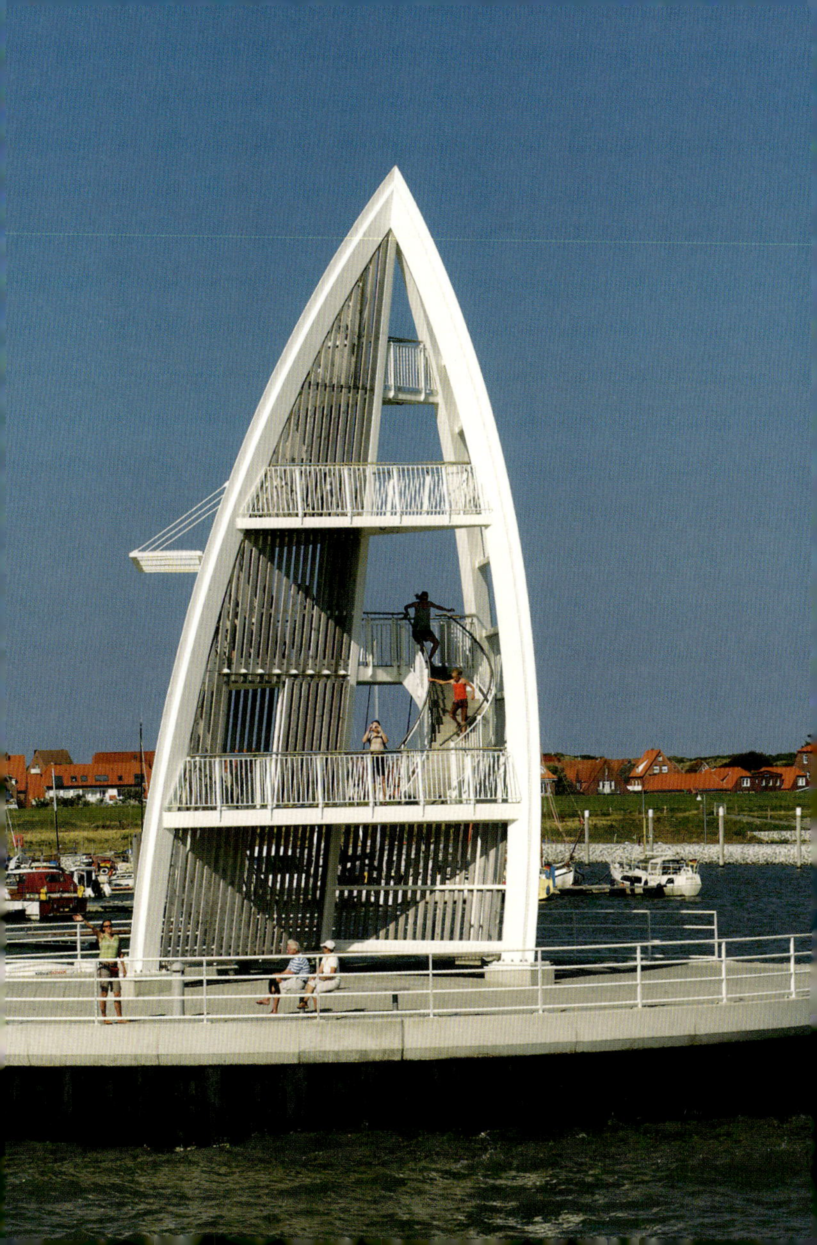

gibt. Links ragt bald der dünenartig wirkende Hammerdeich auf, der den Hammersee seit 1927 vor dem Durchbrechen der Nordsee schützt. Auf den Randdünen an der Bill vor dem Westende der Insel zeigt sich die schwarze **Westbake** 3.

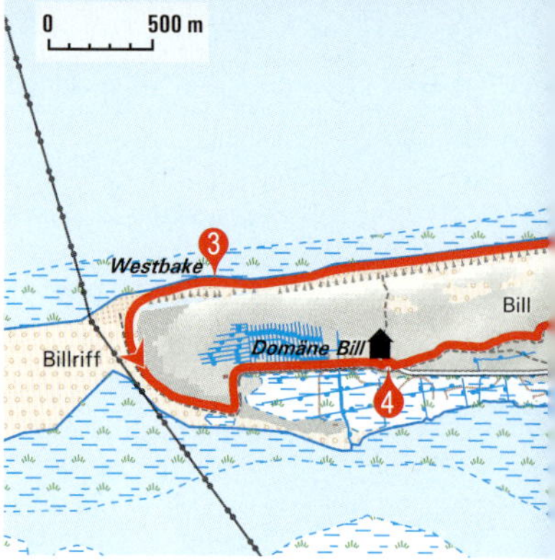

Nach Umrunden der Haakdünen, der letzten Dünen vor dem Billriff, lädt das Café **Domäne Bill** 4 zur Einkehr ein. Östlich des Cafés verlassen wir die Memmertstraße (Zufahrt) auf einem Pfad, der sich durch die Dünen zum Wärterhaus neben einer heckenrosenbewachsenen Aussichtsdüne schlängelt. Von hier führt ein Pfad durch das urtümliche Wäldchen kurz nordwärts und wendet sich bald nach rechts.

Der Naturschützer Otto Leege pflanzte in diesem Gebiet in den 1920er-Jahren windharte Bäume an, die sich zu einem urtümlichen Gehölz entwickelt haben, einem Sumpfwald mit Teichen, Mooren und exzentrischen Laubbaumindividuen.

Gepäcktransportkarren am Hafen der autofreien Insel Juist; links das Memmertfeuer.

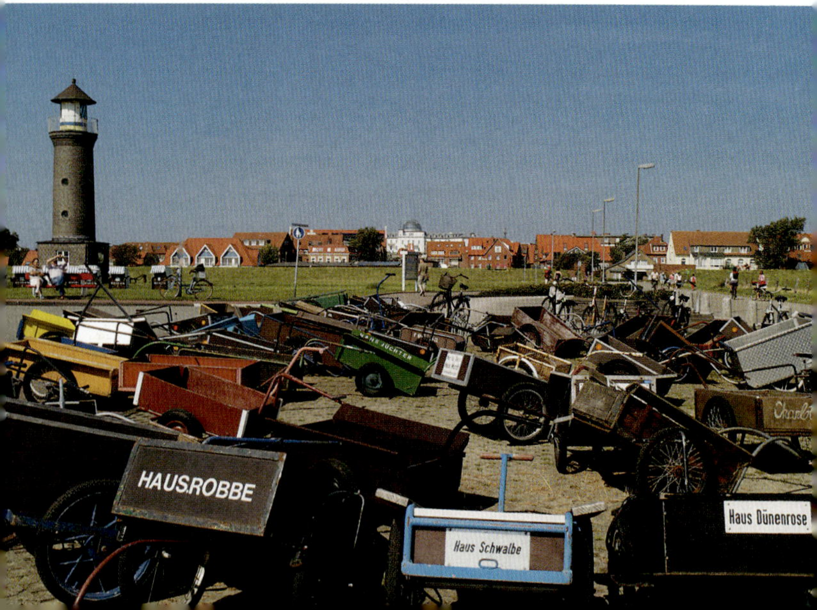

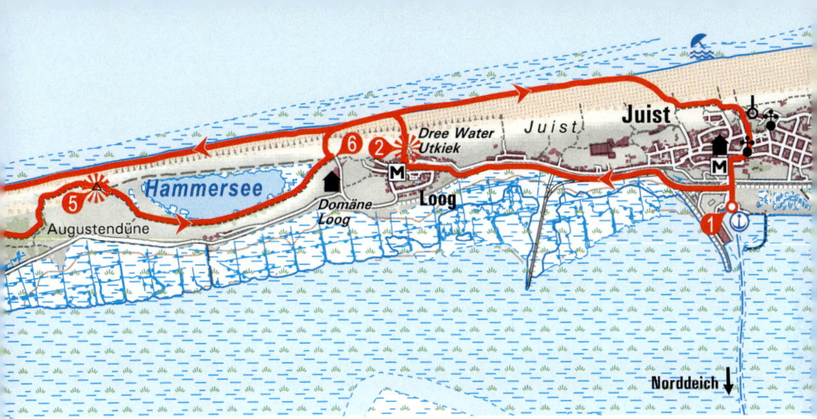

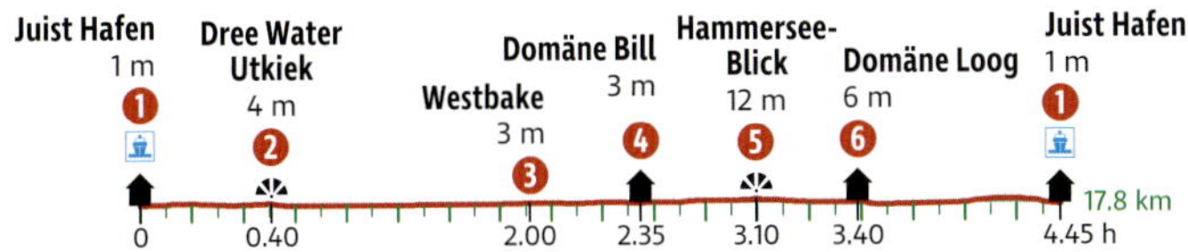

Unter rund 100 Jahre alten Küstenbäumen führt der Pfad ostwärts, an der Verzweigung am Ende geht es links hinaus zu einem Strandübergang und davor rechts zur **Aussichtsplattform** 5 westlich des Hammersees: Der Blick schweift über den Hammersee hinweg bis zum Loog sowie auf die Nordsee. Der Seerundweg folgt aussichtsreich der verbuschten Hammersee-Verlandungszone rechts und erreicht eine weitere **Aussichtsdüne**; auch hier lässt sich der See überblicken, zudem schweift der Blick hinaus aufs Wattenmeer mit den Inseln Memmert und Borkum.

Nach Verlassen der Aussichtsdüne – die eine Pfadanbindung zu einem Fahrradparkplatz an der Billstraße hat – taucht der Seerundweg in die urtümlichen Gehölze zwischen Hammersee und Hammerdünen ein und führt zur Verzweigung am Strandübergang **Domäne Loog** 6. Rechts befindet sich das aussichtsreich gelegene Restaurant Domäne Loog, während wir links hinaus an den Strand gehen und der Wasserlinie rechts folgen zum **Hauptbadestrand** vor **Juist Ort**.

Am Strandcafé Sturmklause geht es hinauf zur Strandpromenade und links zum Panoramaausblick über den Strand. Beim Restaurant Strandhalle Pabst befindet sich auf einer aussichtsreichen Düne das Meerwasser-Erlebnisbad TöwerVital, daneben thront auf der höchsten Düne (22 m) der Insel der 13 m hohe Wasserturm. Vom Bad führt die Warmbadstraße zur Kirche, dort geht es zuerst rechts (Wilhelmstraße) und in der nächsten Straße links (Bahnhofstraße) zurück zum Ausgangspunkt, dem **Fährhafen Juist** 1.

↗ 40 m | ↘ 40 m | 13.2 km

40 Juist: Hafen – Kalfamer – Flugplatz

4.00 h

Dünen und Sandwandern im Osten von Juist

Durch Dünen und längs strandkorbfreier Strände führt diese Wanderung an den Rand des Kalfamers im Osten der autofreien Nordseeheilbad-Insel Juist, der längsten und schmalsten Ostfriesischen Insel: In den letzten 300 Jahren erfolgte im Osten eine Anlandung von 4 km Sandflächen, die hier entstehenden Primärdünen sind ein wichtiges Vogelrast- und Brutgebiet.

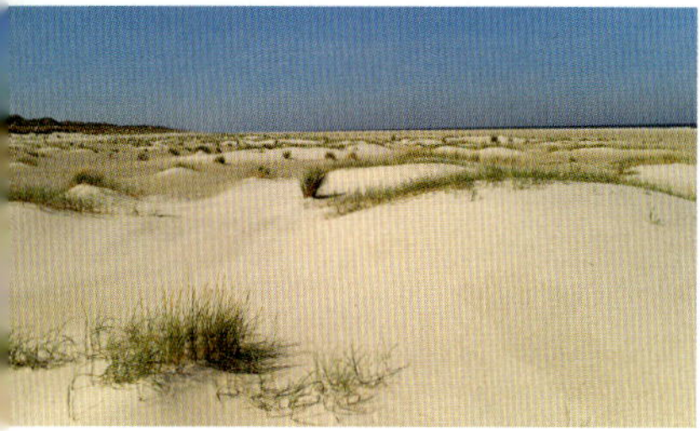

Pionierpflanzen binden die sich bildenden Weißdünen.

Ausgangspunkt: Juist Fährhafen.
ÖPNV: Tideabhängige Fährverbindung bis zu 2 x täglich ab Norddeich Mole (ca. 90 Min.; dort Parkplätze und Bahnhof); www.reederei-frisia.de.
Anforderungen: Leichte, aussichtsreiche Strand- und Dünenwanderung.
Einkehr: Juist Ort, Wilhelmshöhe (Di Ruhetag).
Variante: Als 4 km lange Verlängerung bietet sich zwischen ❸ und ❹ eine östliche Schleife über den Kalfamer auf mit grünen Pflöcken markierten Sandwegen an. Dieses Schutzgebiet ist aber nur von November bis März frei begehbar, von April bis Oktober nur im Rahmen einer Führung.
Karte: Kompass-Karte Juist.
Tipp: Nationalpark-Haus in Hafennähe (März bis Ende Oktober Di–Fr 10–18 Uhr, Sa/So 15–18 Uhr).

Vom **Hafen Juist** ❶ wandern wie wie in Tour 40 auf der autofreien Zufahrt ortseinwärts zum Alten Bahnhof mit dem Nationalpark-Haus Juist vor dem Kurplatz. Der Name des Gebäudes stammt aus der Zeit, als Juist eine Inselbahn hatte. Vom Kurplatz führt die Strandstraße geradeaus zur geklinkerten Strandpromenade, auf der es aussichtsreich nach rechts geht, vorbei

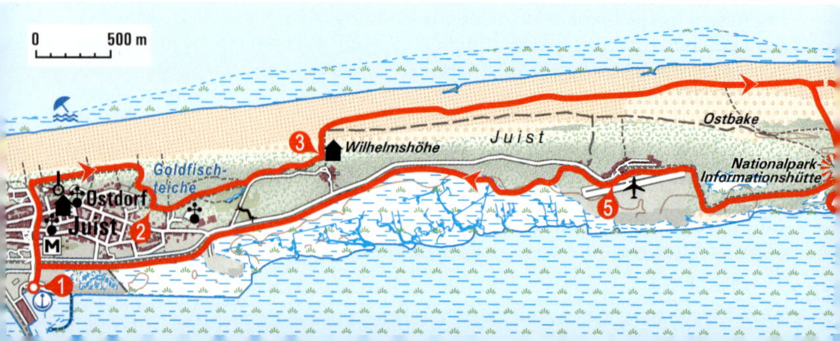

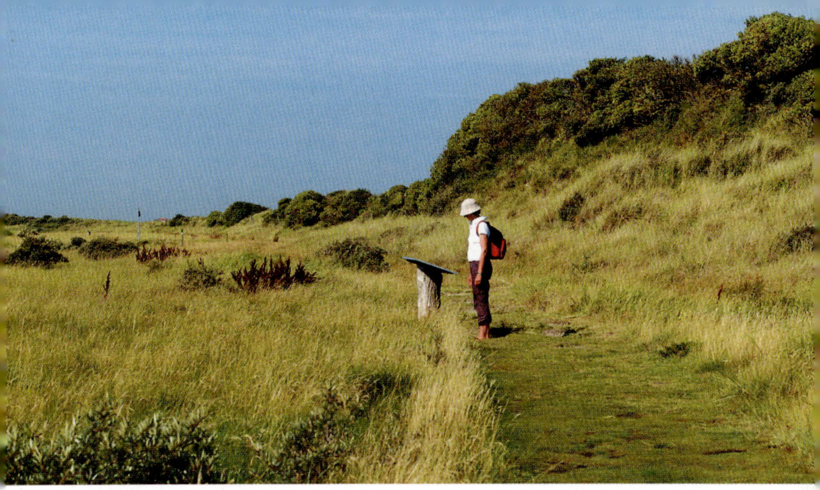

Naturlehrpfad am Kalfamer.

an Panorama-Restaurants, neben dem **Meerwasser-Erlebnisbad** thront auf der höchsten Düne der 13 m hohe Wasserturm. An allen Strandzugängen besteht die Möglichkeit, bis zur Wasserlinie hinabzugehen.

Am Ende der Strandpromenade schwingt der Weg landeinwärts, bis der Otto-Leege-Naturlehrpfad nach links zu den **Goldfischteichen** ❷ abzweigt. Hier halb links weiter durch die Dünen bis etwa auf Höhe des etwas rechts abseits liegenden Restaurants **Wilhelmshöhe** ❸, dann hinaus an die Küste und an der Wasserlinie rechts in Richtung der Ostspitze **Kalfamer**. Da der Kalfamer ein wichtiger Rast- und Brutplatz ist, darf er nur eingeschränkt betreten werden (siehe »Variante«).

Etwa auf Höhe der Ostbake geht es schräg rechts landeinwärts und zwischen Dünen zur **Nationalpark-Informationshütte** ❹. Von der Hütte führt ein Naturlehrpfad zum **Flugplatz** ❺, kurvt vor der Flugplatzbegrenzung nach rechts und dann links und erhält am Fahrradparkplatz Klinkerbelag.

Vom Flugplatz führt ein Wanderweg in etwa parallel zum Kutschen- und Fahrradweg Flugplatzstraße weiter, nahe am Restaurant **Wilhelmshöhe** vorbei und zurück zum **Fährhafen Juist** ❶.

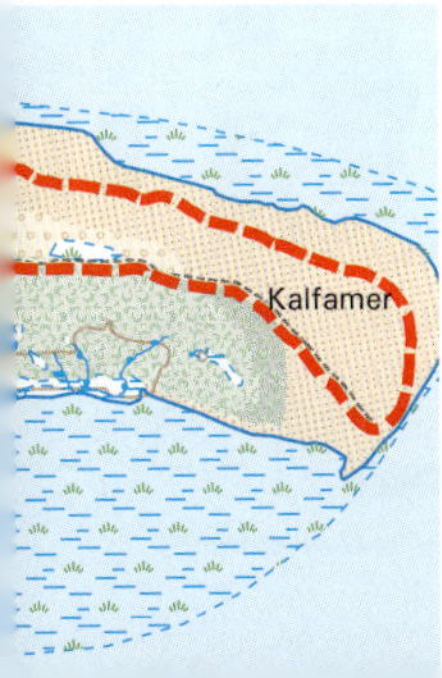

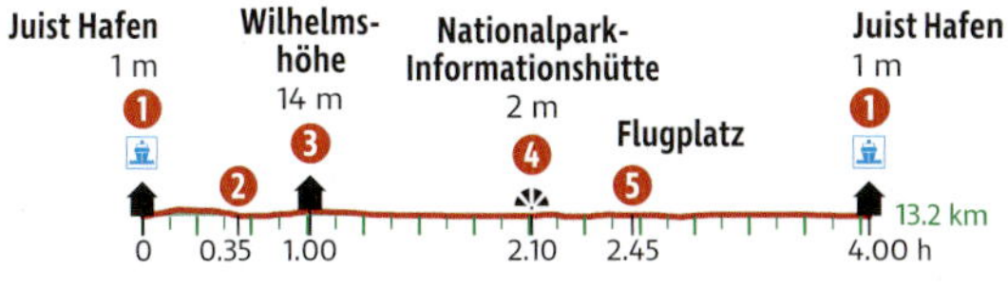

↗ 35 m | ↘ 35 m | 11.5 km

41 Norderney: Stadt – Nordstrand – Zuckerpad – Parks

3.15 h

Kaiser- und Königsdenkmäler, Küste und Kurpark

Diese Kulturwanderung führt über verkehrsarme Wege durch die Stadt Norderney und nach dem Kaiserdenkmal entlang dem Nordstrand, den wir bei der Weißen Düne verlassen. Zwischen Dünen wandern wir auf dem Zuckerpad wieder in den Ort und durch den Kurpark vorbei an der Napoleonschanze zurück zum Conversationshaus.

Ausgangspunkt: Conversationshaus Norderney mit Tourist-Info; Parkplatz 200 m weiter südöstlich (4 € pro Tag).
ÖPNV: Busbahnhof nahe Napoleonschanze 6 mit Verbindungen zu fast jedem per Fahrzeug erreichbaren Punkt der Insel. Am Scheitelpunkt Bushaltestelle Weiße Düne 4 mit Linie 5 stündlich bis zweistündlich; www.inselbus-norderney.de.
Anforderungen: Leichte Wanderung über verkehrsame Straßen und Strandpromenaden, dazu Wege durch Dünen, Wald und Parks.
Einkehr: Norderney-Stadt, an der Strandpromenade bis 2, Weiße Düne.
Karte: Inselkarte von Freytag-Berndt und ARTARIA (1:20.000) oder Kompass (1:17.500).
Tipp: Mehrere Museen in Norderney Stadt beleuchten Fremdenverkehr, Fischerei und Seefahrt: das Bademuseum, Fischerhausmuseum und der Rettungsbootschuppen.

Kaiser-Wilhelm-Denkmal (mit Steinen deutscher Regionen und Städte).

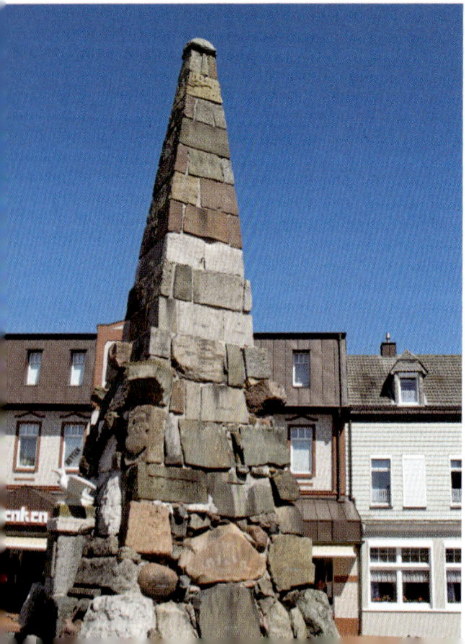

Heinrich-Heine-Denkmal (vor dem Kurtheater).

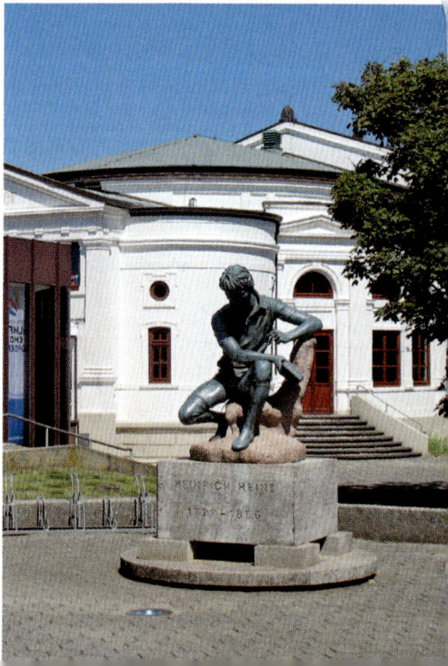

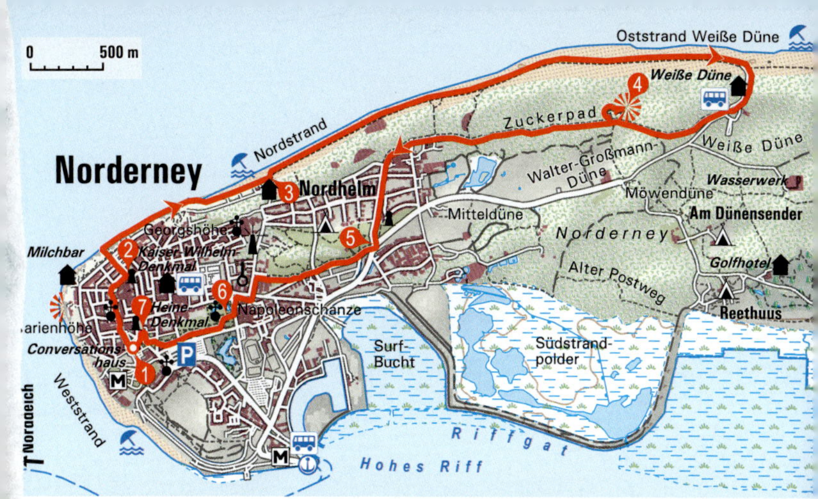

Der Name des Startpunktes – **Conversationshaus** ❶ – bezieht sich bewusst auf die Vergangenheit Norderneys im 19. Jh. als Seebad der gehobenen Kreise, während heute die zahlenmäßig rund zehnmal größere Besucherschar bunt gemischt ist: vom Naturfreund bis zum Kegelclub ist alles vertreten.

Das Conversationshaus im Rücken, flanieren wir über den Kurplatz zum Brunnen, queren die Wilhelmstraße und die Bülowallee, um dann geradeaus der als Einkaufspassage hergerichteten Poststraße bis zu deren Ende zu folgen. Dort biegen wir rechts in die Friedrichstraße – ebenfalls eine Fußgängerzone – zum Platz mit einem 13 m hohen Obelisk. Dieses 1899 eingeweihte **Kaiser-Wilhelm-Denkmal** ❷ erinnert an die Gründung des Deutschen Reiches 1871. Die 75 Steine stammen von verschiedenen deutschen Städten und Regionen. An Stelle der steinernen Möwe am Fuß des Denkmals befand sich früher eine bronzene Büste von Wilhelm I., die 1917 für die Waffenproduktion eingeschmolzen wurde.

An der Kreuzung mit dem Denkmal folgen wir links der Bismarckstraße zum Strand und lassen uns nach dem Abbiegen nach rechts auf den Strand oder die Uferpromenade den frischen Seewind um die Nase wehen. Die

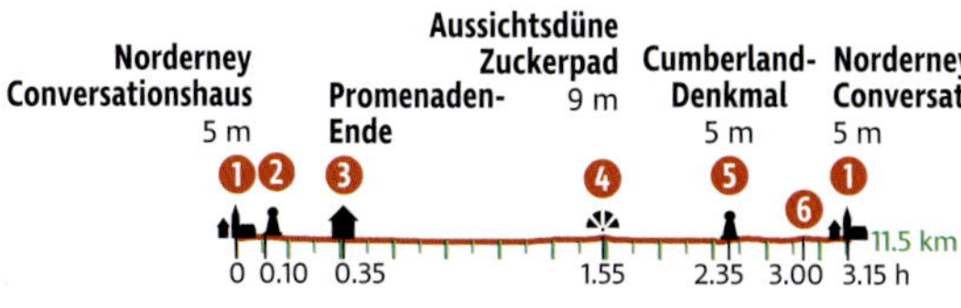

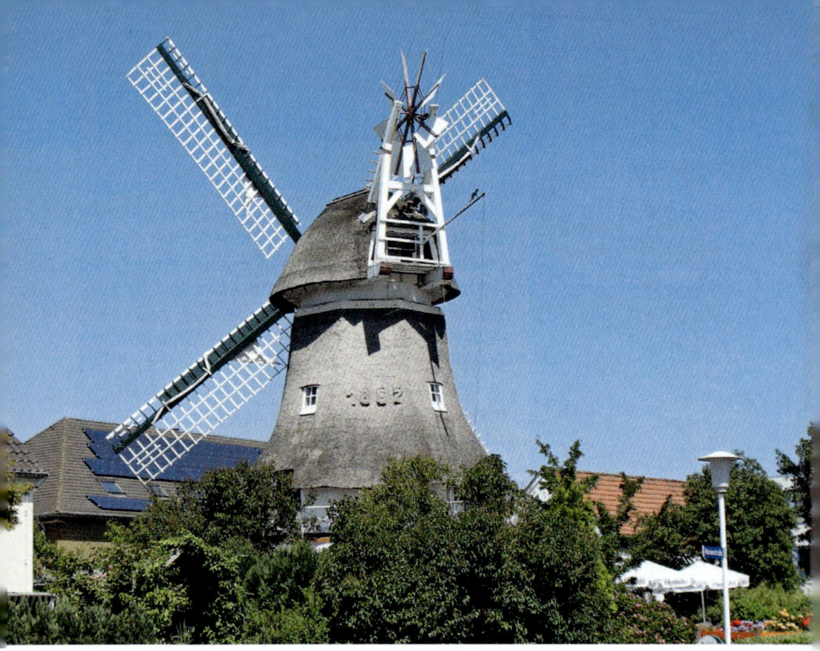

Die 1862 erbaute Norderneyer Windmühle Selden Rüst war 100 Jahre lang in Betrieb.

befestigte **Uferpromenade** endet nach 20 Min. ❸, danach erwartet uns ein rund einstündiger Abschnitt entlang dem Nordstrand, den wir beim Strandaufgang Weiße Düne rechts verlassen. Wir passieren das gleichnamige Strandrestaurant und halten uns immer rechts, ehe etwa 10 Min. nach Verlassen des Strands die **Aussichtsdüne** ❹ am **Zuckerpad** einen Rundumblick bietet; in westlicher Richtung ist der folgende Wegabschnitt über den Zuckerpad gut erkennbar. Dieser Rad- und Gehweg führt uns durch Dünenlandschaft zurück in den Ort, wo wir bei der Kreuzung am Krankenhaus der Straße »Birkenweg« geradeaus folgen. Im Wald halten wir uns bei einer Wegekreuzung weiterhin geradeaus.

Etwas links davon erinnert das **Cumberland-Denkmal** ❺ in Form eines kleinen Obelisken an die häufigen Aufenthalte der hannoverschen Königsfamilie. Kronprinz Georg, der spätere König Georg V. von Hannover, besuchte 1836 Norderney erstmalig und machte die Insel 1851 zu seiner Sommerresidenz. Das heutige Denkmal ist eine Nachbildung des 1938 versehentlich zerstörten Originals, das 1866 im Gedenken an die Rettung des Kronprinzen Ernst August vor dem Ertrinken durch einen Bademeister aufgestellt wurde, wodurch die deutsch-britische Dynastie des Hauses Hannover vor dem Aussterben bewahrt wurde.

50 m nach der Kreuzung am Denkmal biegen wir vor der Richthofenstraße rechts in den Fußweg, der durch das Rupertsburger Wäldchen führt, parallel zur Richthofenstraße. Rechts abzweigende Wege ignorieren wir, gehen bei der Kreuzung mit der Straße (Waldweg) geradeaus und nehmen 100 m nach der Kreuzung in einer Linkskurve den rechts abzweigenden Weg, der uns zurück in die Zivilisation in Form des 42 m hohen Wasserturms führt, der mit seinem 500.000 Liter fassenden Tank seit 1930 bis heute der Wasserversorgung der Insel dient.
Bei einer T-Kreuzung halten wir uns links (Bürgermeister-Willi-Lührs-Straße), biegen vor der Jugendherberge rechts in die Jann-Berghaus-Straße und nach 100 m links in die Mühlenstraße ein, benannt nach der weiter südlich stehenden 1862 erbauten und bis 1962 betriebenen Windmühle. Gleich nach der Gartenstraße zweigen wir rechts in den Kurpark ab, den wir in seiner ganzen Länge rechts oder links entlang dem Ententeich durchqueren. Links vom Teich erinnert die **Napoleonschanze** 6 an die Besetzung durch 300 französische Soldaten zur Zeit der napoleonischen Kontinentalsperre gegen britische Truppen.
Am Ostende des Kurparks bietet sich vor dem **Conversationshaus** 1 noch eine Rechtsschleife zum Kurtheater mit dem **Heinrich-Heine-Denkmal** 7 davor an. Der sozialkritische Schriftsteller besuchte 1825 Norderney und ließ sich dort zum Kapitel »Die Nordsee« seiner »Reisebilder« inspirieren, in dem er die Insulaner wie folgt beschreibt: »Sind sie auch auf ihren Schiffen sogar nach südlichen Ländern gekommen, ... sehnen sie sich wieder zurück nach ihrer Sandinsel, ... wo die Ihrigen ... einen Tee trinken, der sich von gekochtem Seewasser nur durch den Namen unterscheidet, und eine Sprache schwatzen, wovon kaum begreiflich scheint, wie es ihnen selber möglich ist, sie zu verstehen.«

Blick von der Aussichtsdüne gen Westen mit dem Zuckerpad und Norderney-Stadt.

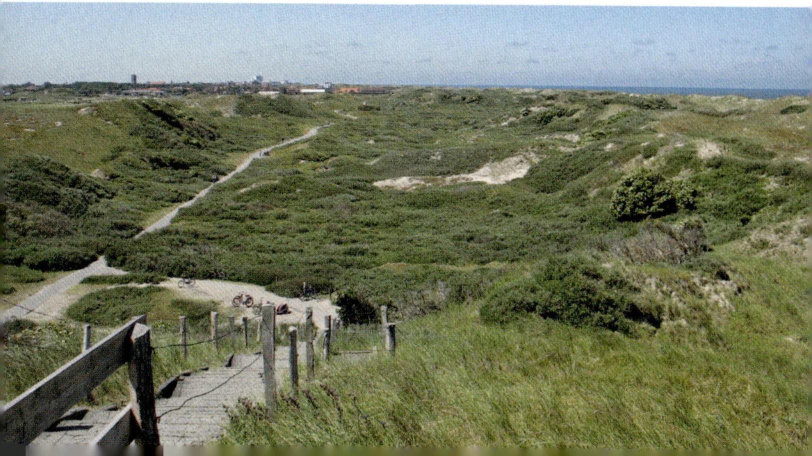

TOP 42

↗ 20 m | ↘ 20 m | 10.0 km

Norderney: Oase – Nordstrand – Hafen

3.15 h

Vier Strände auf einen Streich

Die Wanderung vom Oase-Strand zum Fähranleger ist eine Top-Tour für Norderney-Urlauber. Vom Fähranleger geht es mit dem Bus via Busbahnhof zum Oase-Strand, die Wasserlinie gibt die Route zum Oststrand Weiße Düne und zum Nordstrand vor, dort beginnt die Strandpromenade, die am Rand der Kurstadt zum Weststrand und zurück zum Hafen führt.

Ausgangspunkt: Norderney Oase, Bushaltestelle, Parkplatz und Strandrestaurant am nördlichen Ende der Straße Am Leuchtturm.
ÖPNV: Bushaltestelle Oase mit Linie 4 mehrmals täglich ab/an Busbahnhof; www.bus-fischer.de → Linienverkehr. Unterwegs Bushaltestelle Weiße Düne 300 m südlich von 2 mit Linie 5 stündlich bis zweistündlich zum Busbahnhof, im Sommer auch Linie 6 direkt zwischen Hafen und Weißer Düne; www.inselbus-norderney.de. Zwischen Busbahnhof und Hafen Busverbindungen im Takt der (zahlreichen) Fähren; www.inselbus-norderney.de.
Anforderungen: Strandwanderung sowohl auf Sand als auch auf befestigten Wegen.
Einkehr: Oase (Mi Ruhetag), Weiße Düne, Nordstrand, Milchbar, Marienhöhe.
Kombi-Tipp: Beliebige Kombinationen möglich mit den Touren 41, 43, 44.
Karte: Inselkarte von Freytag-Berndt und ARTARIA (1:20.000) oder Kompass (1:17.500).

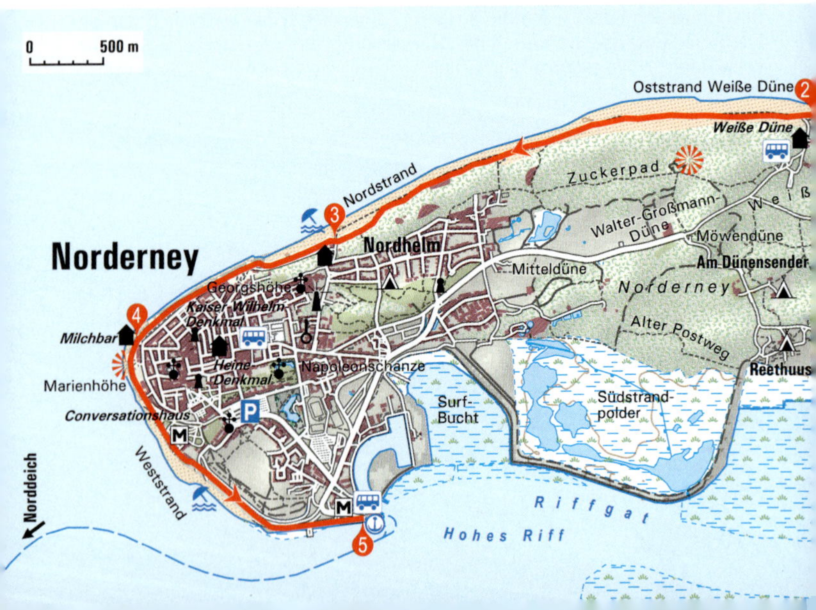

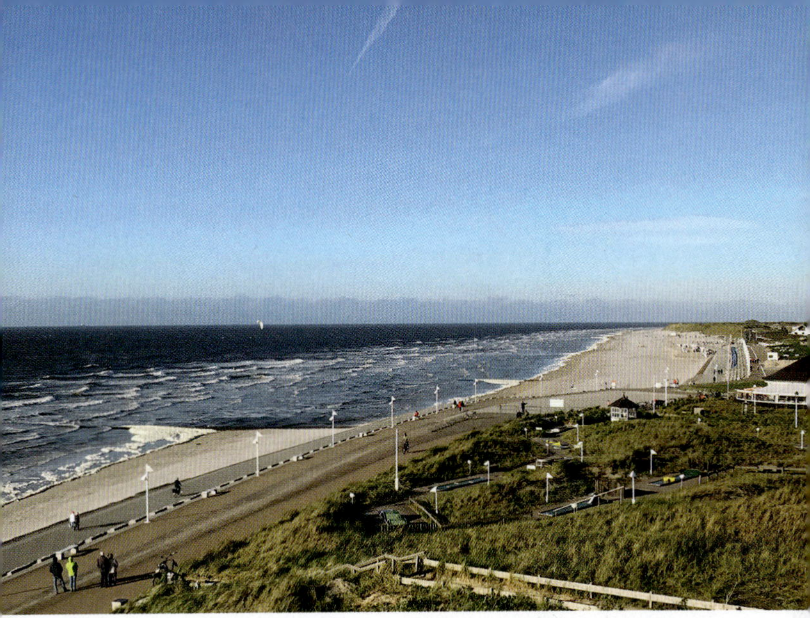

Blick von der Georgshöhe auf den Nordstrand.

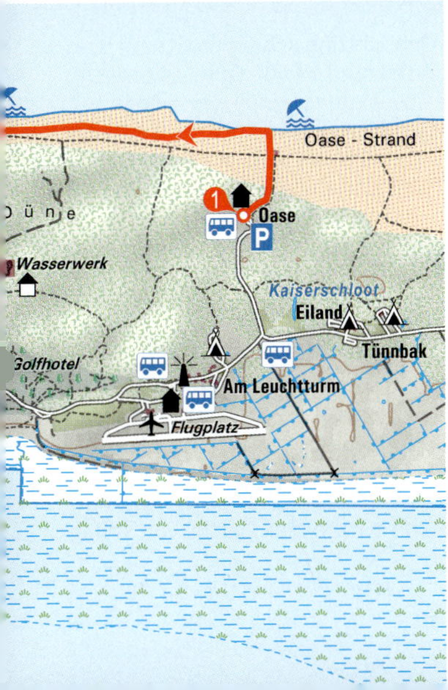

Von der Bushaltestelle **Oase** ❶ am Strandrestaurant führt ein Klinkerweg auf den Dünenübergang, wo sich der Blick auf den **Oase-Strand** und die Nordsee öffnet. Von den Dünen leitet ein Holzlattenweg durch feinen Sand hinab zur **Strandsauna**. Der Oase-Strand ist der östlichste Strandkorbstrand auf Norderney sowie der einzige mit FKK-Abschnitt (östlich/rechts der Strandsauna). Westlich, also links der Strandsauna, befindet sich der Textilbadestrand, hier gibt die Wasserlinie die Route westwärts Richtung Stadt vor. Die Dünen rücken bald mehr Richtung Strand vor. Ein auffälliger Punkt ist der gelbe Pfahl am Einlass des Offshore-Kabels vom Windpark alpha

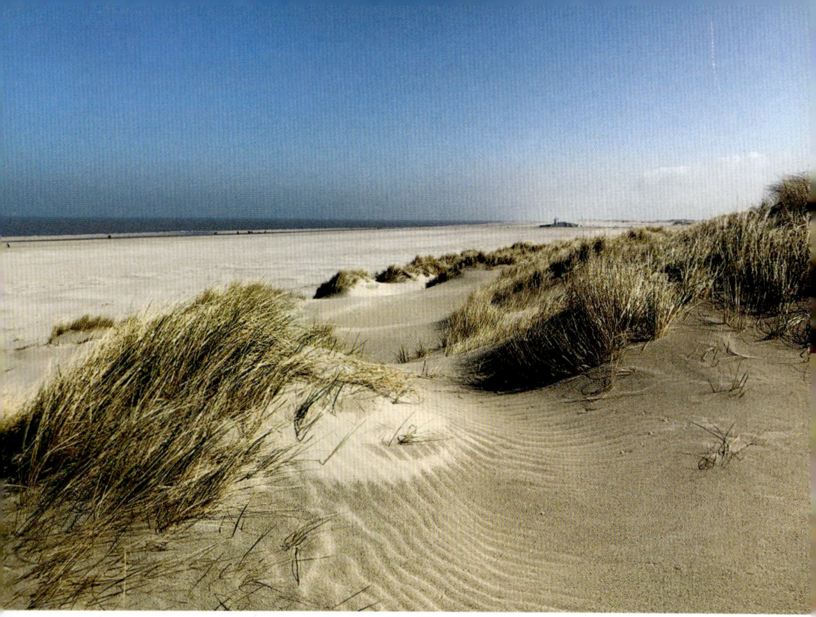

Blick von den Dünen auf die Strandroute und zur Strandsauna am Oase-Strand.

ventus, der an Tagen mit klarer Sicht in Gehrichtung schräg rechts auf dem Wasser zu sehen ist. Bald darauf ist der **Oststrand Weiße Düne** ❷ erreicht; das gleichnamige Restaurant versteckt sich weiter oben in den Dünen.

Der Strandwanderweg führt an der Wasserlinie weiter westwärts, landseitig türmen sich Norderneys höchste Dünen auf. Wenn sich die erste Buhne ins Wasser schiebt, erreicht der Strandweg dasjenige Gebiet, in dem auf Norderney keine natürliche Anlandung von Sand stattfindet. Entlang der als Wellenbrecher und Sandfänger fungierenden Buhnen führt der Strandweg zum **Nordstrand** ❸; dort laden mehrere Einkehrmöglichkeiten zum Verweilen ein, mit Blick auf die Nordsee und Norderneys bedeutendsten Surfspot.

Vom »Riffkieker«, dem nördlichsten Nordstrand-Restaurant, führt die Strandpromenade südwestwärts am Veranstaltungsplatz **Januskopf**, an der Aussichtsdüne **Georgshöhe** sowie am gleichnamigen Strandhotel vorbei. Am Strandbistro **Milchbar** ❹, in und vor dem sich insbesondere bei schönen Sonnenuntergängen Hunderte Menschen mit dezenter musikalischer Untermalung aufhalten, schwingt die Uferlinie südwärts. Am mondänen Panoramacafé **Marienhöhe** (benannt nach der Gattin von König

An der Milchbar ist immer etwas los.

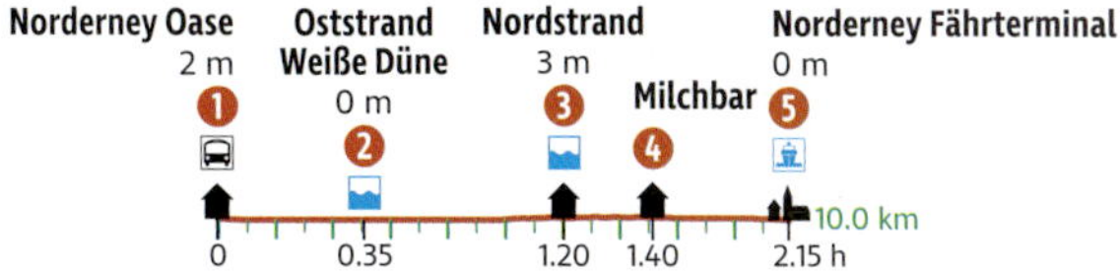

Georg V.) sowie wenig später an der Einmündung des Damenpfads – hier befand sich in königlichen und kaiserlichen Zeiten der Damenbadestrand (während der Herrenbadestrand am Januskopf/Georgshöhe war) – besteht die Möglichkeit, Abstecher in die City zu unternehmen.

Die Strandpromenade hingegen führt uns aussichtsreich am **Weststrand** entlang zum Hochseilgarten beim Bademuseum und endet bald darauf am **Fährterminal** 5 von **Norderney** beim Nationalpark-Informationszentrum Watt Welten.

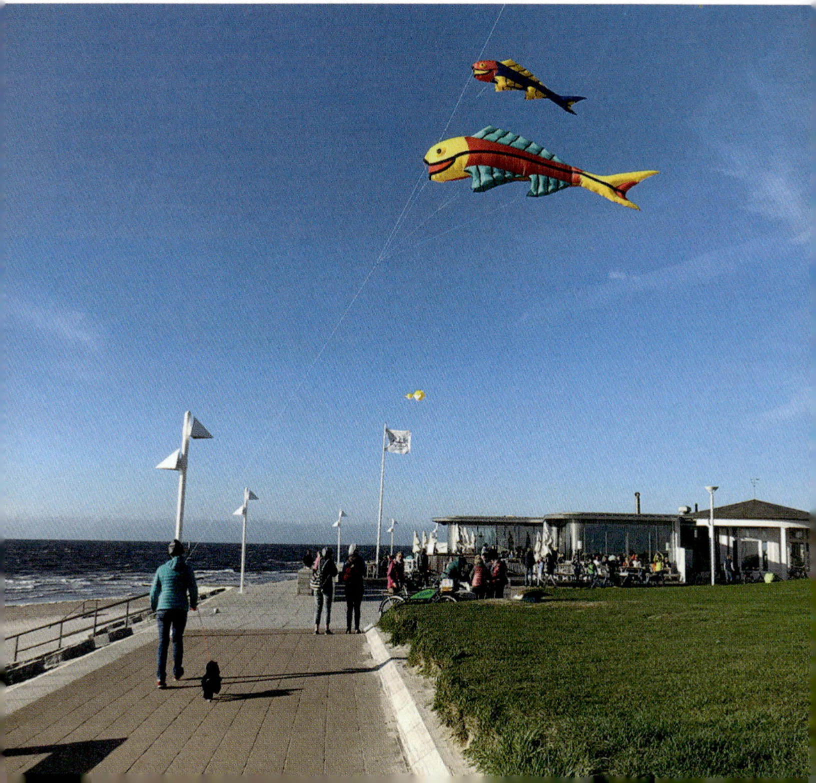

↗ 60 m | ↘ 60 m | 10.5 km

43 Norderney: Weiße Düne – Leuchtturm – Dünensender

3.00 h

Über die höchsten Aussichtsdünen

Vom Oststrand Weiße Düne geht es an der Nordsee entlang zum Oase-Strand und landeinwärts zum Leuchtturm, dessen Aussichtsgalerie ein exzellentes Wattenmeerpanorama bietet. Der Rückweg führt am Dünensender und am Zuckerpad über die höchsten Aussichtsdünen Norderneys (max. 24,4 m): Sie tragen hölzerne »Thalasso-Plattformen«; an den Zuwegen informieren Lehrtafeln über das Weltnaturerbe Wattenmeer.

Ausgangspunkt: Norderney, Weiße Düne, Strandparkplatz und Bushaltestelle an der Straße Weiße Düne mit Strandparkplatz, alternativ Strandparkplatz bei Oase 2, beide gebührenfrei.
ÖPNV: Bushaltestelle Weiße Düne mit Linie 5 stündlich bis zweistündlich ab/bis Busbahnhof sowie während der Sommerferien mit Linie 6 ab/bis Fährhafen; www.inselbus-norderney.de. Unterwegs die Haltestellen Oase 3, Leuchtturm 4 und Flugplatz mit Linie 4 mehrmals täglich ab/bis Busbahnhof; www.bus-fischer.de → Linienverkehr.
Anforderungen: Strand- und Dünenwanderung auf Sand und gepflasterten Wegen.
Einkehr: Weiße Düne (Mi Ruhetag), Oase, Leuchtturm/Flugplatz (Mo Ruhetag), Reethuus (Mo Ruhetag) am Campingplatz nach dem Golfhotel.
Kombi-Tipp: Beliebige Kombinationen möglich mit den Touren 41, 42 und 44.
Karte: Inselkarte von Freytag-Berndt und ARTARIA (1:20.000) oder Kompass (1:17.500).

Aussicht von der Düne Am Dünensender.

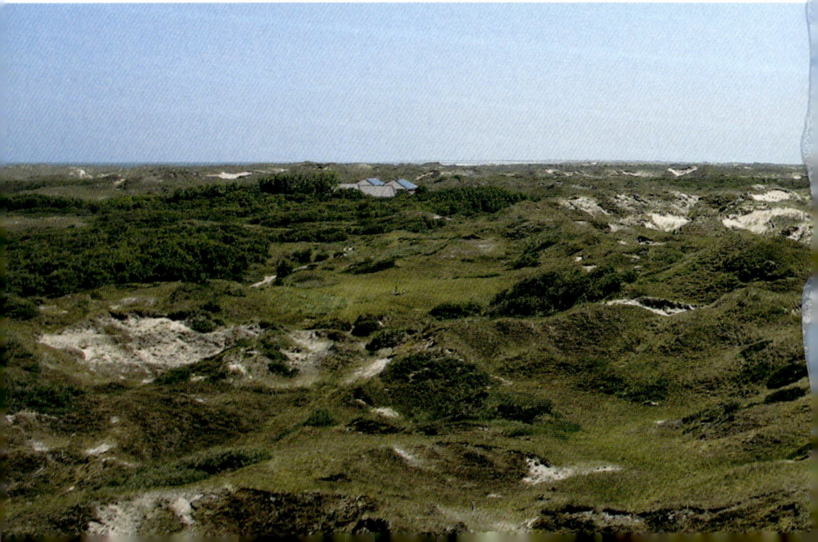

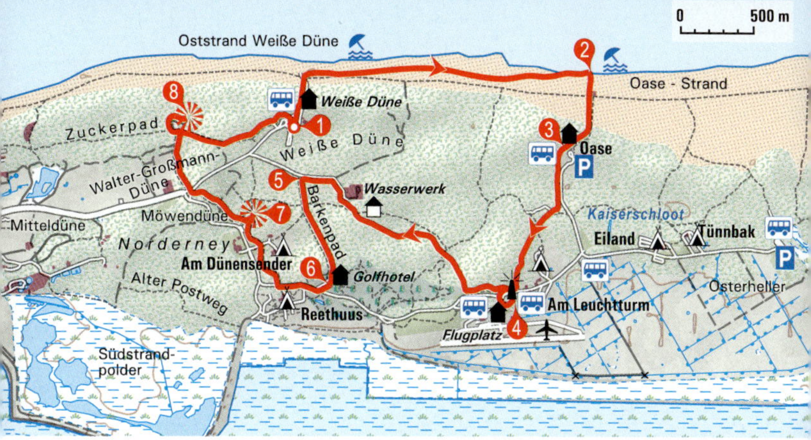

Vom Parkplatz **Weiße Düne** ❶ führt ein Weg hinauf zum Strandrestaurant und setzt sich dort als Lattenpfad fort, der sich im feinen Sand zum Oststrand senkt. Hier gibt die Wasserlinie die aussichtsreiche Route nach rechts (ostwärts) vor. Ein auffälliger Blickfang ist der gelbe Pfahl am Einlass des Kraftstromkabels des Offshore-Windparks alpha ventus, dann treten die Dünen zurück und der weite **Oase-Strand** ❷ mit der Strandsauna öffnet sich.

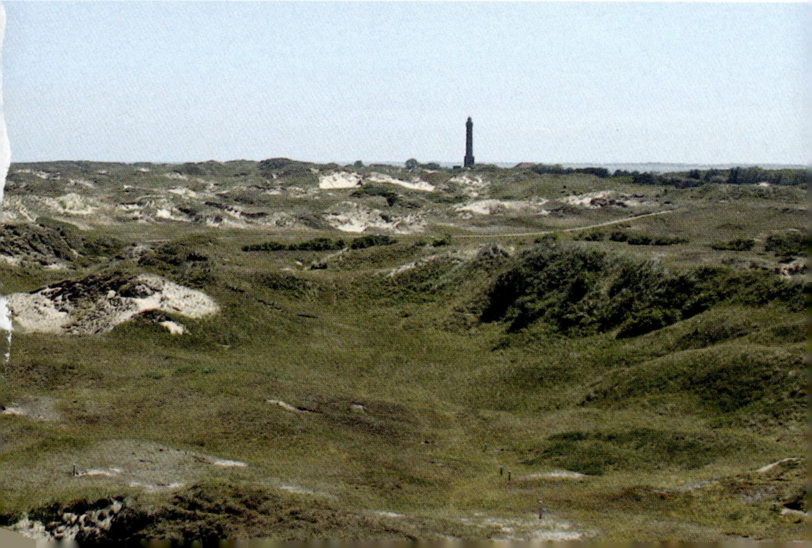

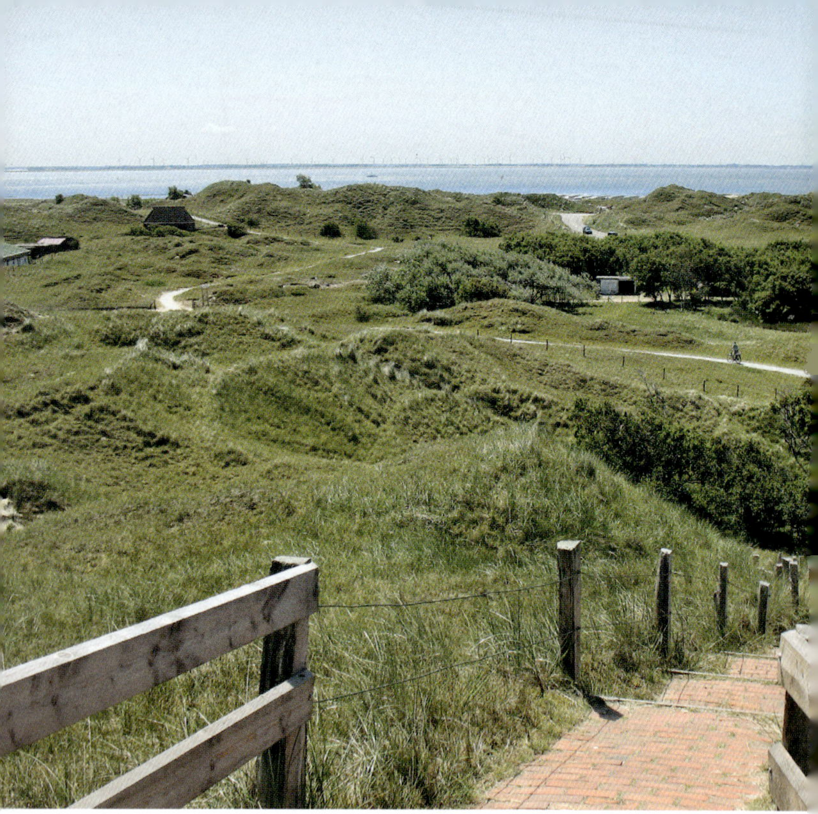

Blick von der Aussichtsdüne Am Dünensender zum Festland.

Von der Sauna führt ein Lattenweg im Sand hinauf zum Dünenübergang und senkt sich zur Bushaltestelle und zu den Parkplätzen beim **Strandrestaurant Oase** ❸, mit Blick zum Leuchtturm. Längs der Parkplatzzufahrt geht es 2 Min. landeinwärts, bis schräg rechts ein Weg abzweigt, dem wir am Campingplatz Spilak vorbei und zuletzt rechts an der Straße Am Leuchtturm zum **Leuchtturm** ❹ folgen.

Den Parkplatz gegenüber vom Leuchtturm verlässt ein Klinkerweg, der sich im Schutz der Bäume westwärts zur Abzweigung bei der **Bushaltestelle Flugplatz** schlängelt. Hier biegen wir rechts in den mit der Ziffer 2 markierten Dünenweg ab, der aussichtsreich durch das von Gehölzen durchsetzte Dünenreich im Nationalpark in der Inselmitte führt. Zwischendurch lädt eine Schutzhütte zum Rasten ein, und nach Passieren des Wasser-

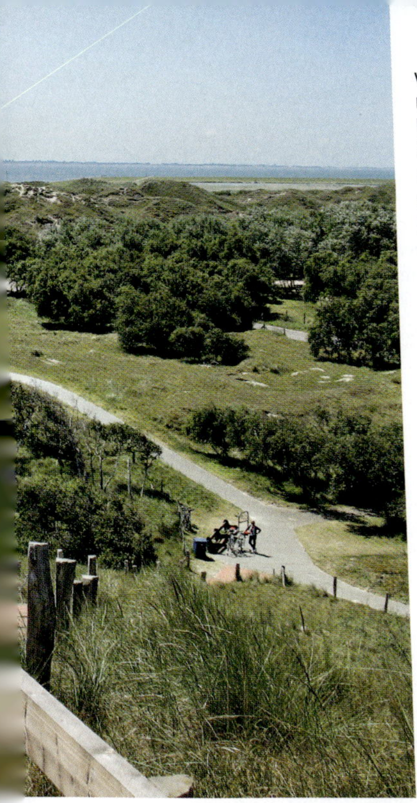

werks wendet sich der Dünenweg nach links zur Schutzhütte an der Kreuzung mit dem **Barkenpad** 5. Hier würde man in 1 Min. rechts zurück zum Ausgangspunkt gelangen, während wir dem Barkenpad (»Birkenpfad«) nach links folgen. Der geklinkerte Weg durchquert einen Moorbirkenbruchwald, kreuzt dahinter einen sandigen Pfad, dann laden an der Abzweigung des Wegs zum Jugendzeltplatz Sitzbänke zur Rast ein, mit Blick zur Aussichtsdüne Am Dünensender.

Am **Golfhotel Norderney** 6 geht es kurz auf dem Fuß- und Radweg rechts zwischen Straße und Golfplatz entlang, links liegt der Campingplatz Um Ost. Auf Höhe des Campingplatz-Restaurants Reethuus zweigt rechts der geklinkerte Erlenpad in die Dünen ab und erreicht kurz hinter der Zufahrt zum Jugendzeltplatz die **Aussichtsdüne Am Dünensender** 7; zur Thalasso-Plattform auf der 21 m hohen Spitze führt ein weiterer Naturlehrpfad.

Von der Aussichtsdüne führt der geklinkerte Erlenpad nordwestwärts weiter durch ein Gehölz im Nationalpark, die beiden rechts abzweigenden Wege bleiben außer Acht. Bei der **Bushaltestelle Schießstand** quert der Erlenpad die Stichstraße Weiße Düne und leitet geradeaus weiter, rechts erhebt sich die Walter-Großmann-Düne, die höchste Düne zwischen Ems und Jade. Schließlich mündet der Weg bei der **Aussichtsdüne** in den **Zuckerpad** 8. Dieser schlängelt sich von der Aussichtsdüne zwischen Dünen und Gehölzen zurück zum Ausgangspunkt an der **Weißen Düne** 1.

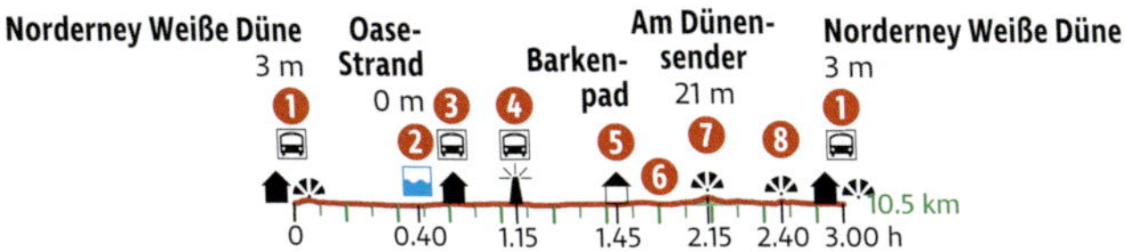

↗ 15 m | ↘ 15 m | 14.4 km

TOP 44

Norderney: Ostheller – Ostende

4.00 h

Durch den wilden Osten von Norderney

Zwischen strandhaferbewachsenen Dünen schlängelt sich der Nationalpark-Wanderweg zur Peilbake auf der Möwendüne, durchquert weite Salzwiesen und erreicht an einem bunt bemalten Schiffswrack die aussichtsreiche Sandwattenlandschaft an Norderneys Ostende neben der Seehundbank. Zurück geht es am einsamen Nordseestrand, der zum Baden und Sonnenbaden einlädt.

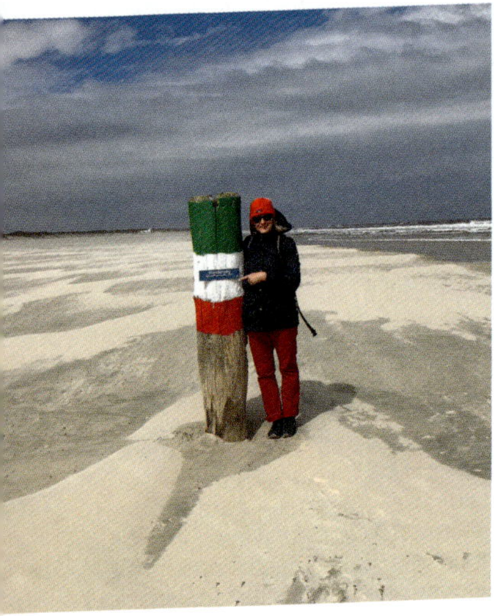

Ausgangspunkt: Ostheller, gebührenfreier Parkplatz am Ende der Straße Am Leuchtturm im Osten von Norderney.
ÖPNV: Bushaltestelle Abzw. Eiland 1,5 km westlich vom Ausgangspunkt; zu erreichen über Rad-/Fußweg. Verbindungen mit Linie 4 mehrmals täglich ab/an Busbahnhof; www.bus-fischer.de → Linienverkehr. Zwischen Busbahnhof und Hafen Verbindungen im Takt der zahlreichen Fähren; www.inselbus-norderney.de.
Anforderungen: Die passagenweise feuchten und überschlickten Pfade zwischen den Dünen erfordern Kondition; Proviant und Getränke mitnehmen; der Wanderweg zwischen den Dünen kann in einzelnen Abschnitten überschwemmt sein.
Markierung: Rot-grüne Pflöcke zwischen ❶ und ❷.
Einkehr: Keine.
Karte: Inselkarte von Freytag-Berndt und ARTARIA (1:20.000); Kompass (1:17.500).

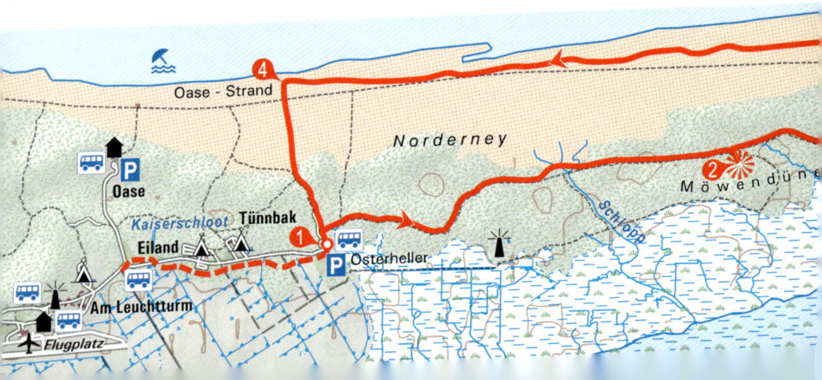

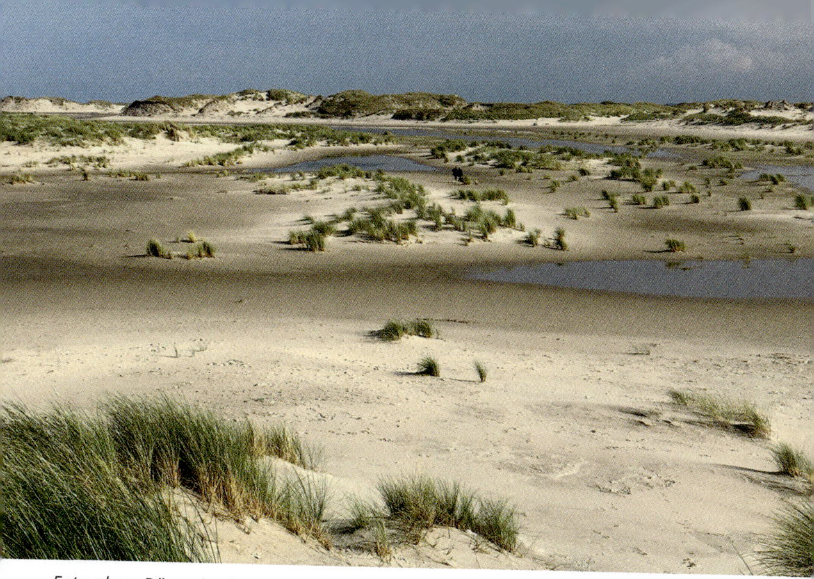

Foto oben: Dünen im Osten von Norderney.
Links: Wanderweg-Markierungspfahl vor der Wasserlinie.

An der Nationalpark-Informationshütte am Parkplatz **Ostheller** ❶ gabeln sich die Wege: Auf dem Wanderweg Richtung Ostende verlassen wir den Grohdepolderdeich ostwärts und erreichen gleich darauf erneut eine Verzweigung. Während ein Weg mit festem Belag nach links Richtung Strand kurvt, leitet uns der mit rot-grün bemalten Pflöcken markierte naturbelassene Wanderweg geradeaus, schräg rechts ist die Postbake am Rand der Ostheller-Salzwiesen zu sehen. Die Dünen stehen weit auseinander, zuweilen entsteht der Eindruck eines Tals.

Am Ostende sind oft Kegelrobben zu beobachten – die größten Raubtiere Mitteleuropas.

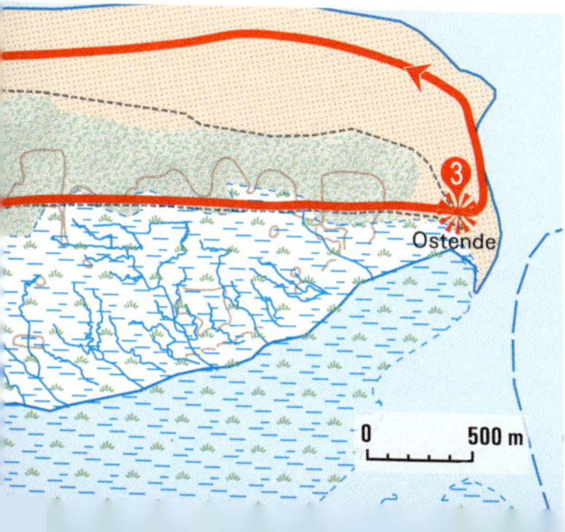

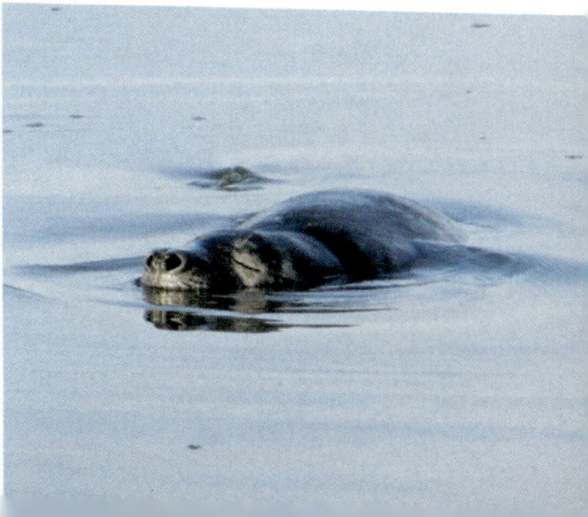

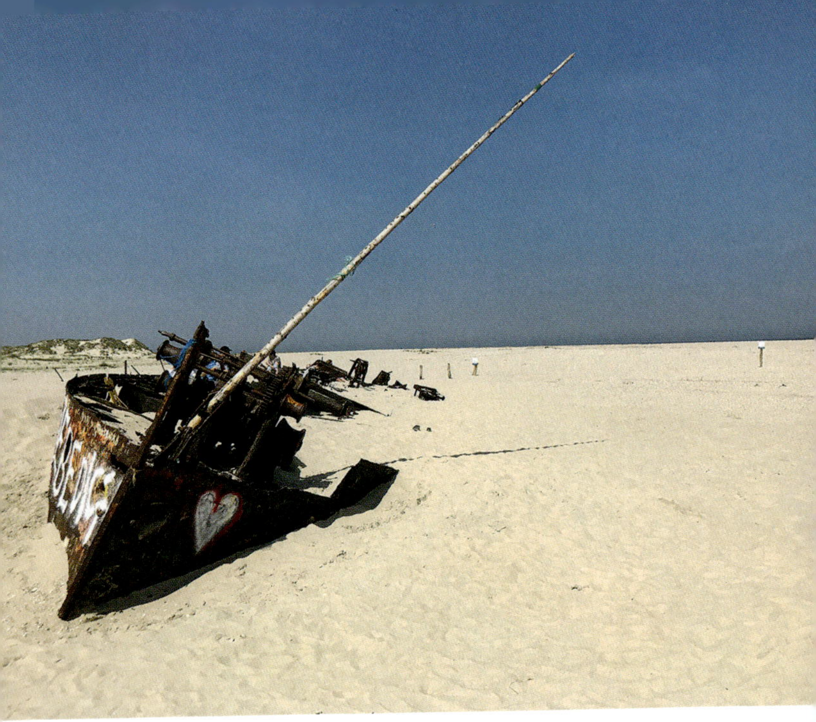

Bunt bemaltes Schiffswrack am Ostende von Norderney.

Die erste Dünenweitung kann bei hohen Wasserständen überschwemmt sein: Der Priel **Schlopp** auf der Südseite der Insel sucht hier die Verbindung zur Nordsee. Er kann bei hohen Wasserständen Ausflüglern, die sich östlich des Priels aufhalten, den Rückweg abschneiden; bei Sturmfluten kann er die Insel zweiteilen, da er sich dann mit dem von der Nordküste hereindrängenden Wasser verbindet.
Von der Weitung führt der sandige Weg zwischen Dünen geradeaus zur **Möwendüne** 2 mit der **Peilbake** auf der Aussichtsplattform: Sie bietet einen weiten Blick über die Dünenlandschaft zur Nordsee, über die Ostheller-Salzwiesen hinweg zum Wattenmeer und ans Festland sowie zur Nachbarinsel Baltrum im Osten. Ihren Namen verdankt die mit Strandhafer bewachsene Düne den Silber-, Sturm- und Heringsmöwen, die im Sommer in der Umgebung brüten; während der Brutzeit können die Möwen angriffslustig auf zudringliche Menschen reagieren.
Von der Möwendüne führt der weiterhin mit rot-grünen Pflöcken markierte Wanderweg weiter ostwärts und durchquert Feuchtwiesen, die Luft ist

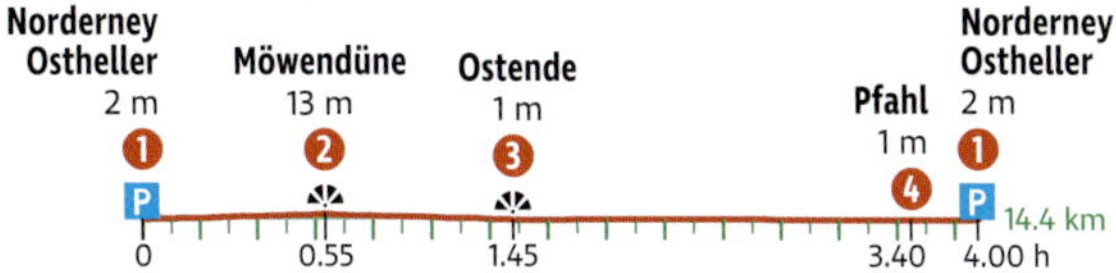

erfüllt von Vogelstimmen. Passagenweise ist der Weg überschlickt, nasse Stellen müssen übersprungen oder umgangen werden. Zuletzt beginnt an der Rattendüne der sandige Schlussspurt zum aussichtsreichen **Ostende** 3 mit dem bunt bemalten Schiffswrack. Bei Niedrigwasser lagern Seehunde und Kegelrobben auf den Sandwatten.

Vom Ostende gibt die Wasserlinie am Seegat Wichter Ee die Route nordwärts zur Sandbank **Othelloplate** vor, die bei Niedrigwasser trocken fällt. Vor der Othelloplate schwingt die Küstenlinie westwärts, ein markanter Orientierungspunkt in den Dünen ist die Peilbake auf der Möwendüne. Wenn wir die Peilbake hinter uns gelassen haben, nähern sich die Dünen etwas mehr dem Strand und erreichen nach und nach mehr Höhe. Am ersten in den Sand gerammten **Pfahl** 4 – Aufschrift: »Wanderweg« – geht es vom Wellenauslauf landeinwärts zurück zum Grohdepolderdeich und zum Parkplatz **Ostheller** 1.

Die Möwendüne trägt eine hölzerne Peilbake als Tagessichtmarke.

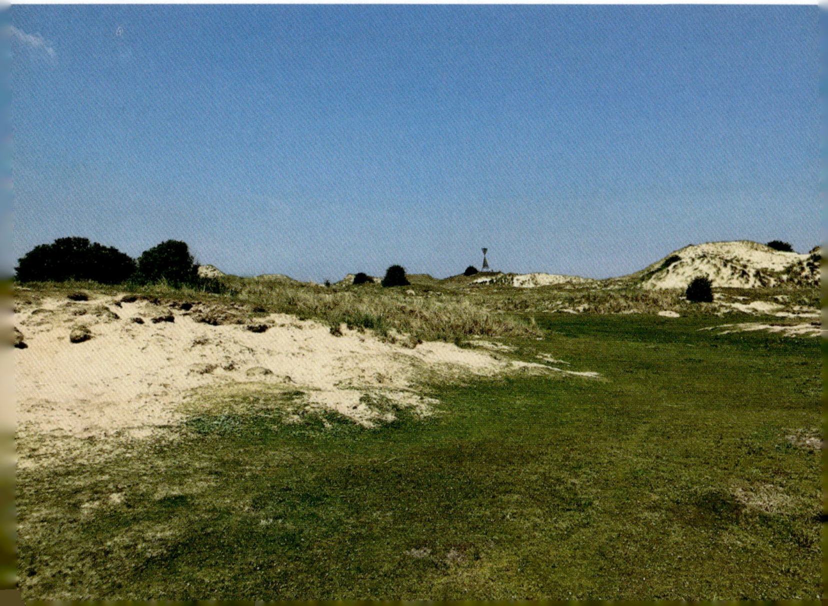

↗ 30 m | ↘ 30 m | 12.3 km

45 Baltrum: Hafen – Westkopf – Osterhook

3.45 h

Dornröschen der Nordsee

Das Nordseeheilbad Baltrum liegt auto- und fahrradfrei im Wattenmeer-Nationalpark – ein Dünen- und Strandparadies, in dem die Heckenrosenbüsche oftmals höher als die roten Backsteinhäuser sind; sie haben der 6,5 km² kleinen Insel den Namen »Dornröschen der Nordsee« eingetragen.

Ausgangspunkt: Baltrum Hafen.
ÖPNV: Tideabhängige Fährverbindung 2–3 mal täglich mit Neßmersiel (30-minütige Überfahrt); www.baltrum-linie.de.
Anforderungen: Dünen- und Strandwanderung auf gepflasterten oder sandigen Wegen und an der Wasserlinie.
Einkehr: Zahlreiche im Westen der Insel.
Karte: Kompass-Karte Baltrum (1:10.000).
Tipps: Inselmuseum Altes Zollhaus (April–Oktober Mo–Sa 10–12 Uhr) und Nationalpark-Haus (Mo Ruhetag), beide zwischen Hafen und Ort. – In den Sommermonaten werden täglich geführte Wattwanderungen zwischen Neßmersiel und Baltrum angeboten.

Vom **Hafen Baltrum** ❶ führt die Deichpromenade zum buhnengesicherten **Westkopf** ❷ der Insel, Lehrtafeln des Gezeitenpfads bieten Einblicke in die Geheimnisse von Ebbe und Flut. Am Westkopf fällt der Blick über das Seegat Wichter Ee hinweg auf die Dünen und Sandplaten der Nachbarinsel Norderney. Baltrum ist die Insel, die in den vergangenen Jahrhunderten am weitesten »gewandert« ist: In den Jahren 1650–1873 etwa 3,7 km nach Osten – im Westen wurde die Insel abgetragen, sodass die Bewohner mehrmals das Dorf verlegen mussten. Da im Osten vergleichsweise wenig Sand anlagerte, wurde die einst stockförmige Insel immer kleiner und rundlicher.
Vom **Westkopf** folgt die Strandpromenade der Küste vor dem **Westdorf**, wo hinter den letzten Buhnen der **Badestrand** ❸ beginnt. Wenn die Strandpromenade endet, gibt die Wasserlinie die Route vor, der Blick fällt zum weißen Leuchtturm der Nachbarinsel Langeoog. Kurz nach Passieren des vierten Dünenübergangs schwingt die Küstenlinie südwärts und er-

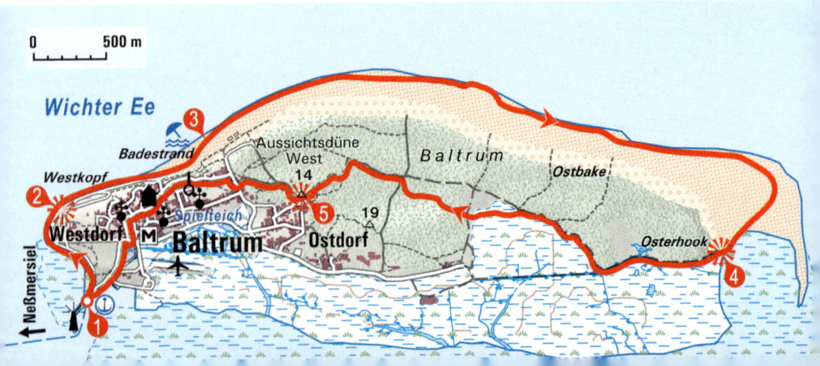

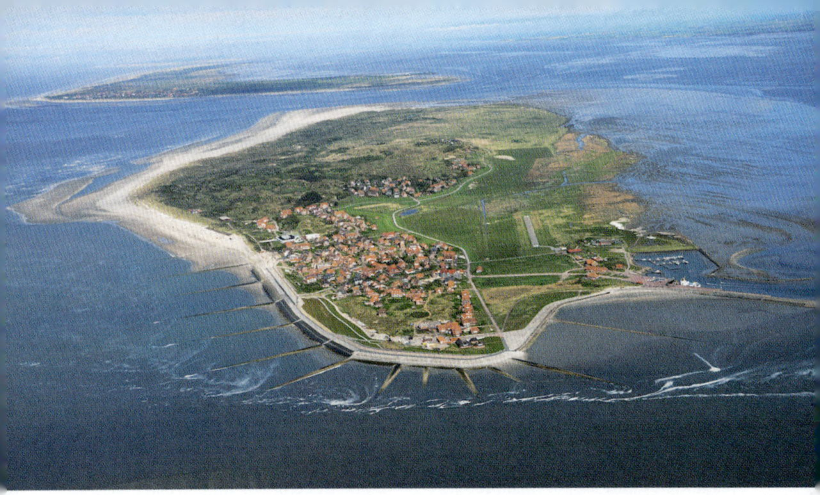

Vogelflugblick auf Baltrum; im Vordergrund der buhnenbewehrte Westkopf der Insel vor dem Seegat Wichter Ee, links der Badestrand, rechts Fährhafen und Flugplatz.

reicht am **Osterhook** ❹ die aussichtsreiche Ostspitze von Baltrum. Vom Osterhook leitet der Wanderweg inseleinwärts und an der ersten Verzweigung halb rechts auf den durch die Dünen führenden Pfad. Via Jagdhütte schlängelt er sich in Sichtweite an der Peilbake vorbei.

Wenn er auf einen grob quer laufenden Weg mündet, folgen wir letzterem kurz nach links und biegen gleich halb rechts ab. An der nächsten Wegekreuzung geradeaus: Ein gepflasterter Weg führt über eine 7 m hohe Düne und passiert kleine Süßwasserseen. Am **Wetterhäuschen**, einer Unterstellhütte, leitet der schmale, gepflasterte Weg weiter geradeaus, wenig später lädt vor einer alten Birke eine Sitzbank zur Rast ein. An der nächsten Sitzbank leitet der Klinkerweg halb links weiter, schließlich geht es vor dem Kiefernwald rechts zur 14 m hohen **Aussichtsdüne West** ❺ (vor den ersten Häusern des Baltrumer **Ostdorfs**.

Von der Aussichtsdüne West setzt sich der Weg durch den Kiefernwald zum Strand fort. Wer abschließend durch den Ort zurück zum **Hafen** ❶ schlendert, kommt an der **Inselglocke** (Wahrzeichen der Insel) und der kleinen Inselkirche (1826) vorbei.

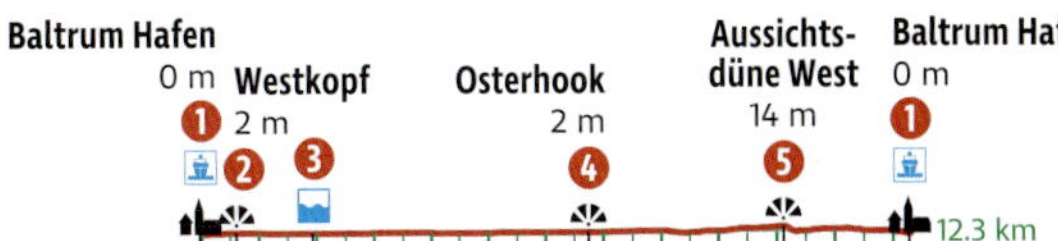

TOP

46

↗ 50 m | ↘ 50 m | 13.0 km

Langeoog: Bahnhof – Melkhörndüne – Pirolatal

3.30 h

Zur höchsten Aussichtsdüne der Sanddorninsel

Wasserturm, Melkhörndüne und Seenotbeobachtungsstation sind die besten Aussichtspunkte der autofreien Insel Langeoog. Das Pirolatal ist eines der beeindruckendsten Täler der Ostfriesischen Inseln.

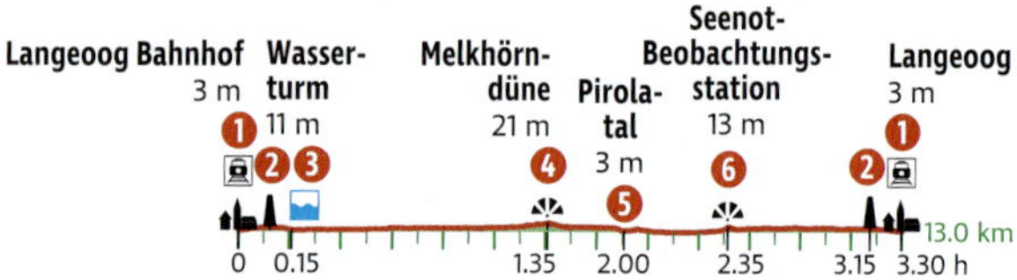

Ausgangspunkt: Bahnhof Langeoog, Endstation der Inselbahn Hafen – Inseldorf.

ÖPNV: Die Fährüberfahrt ab Bensersiel dauert 60 Min. einschließlich des Inselbahntransfers vom Hafen zum Bahnhof Langeoog; www.langeoog.de → Schifffahrt Langeoog.

Anforderungen: Sandstrand am Spülsaum, gepflasterte Wege auf der Höhenpromenade (fahrradfrei) und im Pirolatal.

Einkehr: Zahlreich im Ort Langeoog sowie an der Höhenpromenade.

Variante: Zu Fuß zum Hafen: Vom Dünenübergang Kirchpad an den Strand und am Wasser entlang mit Blick auf Baltrum zum Naturlehrpfad Flinthörnpad (Lehrtafeln und Vogelbeobachtungsplattform), dann zum Flinthörndeich und zurück zum Hafen (ca. 1 Std.).

Karte: Kompass-Karte Langeoog 1:15.000.

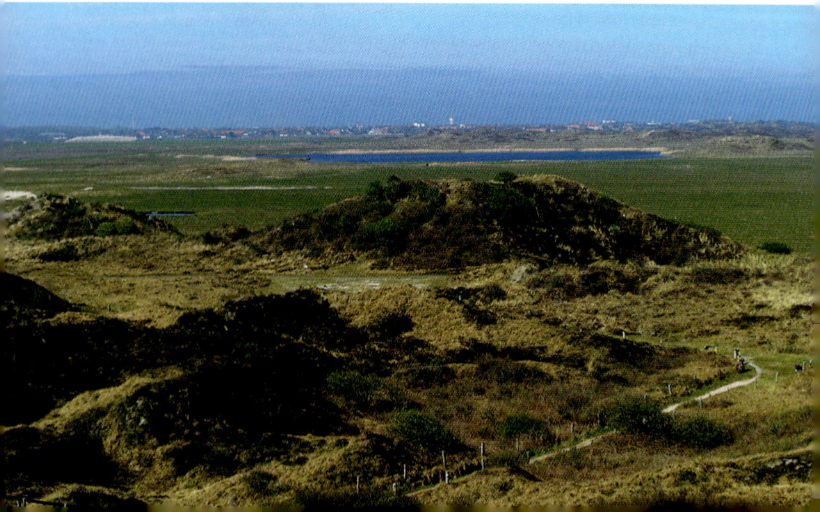

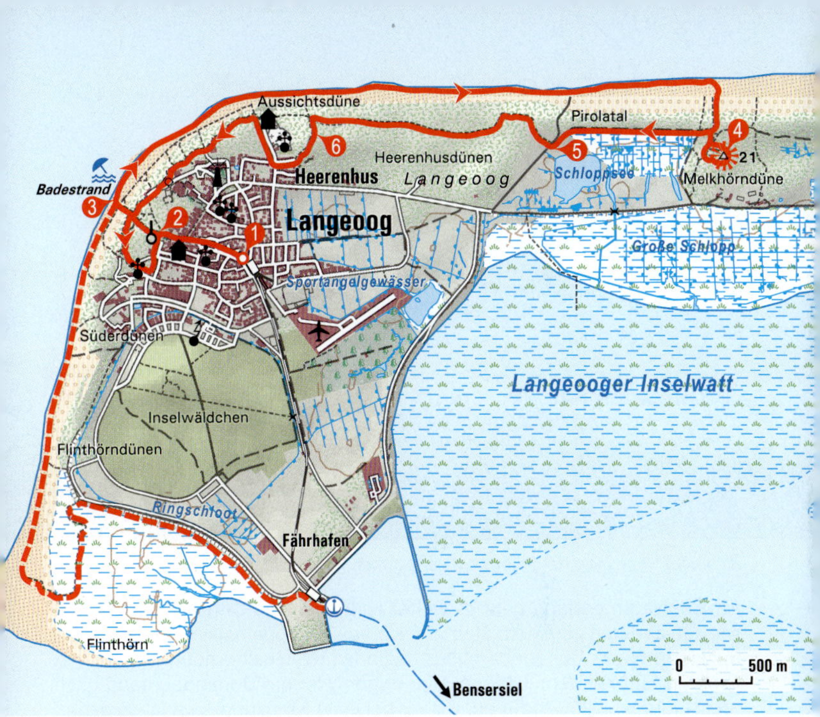

Vom **Bahnhof Langeoog** ❶ führt die von Restaurants und Geschäften gesäumte Hauptstraße am Rathaus mit der Tourist-Information vorbei zum Lale-Andersen-Denkmal an der Laterne vor dem kleinen Park am Aufgang zum weißen **Jugendstil-Wasserturm** ❷, dessen Aussichtsgalerie in 23 m Höhe ein exzellentes Panorama gewährt.

Vom historischen Wasserturm führt der geklinkerte Westerpad geradeaus durch die Kaapdünen, kreuzt vor dem Dünenübergang Westerpad die Höhenpromenade und erreicht den **Badestrand** ❸, an dem der Spülsaum die Route rechts vorgibt; Alternative ist ein Holzlattenweg am Beginn des Strands. Der Holzlattenweg endet am Dünenübergang vor dem letzten Strand, dem **Drachenstrand**, auf Höhe der Seenot-Beobachtungsstation, dann beginnt der Nationalpark. Ein Dünenwall verbirgt das Pirolatal; wenn sich dieser Wall zu einer höheren Düne erhebt, befindet man sich auf Höhe des Dünenübergangs Richtung Pirolatal/Schlopp.

Von der Melkhörndüne schweift der Blick über die Schlopp-Niederung zum weißen Wasserturm von Langeoog.

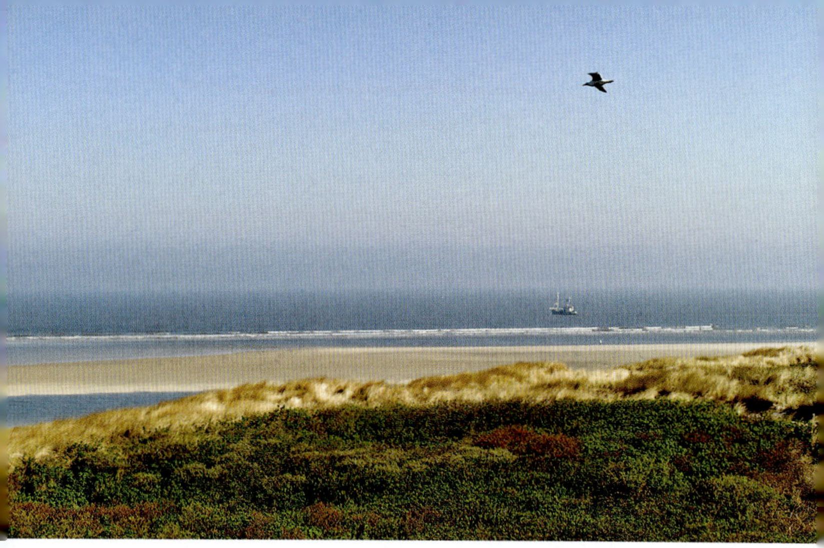

Blick vom Höhenweg Langeoogs auf den Strand.

Am Spülsaum entlang geht es weiter zum nächsten Dünenübergang, der wie alle anderen an einem Stab mit schrägem Doppelbalken erkennbar ist; auf Höhe dieses Dünenübergangs beginnen die Melkhörndünen zwischen Großem und Kleinem Schlopp. Hier folgen wir dem Dünenübergang nach rechts in die Melkhörndünen, wo wir bei einer Kreuzung geradeaus gehen und die weithin sichtbare **Melkhörndüne** 4 ansteuern, mit 21 m die höchste natürliche Erhebung der Insel Langeoog.

Vom Fuß der Aussichtsdüne führt ein gepflasterter Pfad nordwestwärts zum Fahrradparkplatz bei einer Schutzhütte. Hier startet unser Rückweg: Ein gepflasterter Weg folgt dem Rand der grünen Niederung Großer Schlopp westwärts; der Schloppteich ist der Rest eines Meeresdurchbruchs. Am nächsten Fahrradparkplatz beginnt der gepflasterte Weg durch das **Pirolatal** 5; dieses Trinkwassertal Langeoogs wird im Süden von den Heerenhusdünen begrenzt, alten Braundünen mit Heidegewächsen wie der Krähenbeere. Die Schutzdünenkette auf der Nordseite des Tals soll verhindern, dass Salzwasser in die regenwassergespeiste Süßwasserlinse unter dem Pirolatal eindringt. Benannt ist das Pirolatal nach dem Rundblättrigen Wintergrün (Pyrola rotundifolia), dem »Dünenmaiglöckchen«, das ab Juni seine weißen Blüten entfaltet.

Fast am Ende des Pirolatals befindet sich der Fahrradparkplatz am Dünenübergang zum Drachenstrand; hier zweigt links ein schmaler, steiler Klinkerweg zur Düne der **Seenot-Beobachtungsstation** 6 ab (neben der begehbaren Aussichtsplattform Rastplatz mit Panoramablick).

Von der Aussichtsdüne senkt sich der schmale Klinkerpfad zur Heerenhusstraße: kurz schräg rechts und die erste Abzweigung rechts (Gerk-sin-Spor) zum reetgedeckten Sonnenhof (Gasthof), dem ehemaligen Wohnsitz der in Lehe bei Bremerhaven geborenen Sängerin Lale Andersen, die mit dem Sehnsuchtslied »Lili Marleen« weltberühmt wurde.
Vom Sonnenhof führt die kleine Straße Gerk-sin-Spor am Dünenfriedhof vorbei, auf dem Lale Andersen 1972 ihre letzte Ruhestätte fand, und erreicht am Fahrradparkplatz den Beginn der geklinkerten Höhenpromenade. Die Fußgängern vorbehaltene Höhenpromenade verläuft zwischen Heckenrosen- und Sanddornsträuchern westwärts zu Dünenübergängen, der Galerie Atelier am Meer, der Musikkneipe Düne 13, dem Panoramarestaurant Seekrug und zur Aussichtsplattform am Panoramarestaurant Strandhalle und erreicht die Umkleidekabinen und Restaurants am Hauptbad nahe dem Meerwasser-Erlebnisbad. Dahinter schwingt sich die Höhenpromenade mit Wasserturmblick aufwärts, passiert den bekannten Dünenübergang Westerpad und führt zwischen Hunderttausenden von Sanddornsträuchern weiter, ehe sie am Dünenübergang **Kirchpad** endet.
Der Kirchpad führt landeinwärts zur katholischen Nikolauskirche – Sankt Nikolaus ist der Patron der Seefahrer –, deren Turm neben dem Jugendstil-Wasserturm ein markanter Blickfang ist. Nach Passieren der Kirche leiten die Wege Am Blumental und An der Kaapdüne zurück zum Wasserturm am Ende der Hauptstraße. Diese führt zum **Bahnhof** ❶ der Inselbahn.

Wandern in der jod-, salz- und mineralienreichen Brandungsluft ist wie eine Inhalation und ein wichtiger Bestandteil jeder Thalasso-Therapie.

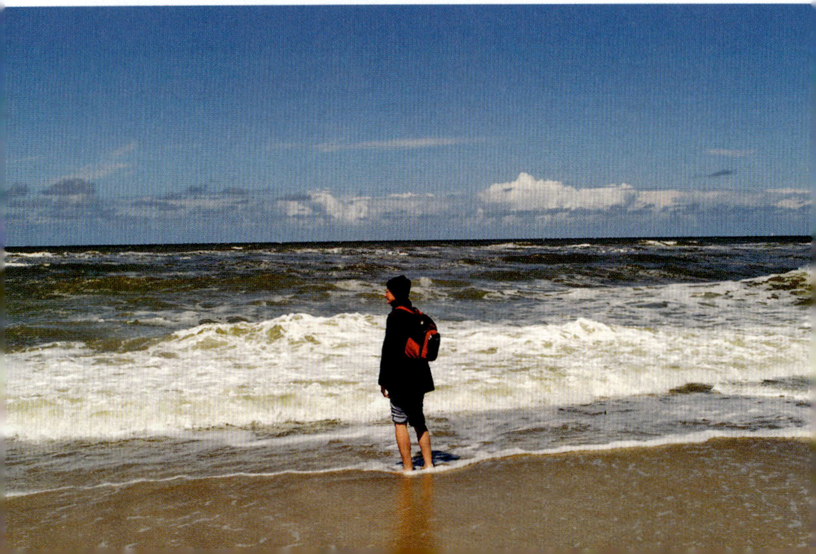

↗ 10 m | ↘ 10 m | 6.9 km

47 Langeoog: Meierei – Osterhook

2.00 h

Zum Seehundbank-Blick an der Ostspitze von Langeoog

Der teilweise als Steilufer ausgebildete Osterhook bietet faszinierende Ausblicke auf die Seehund-Lagerstellen an Langeoogs Ostspitze und zur Nachbarinsel Spiekeroog. Schautafeln eines Naturlehrpfads erläutern die Tier- und Pflanzenwelt.

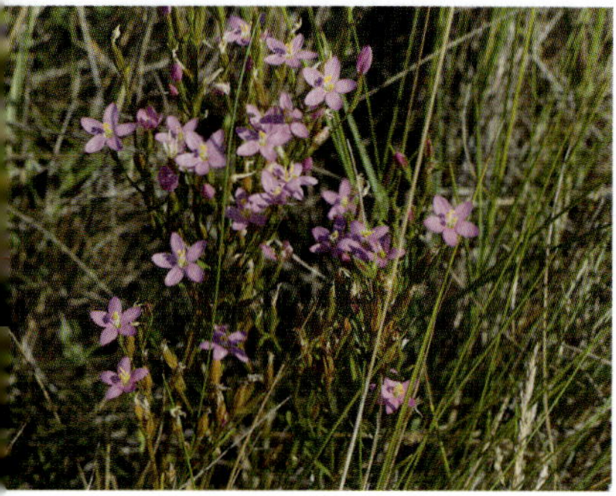

Salz-Schuppenmiere.

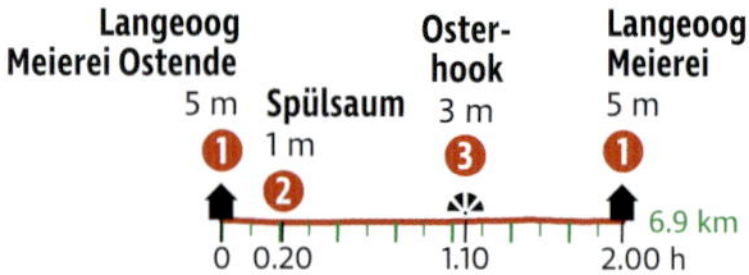

Ausgangspunkt: Fahrradparkplatz am Restaurant Meierei Ostende am autofreien gepflasterten Weg Zum Ostende auf Langeoog. Anfahrt nach Langeoog wie bei Tour 46 zum Bahnhof in der Dorfsiedlung Langeoog mit vielen Fahrradverleihstationen; von dort 10 km mit dem Rad zur Meierei.
ÖPNV: Anfahrt nach Langeoog zum Bahnhof wie bei Tour 46 beschrieben. Dort gibt es zahlreiche Fahrradverleihstationen.
Anforderungen: Überwiegend unbefestigte sandige Wege bzw. Strandwanderung an der Wasserlinie; mit dem Fahrrad zu befahren ist der gepflasterte Abschnitt zwischen Meierei und dem letzten Fahrradparkplatz vor dem Osterhook.
Markierung: Stellenweise Naturlehrpfad und Pflöcke.
Einkehr: Nur am Ausgangspunkt.
Karte: Kompass-Karte Langeoog (1:15.000).

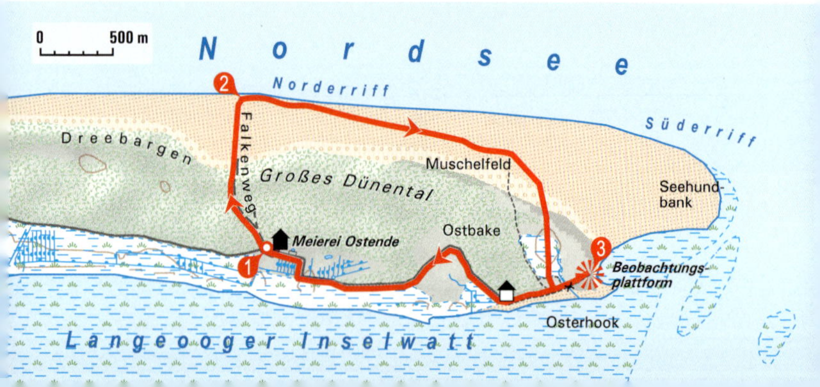

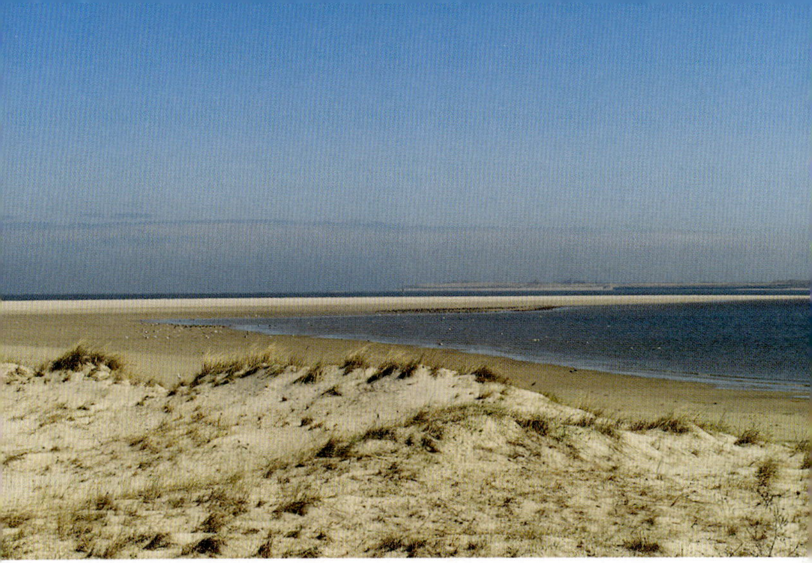

Blick von der Seehund-Beobachtungshütte am Osterhook zur Insel Spiekeroog.

Vom Fahrradparkplatz vor dem Gasthof **Meierei Ostende** 1 führt der sandige, passagenweise mit Heu ausgelegte Falkenweg nordwärts durch alte Braundünen, die vielfach von Gebüschen, Krähenbeerenteppichen und Gehölzen überzogen sind; in den Senken wachsen Moorbirkenwälder.
Ehe der Falkenweg den steilen Dünenübergang zum Strand erreicht, durchquert er das Große Dünental, das stellenweise großflächig orchideenreiche Flachmoore aufweist. Das Dünental zieht sich westwärts hin zu den **Dreebargen**, die wegen ihrer botanischen und ornithologischen Bedeutung (»Vogelkolonie«) nur im Rahmen einer Führung betreten werden dürfen (Führung auf einem Lehrpfad ab Vogelwärterhäuschen).
Vom Dünenübergang geht es hinab zum Strand und zum **Spülsaum** 2, an dem die Wasserlinie die Route ostwärts vorgibt, begleitet vom Rauschen der Brandung und dem Blick auf die Nachbarinsel Spiekeroog. Vor den Muschelfeldern an der Ostspitze entfernt sich die mit Pflöcken markierte Route mit Rücksicht auf die Seehunde vom Wasser (Absperrungen) und mündet zuletzt in den Naturlehrpfad am **Osterhook** 3, wo sich die Informationshütte an der Seehundbank-Beobachtungsstelle befindet.
Von der Informationshütte geht es am Strand entlang am Fuß des Steilufers, auf das die Wanderroute zuletzt hinaufschwingt, bevor sie neben einer Schutzhütte den am weitesten östlich gelegenen Fahrradparkplatz der Insel erreicht. Von hier führt der gepflasterte Weg durch ausgedehnte Salzwiesen zurück zur **Meierei Ostende** 1.

↗ 25 m | ↘ 25 m | 10.1 km

48 Spiekeroog: Hafen – Nordstrand – Utkieker

2.45 h

Aussichtsdünen und Sandstrände

Die Strand- und Aussichtsdünen-Runde bildet einen optimalen Einstieg zur Erkundung der »grünen« Insel Spiekeroog; sie ist autofrei wie vor Jahrhunderten, als sie in alten Seemannsversen als »Krone« der Ostfriesischen Inseln bezeichnet wurde.

Ausgangspunkt: Hafen Spiekeroog.
ÖPNV: Tideabhängige Fährverbindung mit Neuharlingersiel 1–5 x täglich (Fahrzeit etwa 50 Min.); www.spiekeroog.de → Anreise.
Anforderungen: Dünen- und Strandwanderung, teils auf gepflasterten Wegen, teils auf sandigen Pfaden, teils am Strand.
Einkehr: Spiekeroog Ort, Strandhalle; mit kurzem Abstecher Wittbülten (ökologisch bewirtschaftet, Öffnungszeit siehe »Tipp«).
Variante: Kurzer Abstecher südwärts ab Quellerdünen 4 zum Nationalpark-Haus Wittbülten (0,5 km).
Kombi-Tipp: Zusammen mit dem ersten Teil von Tour 49 in anderer Richtung große Inselumrundung (19 km).
Karte: Kompass-Karte Spiekeroog (1:15.000).
Tipps: Nationalpark-Haus Wittbülten mit Aquarium und Café (Mo Ruhetag, November bis März nur Di und Sa); Inselmuseum (Di–Sa 15–17 Uhr) in Kapitänshaus von 1715.

Sandwind auf Spiekeroog, Ende August.

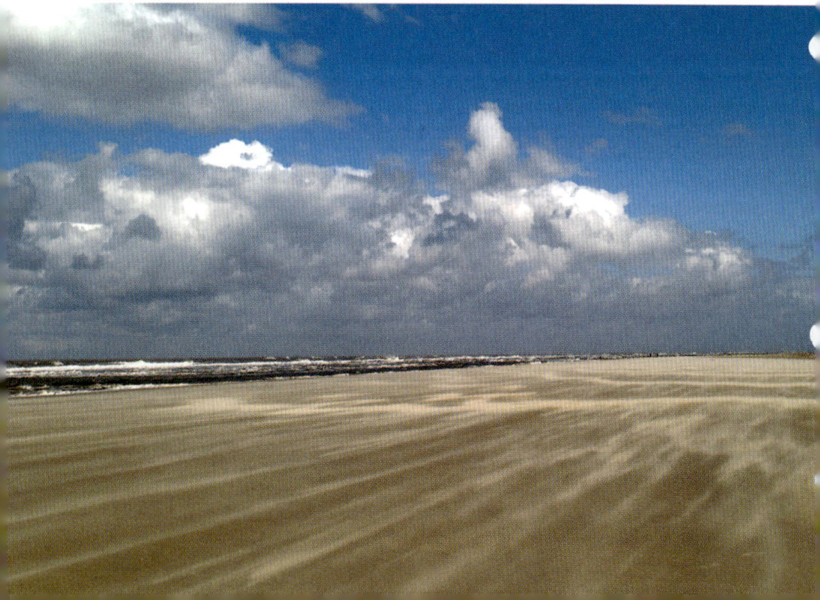

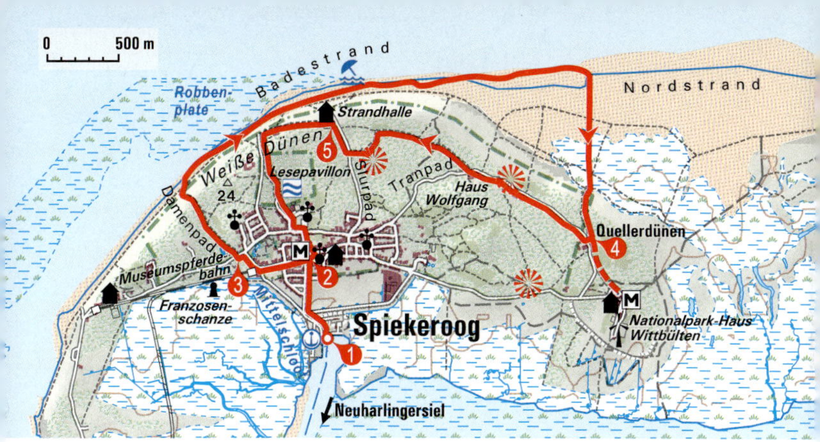

Vom **Hafen Spiekeroog** ❶ führt die Zufahrt Wüppspoor aussichtsreich über den Deich, der das Dorf im Süden vor Überflutung schützt. Nach Passieren der ersten Häuser liegt rechts der Rosengarten. Vom Pavillon vor dem **Rathaus** ❷ führt der gepflasterte Weg Westerloog links weiter zum Bahnhof der **Museumspferdebahn** (Fahrzeit 12 Min. bis Sturmeck) und dort rechts am Bahnhofsrestaurant vorbei.

Die nächste Straße geht es links (Westend) und gleich darauf rechts auf dem gepflasterten **Damenpad** ❸ durch die Braundünen; er trägt diesen Namen seit der Kaiserzeit im ausgehenden 19. Jahrhundert, als Damen und Herren eigene Strandzugänge hatten. Das zeltartige Gebäude rechts ist die katholische Kirche Sankt Peter. Immer in etwa dieselbe Richtung haltend, gewinnt der aussichtsreiche Damenpad den Rand der **Weißen Dünen** (24 m; nicht betretbar), der höchsten Erhebung der Insel.

Vor dem Dünenübergang endet der Steinbelag, steil führt ein Sandweg hinab zum Strand, an dem die Wasserlinie die Route ostwärts vorgibt. Der Priel zwischen dem Strand und der vorgelagerten Sandbank Robbenplate darf laut Warnschildern nicht durchwatet werden. Bei hohen Wasserständen überspült die Flut die Sandbank und nähert sich den Strandkörben am Hauptbadestrand. Geradeaus zeigt sich auf der Nachbarinsel Wangerooge der einem Kirchturm nachempfundene Leuchtturm. Das markanteste Erkennungszeichen landseitig ist die **Spiekeroog-Bake** am Rand der Dünen;

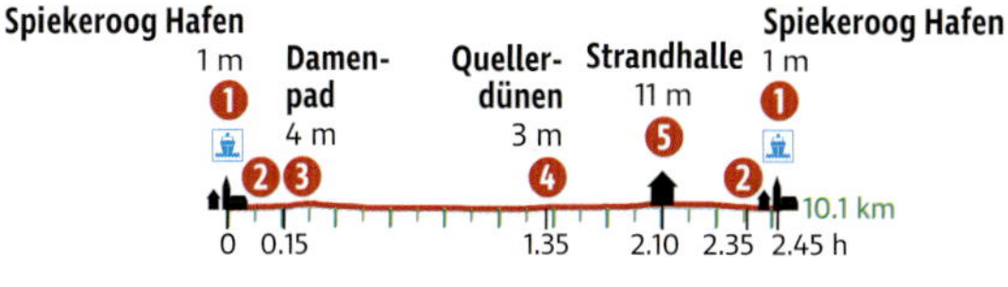

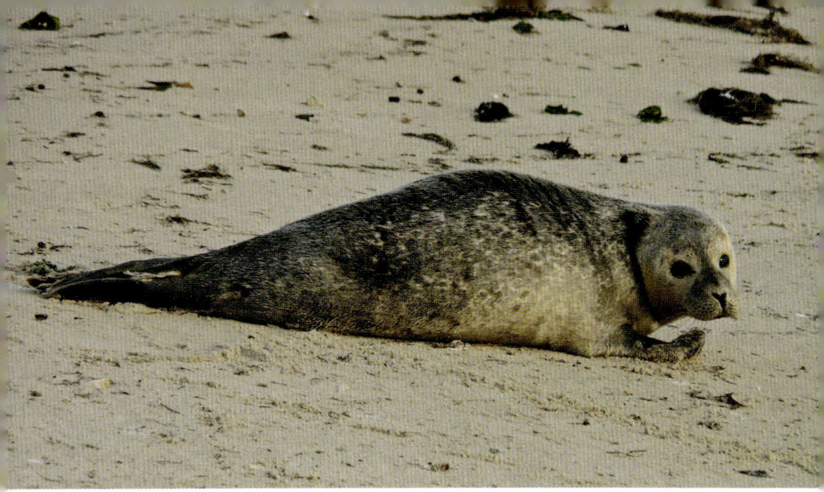

Seehunde sind kleiner und haben einen eher rundlichen Kopf ...

dieses Seezeichen wurde bei Einführung des Mobilfunks in Metall neu errichtet und wird als Antenne genutzt.

Wenn die Bake zurückbleibt, taucht am Ende des Badestrands eine Reihe übermannshoher Pfähle auf. Diese Pfahlreihe führt auf die Dünen zu. Dort befindet sich der Dünenübergang zur christlichen Freizeit- und Bildungsstätte **Quellerdünen** 4. Vor den Gebäuden mündet der Dünenübergang in den gepflasterten Tranpad, der rechts zwischen Braundünen Richtung Spiekeroog-Bake an der evangelischen Mutter-Kind-Klinik und zur Verzweigung an der Bildungsstätte Haus Wolfgang führt. Ende des 19. Jahrhunderts spülte die See eine Ladung Tranfässer an Land, die beim Haus Wolfgang versteckt worden sein sollen.

An der Verzweigung am Haus Wolfgang führt ein gepflasterter Weg geradeaus durch die Dünen (während der breite Transchmugglerpfad landeinwärts Richtung Dorf schwingt). Nach einer Weile erreichen wir ein Gehölz mit alten Kiefern; hier zweigt links der gepflasterte Weg zur **Aussichtsdüne** (18 m) ab; seit sie die 3,50 m hohe Bronzefigur eines »luftbekleideten« **Utkiekers** (»Ausschau Haltender») trägt, ist sie die markanteste Aussichtsdüne der Insel.

Ein Verbindungspfad leitet vom Utkieker hinab zum geklinkerten Slurpad, dem Hauptzugang zum Selbstbedienungsrestaurant **Strandhalle** 5. Von dort führt der gepflasterte Höhenweg oben auf den Dünen nach links; die Plätze mit Sitzbänken sind beliebte Stellen zum Beobachten des Sonnenuntergangs. Schließlich kurvt der Höhenweg nach links und mündet in den Noorderpad. Dieser führt am Evangelischen Jugendhof vorbei und an der Verzweigung links weiter zum weißen Lesepavillon am Rand der Dünen.

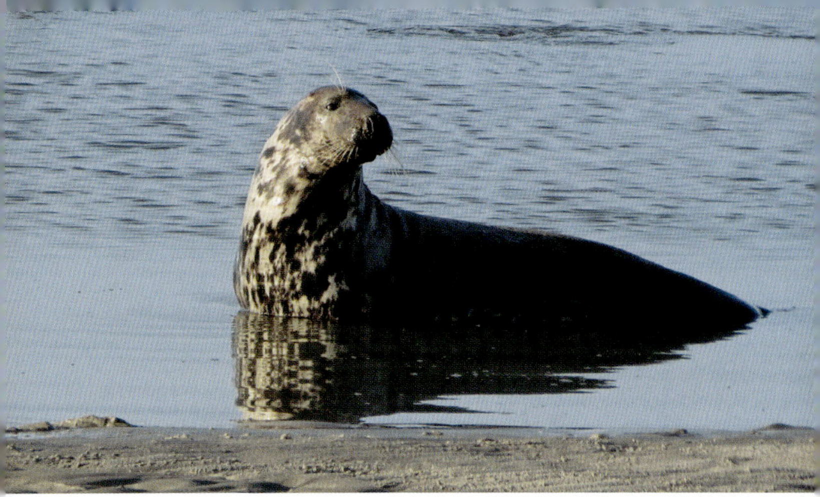

... im Vergleich zu den selteneren Kegelrobben mit ihrem eher spitz zulaufenden Kopf.

Vom Lesepavillon geht es auf dem Noorderpad hinab zum Kinderspielhaus Trockendock und zum InselBad & DünenSpa, vorbei am Haus des Gastes Kogge (mit Muschelmuseum); bei nächster Gelegenheit links und gleich rechts in den alten Ortskern von Spiekeroog, der abends in schönstem Lichterglanz prangt. Dort mündet der Noorderpad in die Insel-Hauptstraße Noorderloog: Sie führt rechts zum Inselmuseum und zum Pavillon am **Rathaus** ❷; links führt der Weg Wüppspoor zurück zum **Hafen Spiekeroog** ❶.

Blick vom Damenpad auf die Sandwatten an der Robbenplate.

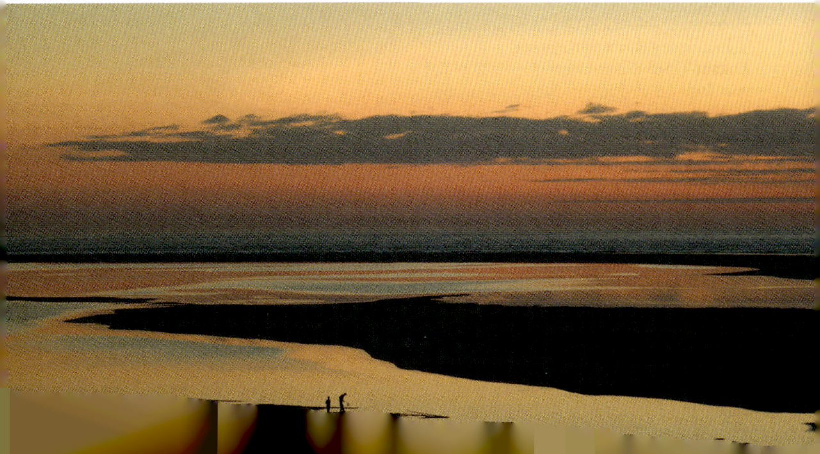

↗ 30 m | ↘ 30 m | 16.4 km

Spiekeroog: Hafen – Wittbülten – Ostplate

4.30 h

Längste Sandanlandung der Ostfriesischen Inseln

Spiekeroogs Ostplate ist die urtümlichste Wildnis auf einer Ostfriesischen Insel und die längste natürliche Sandanlandung im Wattenmeer zwischen Jade und Ems: In den vergangenen 350 Jahren hat sich Spiekeroog um rund 7 km ostwärts vergrößert. Salzwiesen- und Dünenpflanzen machen die Ostplate zum botanischen Kleinod, an Dünen unterschiedlichen Alters lässt sich die Entstehung einer Wattenmeerinsel ablesen.

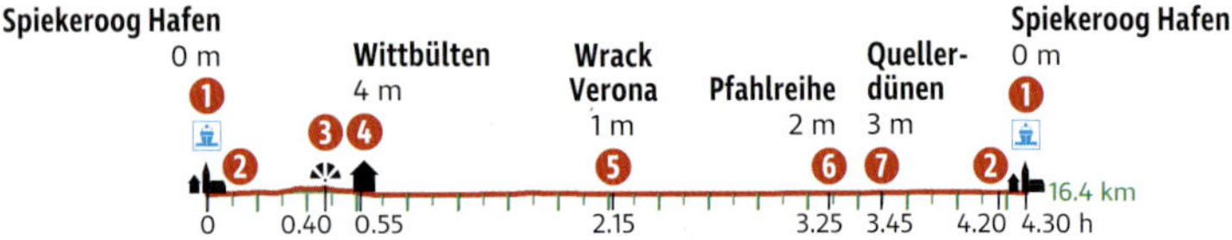

Ausgangspunkt: Hafen Spiekeroog.
ÖPNV: Siehe Tour 48.
Anforderungen: Über die Ostplate führen passagenweise schlickige, dann wieder sandige Pfade; ein Schild warnt davor, dass der Nationalparkwanderweg streckenweise überflutet sein kann, was festes Schuhwerk erforderlich macht.
Markierung: Zwischen ❹ und ❺ mit grünen Pflöcken markierter Nationalparkwanderweg (siehe »Hinweis«).
Einkehr: Spiekeroog Ort, Wittbülten (Öffnungszeiten siehe »Tipp«).
Kombi-Tipp: Zusammen mit erstem Teil von Tour 48 in anderer Richtung große Inselumrundung (19 km).
Karte: Kompass-Karte Spiekeroog 1:15.000.
Tipp: Nationalpark-Haus Wittbülten mit Aquarium und Café (Mo Ruhetag, November bis März nur Di und Sa).
Hinweis: Der Nationalparkwanderweg zwischen ❹ und ❺ darf wegen der Bedeutung der Ostplate für die Vogelwelt während der Brut- und Aufzuchtzeit vom 1. April bis zum 31. Juli nicht bzw. nur im Rahmen einer Führung betreten werden; ganzjährig begehbar ist die Spülsaumroute.

Vom **Hafen Spiekeroog** ❶ führt die auto- und fahrradfreie Zufahrt Wüppspoor am Rosengarten vorbei in den Ort. Vor dem Restaurant beim weißen Pavillon biegen wir rechts in die Straße **Süderloog** ❷

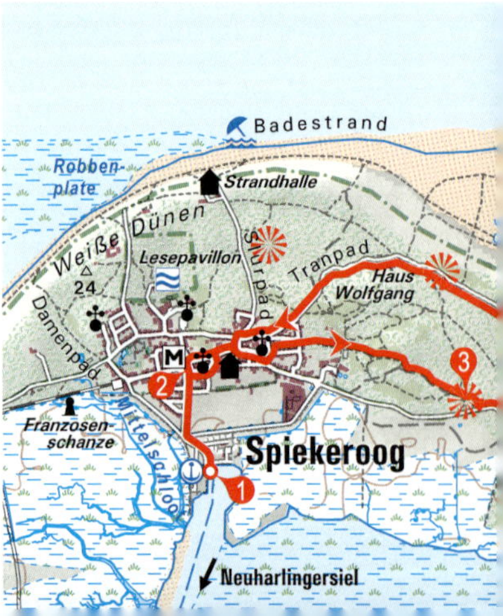

ab. Haus Nummer 4, das Alte Inselhaus, ist das älteste auf Spiekeroog. Es wurde 1705 mit einem Schwimmdach errichtet: Bei Sturmflut konnte das floßartige Dach ausgeklinkt werden und trieb dann mit den Bewohnern auf den Wellen. Links steht zwischen den beiden Hauptstraßen Süder- und Noorderloog die kleine **Alte Kirche** (1696), die älteste erhaltene Kirche einer Ostfriesischen Insel. Teile der Kanzel und die bemalte Pietà in dem rechteckigen Fachwerkbacksteinbau sollen von einem Schiff der spanischen Armada stammen, das im Jahr 1588 vor Spiekeroog strandete.

Nach Passieren der Alten Kirche schwingt der Süderloog nach links zu einem Weg, der den Süder- mit dem Noorderloog verbindet. Der von Restaurants gesäumte Noorderloog führt rechts weiter, an der Abzweigung des Slurpads lässt eine 350 Jahre alte Ulme aufschauen, während uns der Noorderpad geradeaus zur Neuen Kirche (1960) bringt.

Hinter der Kirche geht es kurz links (An d'nee Kark) und gleich wieder rechts: Der Friederikenweg führt an ruhigen Ferienhäusern vorbei, verlässt zwischen Wiesen, auf denen Pferde weiden, die Bebauung, verliert den Steinbelag und taucht als naturbelassener Waldweg in den **Friederikenwald** ein. 1860 wurde hier mit der Anpflanzung von Schwarzkiefern, Zitterpappeln, Eichen und Erlen begonnen. Ständiger Wind, salzhaltige Luft und nährstoffarmer sandiger Boden erschweren den Baumwuchs. Durch die Salzschur des Seewindes haben viele Bäume ein zerzaust-wildes Gepräge, an einigen Stellen vermittelt der Wald einen Eindruck von Undurchdringlichkeit.

An krähenbeerenbewachsenen Grau- und Braundünen verlässt der Weg den Wald und führt auf eine 16 m hohe **Aussichtsdüne** ❸; Bänke laden ein, den Blick auf die Braundünenlandschaft, die Spiekeroog-Bake, die Hermann-Lietz-Schule, hinaus auf das Meer und über das Festland zu ge-

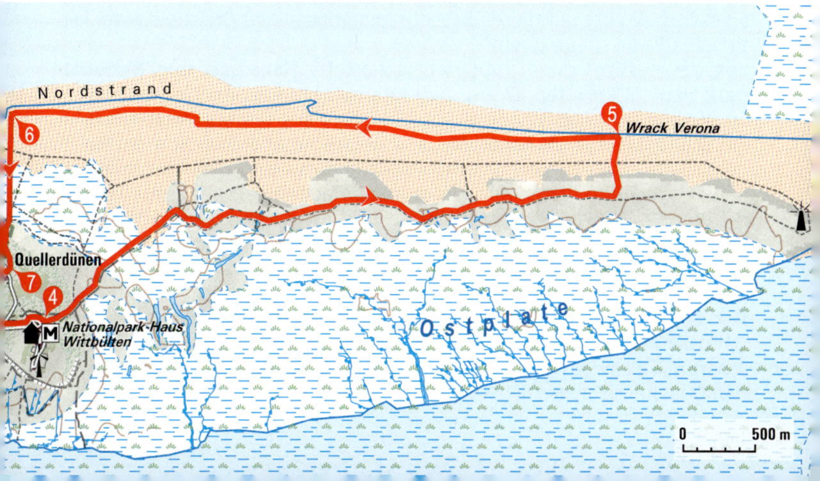

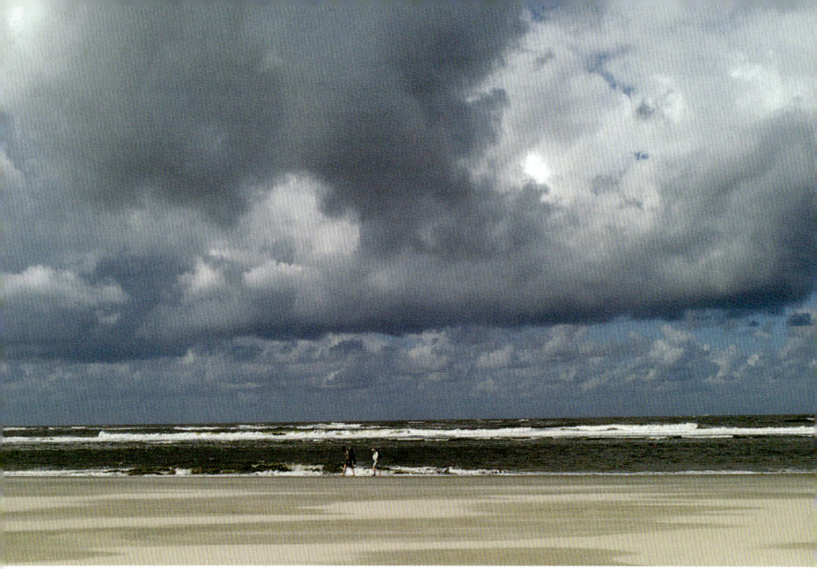

Strandwanderung auf Spiekeroog.

nießen. Während Spiekeroog heute nur knapp 6 km vom Festland entfernt ist, weitete sich im 17. Jh. an der Stelle des Festlandes die Harlebucht (vgl. Tour 10), wie eine kartografische Darstellung der Goldenen Linie von 1666 verrät. Die Goldene Linie verlief seinerzeit als Grenze zwischen dem Fürstentum Ostfriesland und der Grafschaft Oldenburg im Wattenmeer östlich von Spiekeroog. Durch die Ostverschiebung der Ostfriesischen Inseln liegt Spiekeroog heute auf dieser unsichtbaren ehemaligen Grenze, die der Nationalparkweg später quert.

Von der Aussichtsdüne führt der gepflasterte Hellerpad zum **Nationalpark-Haus Wittbülten** 4 am Insel-Internatsgymnasium; hier dreht sich Spiekeroogs einziges Windkraftrad. Vom Café des Umweltzentrums weist ein Schild weiter zum nahen Naturschutz-Informationspavillon am Rand der Leegde, eines ehemaligen Meeresdurchbruchs. Unterhalb des Pavillons beginnt der mit grünen Pflöcken markierte Nationalparkwanderweg durch die Leegde. Der passagenweise überschlickte Weg durchquert ein Quellerwatt und erreicht dann eine Verzweigung am Rand der sandigen **Ostplate**: Links weiter kann man ganzjährig wandern, rechts nur zwischen 1. August und 31. März (siehe »Hinweis«).

Der rechts weiterführende Nationalparkwanderweg schlängelt sich als schmaler Pfad durch eine traumhafte Blumen-, Salzwiesen- und Dünenlandschaft mit kleineren (Binnen-)Gewässern; er bleibt fast immer am Rand vor den Dünen bzw. in den Salzwiesen.

Schließlich schwingt die ausgepflockte Route nach links und erreicht auf Höhe des **Wracks Verona** ❺ den Strand; das Wrack des 1883 gestrandeten englischen Dampfers ist in der Regel nur bei Niedrigwasser zu sehen. Die Wasserlinie gibt nun lange die Route vor; wenn die Dünen der Ostplate verschwinden, weitet sich links wieder die flache Leegde. Bald darauf erreicht die Wasserlinie eine **Pfahlreihe** ❻ an der Grenze der Ruhezone des Nationalparks. An dieser Baumstammreihe geht es landeinwärts auf die Dünen zu, dort befindet sich der Dünenübergang zur Freizeit- und Bildungsstätte **Quellerdünen** ❼. Vor den Gebäuden mündet der Dünenübergang in den gepflasterten Tranpad, der rechts zwischen Braundünen Richtung Spiekeroog-Bake an einer Mutter-Kind-Klinik und zur Verzweigung an der Bildungsstätte Haus Wolfgang führt.

Hier folgen wir dem Tranpad landeinwärts zwischen Dünen und Gehölzen Richtung Dorf. Hinter einem Wäldchen erreicht er die ersten Häuser und die erste Einkehrmöglichkeit; ein Anker-Kruzifix-Bildstock markiert den 1854 nach dem Untergang eines Auswandererschiffs angelegten Drinkeldodenkarkhof, den »Friedhof der Namenlosen«. Wenn schließlich der Slurpad kreuzt, geht es auf diesem links zurück zur alten Ulme. Dort führt die Hauptstraße Noorderloog rechts zum Abzweig **Süderloog** ❷ beim Rathaus; über den Wüppspoor geht es zurück zum **Hafen** ❶.

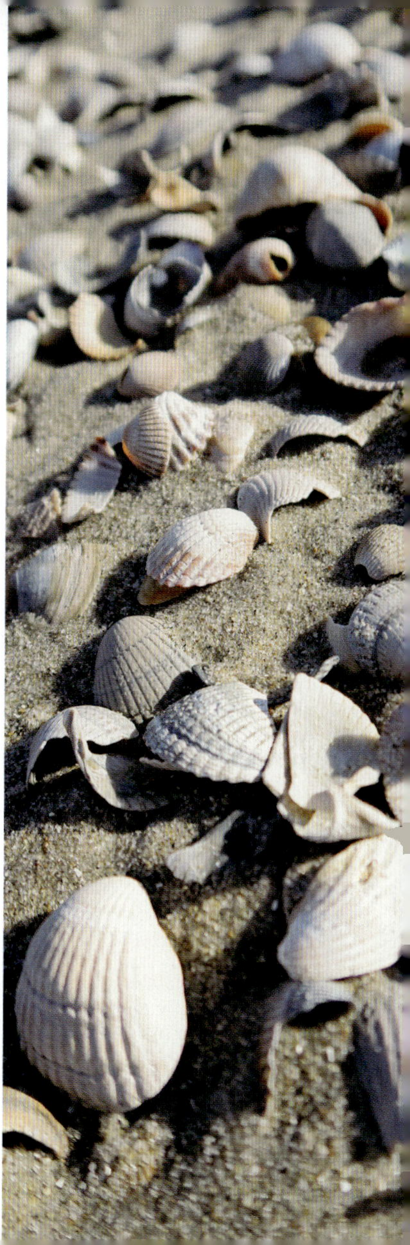

Herzmuscheln zählen zu den häufigsten Muscheln des Wattenmeers.

↗ 30 m | ↘ 30 m | 11.5 km

50 Wangerooge: Bahnhof – Oststeert – Neudeich

3.15 h

Zur Ostspitze der östlichsten Ostfriesischen Insel

Die autofreie Insel Wangerooge ist seit Menschengedenken ein wichtiges Seezeichen beim Ansteuern von Weser, Jade und Elbe.

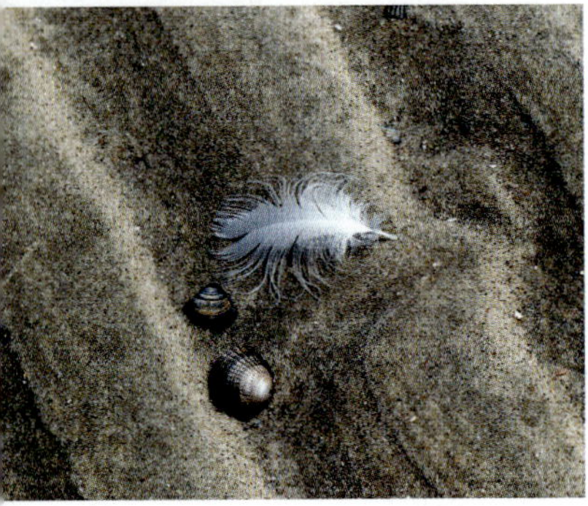

Feder und Muscheln im Riffelsand.

Ausgangspunkt: Wangerooge, Inselbahnhof beim Alten Leuchtturm, Endstation der Inselbahn vom Westanleger (Fährhafen) ins Dorf.
ÖPNV: Tideabhängige Überfahrt ab Harlesiel Hafen 1–4-mal täglich (Dauer: 45–60 Min.; Inselbahntransfer weitere 15 Min.); www.siw-wangerooge.de.
Anforderungen: Gepflasterte Wege sowie Strandwanderung am Spülsaum.
Einkehr: Wangerooge Ort, Café Neudeich (Di Ruhetag).
Karte: Kompass-Karte Wangerooge (1:15.000).
Tipps: Inselmuseum im Alten Leuchtturm, National-Infozentrum Rosenhaus (Mo Ruhetag).

Vom **Inselbahnhof Wangerooge** ❶ führt die Zedeliusstraße, die Hauptgeschäftsstraße der Insel, am Alten Leuchtturm vorbei nordwärts. Der 39 m hohe, weiß und rot gestrichene Leuchtturm (1855–59) beherbergt das Inselmuseum und das höchstgelegene Trauzimmer zwischen Jade und Ems. Die Aussichtsgalerie bietet 161 Wendeltreppenstufen über dem Meer ein exzellentes Panorama.

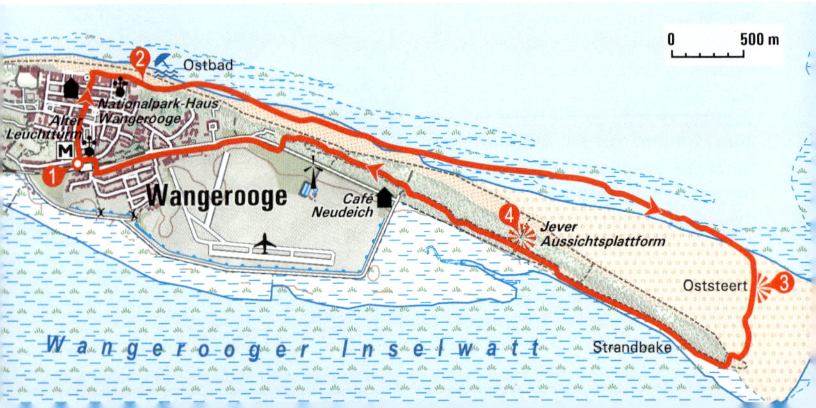

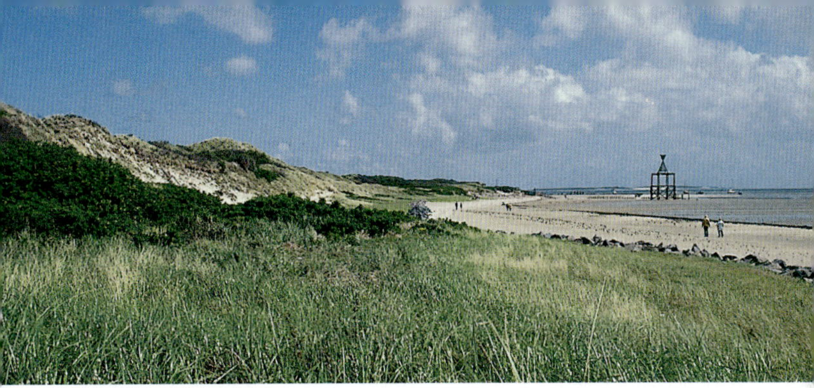

Die Ostbake, ein ehemaliges Wahrzeichen Wangerooges, wurde 2013 abgerissen.

Nach Queren der Friedrich-August-Straße erstreckt sich rechts der Rosengarten mit dem **Nationalpark-Haus Rosenhaus Wangerooge**. Am Rundbau des Café Pudding mündet die Zedeliusstraße in die Obere Strandpromenade; die Obere und die Untere Strandpromenade führen ostwärts und vereinigen sich in ihren Verlängerungen am Strandabschnitt **Ostbad** ❷. Hier erfolgt der Wechsel an die Wasserlinie, die die Route ostwärts vorgibt, parallel zu den Nordostdünen.

Wenn die Dünen einflachen, ist der **Oststeert** ❸, die Ostspitze der Insel, erreicht. Der Blick fällt hinüber zur Insel Minsener Oog und zum Leuchtturm auf der Mellumplate. Auf dem vorgelagerten Strand mit seinen Muschelschalen brüten Seeschwalben und Seeregenpfeifer; Schilder verbieten das Betreten dieses bedeutenden Brutgebiets. Die Route verläuft während der Brutzeit am Dünenfuß (Informationstafel).

Vom Oststeert führt der Weg südseitig der Dünen inseleinwärts und gabelt sich vor Beginn der Anlandungen: Hier geht es rechts hinauf auf die Dünenkette, auf der sich der sandige Weg aussichtsreich zur **Jever-Aussichtsplattform** ❹ und am Café Neudeich vorbeischlängelt; zuletzt mündet er links in die »Straße zum Osten«. Nach Passieren des Golfgeländes befindet sich an der Kreuzung Siedlerstraße/Charlottenstraße der Flugplatz. Die Siedlerstraße führt geradeaus zum nahen Inselbahnhof: am Ende rechts auf der Carstensstraße über die Gleise und links zum Ausgangspunkt am **Inselbahnhof Wangerooge** ❶.

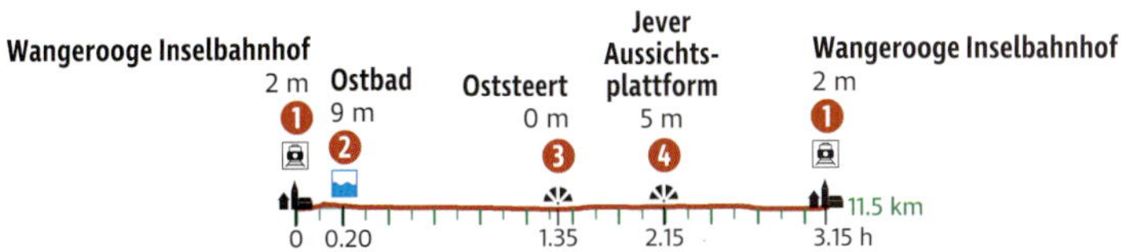

STICHWORTVERZEICHNIS

Umschlagbild: Die Zwillingsmühlen des Hafenorts Greetsiel, zweistöckige Galerieholländer am Wasserwanderweg Altes Greetsieler Sieltief (Touren 2 und 3).

Bild im Innentitel: Wandern am Nordseestrand.

Bild auf Seite 32/33: Der Hafen von Dornumersiel bei Ebbe (Tour 6).

151 Fotos: Idhuna Barelds (Seiten 2, 12 li., 12 re., 15, 14, 17, 22, 24, 25 o., 25 u., 26, 27, 32 f., 36, 39, 40, 41, 44, 47, 53, 55, 56, 59, 61, 62, 73, 75, 76, 80 o., 85, 87, 88, 96, 98, 101, 102, 103, 105, 107, 108, 111, 112, 113, 114, 117, 120, 123, 125, 126, 128, 130, 131, 132, 134, 136, 137 o., 137 u., 138, 140, 142, 143, 145, 146, 147, 160 li., 160 re., 162, 163, 168 f., 170 f., 173 u., 186, 187, 191); Olaf Klün (Seite 177); alle übrigen Bernhard Pollmann.

Kartografie:
50 Wanderkärtchen im Maßstab 1:50.000 und 1:75.000
Geodaten © OpenStreetMap und Mitwirkende
Kartografisches Design: Freytag & Berndt, www.freytagberndt.cz
sowie zwei Übersichtskarten im Maßstab 1:500.000 und 1:1.000.000
© Freytag & Berndt, Wien

3., vollständig neu bearbeitete Auflage 2022

ISBN 978-3-7633-4071-2

MIX
Papier aus verantwortungsvollen Quellen
FSC® C021956
FSC www.fsc.org

Wir freuen uns über jeden Korrekturhinweis zu diesem Wanderführer!
Bitte per E-Mail an: leserzuschrift@rother.de

ROTHER BERGVERLAG · Keltenring 17 · D-82041 Oberhaching
Tel. +49 89 608669-0 · www.rother.de